陈建华　李思涯 著

红颜祸水

倾国倾城的美丽谎言

序

"大国崛起"是近数年来的热门话题。衡量大国的指标不仅是政治和经济,还得靠文化。咱们有一个最重要的大国标志,人们却熟视无睹:美女之多,为世界之冠。别以为我在这里说俏皮话,不必按照人口比例来算,单看这几年崛起的"车模",也可说是"大国崛起"浪潮中的一朵浪花。金融海啸席卷华尔街,美国汽车公司倒闭的倒闭,改组的改组,但中国的汽车市场一枝独秀。车模也是模特儿,看她们的玉照在网络上铺天盖地,当然个个都是美女坯子。其他国家虽然都有,但在数量上跟我们没得比。

中国历史上美女无数,传之人口的就有一大串。在各种各样的《百美图》里,西施、王昭君、貂蝉、杨贵妃、林黛玉等,有名有姓的数不过来。我们这本书就是讲历史上美女的故事,以"红颜祸水"为题,讲的是一些特殊类型的美女。所谓"红颜",是指她们具有"国色"一级的美貌;所谓"祸水",是指她们不仅给男人带来特别的杀伤力,像"倾国倾城"所形容的,还能给国家造成祸害和灾难。站在今天的立场上,"红颜祸水"包含着对女性的传统偏见。我们重说她们的传奇,当然首先想讲一些动听的故事,引人眼球,动人心思,同时也想做点翻案文章,剖析历史的谎言,还美人以真面目。

"红颜"一词见于李白《赠孟浩然》诗:"红颜弃轩冕,白首卧松云。""红颜"是指年轻人。或如龚自珍《己亥杂诗》之四:"此去东山又北山,镜中强半尚红颜。"一般是指女子美丽的容颜。如汉傅毅《舞赋》:"貌嫽妙以妖蛊兮,红颜晔其扬华。""红颜"专门指年轻美貌的女性,比起"尤物"之类的说法相对中性一些。"红"象征热情与爱欲,蕴含感官的刺激。又有"红颜自古多薄命"的说法,貌美固然是拜自然所赐,但常受命运播弄,这类美女的心窍特别灵敏,常与多才多思的性格相联系。

"红颜"所隐含的热情和爱欲,常常是在男性方面所引起的,像"红颜知己"的说法,虽然仍不外出乎男子的口吻,但对于"红颜"的态度较为正面。如在司马相如和卓文君、崔莺莺和张生的故事里,都有男子弹琴、女子倾听的情节,通过一曲《凤求凰》,琴/情的撩拨而两情相悦,这是带有自由恋爱的成分的。像卓文君、崔莺莺,既有貌有才,当然是才子辈的"梦中情人"。不过在很多情况下,"红颜知己"含有另类的意味。或许是有情人不能终成眷属,只有作为暧昧的"红颜知己"。或许是碰到婚姻不称心,家庭变地狱,由是发生"礼失而求诸野"的事,如一些小说中的情节,男子在欢场找到理解自己的女子,这样的女子常被称作"红粉知己",比起"红颜"来,似乎要打点折扣。

既然以"红颜祸水"作为本书的主题,那么在取材上就有所局限,即专写那些一向被认为是祸国殃民的美女。这样一来就不得不舍弃许多"知己"或"薄命"的美女,不免有点煞风景,使一些读者感到失望,就不得不抱歉了。而且本书登场的,一般在历史上真有其人,有许多被视作"祸水"的美女,如潘金莲,纯系小说中的人物,虽然情节令人震撼,也不在我们书写的范围。

中国历史源远流长,以辉煌灿烂的文明见称于世。然而两千年来对于制造文明的"另一半"——女性——却一向不公平。在道家的重要经典《易经》中,基于乾坤、阴阳的宇宙观,就规定了男尊女卑的等级区别。到后来,历史越是演进,男人对女人的要求变得愈加苛刻。到明清时代,"三从四德"的教条盛行,在官方修撰的历史中用高妙的辞藻表彰贞女节妇,在民间贞节牌坊也多了起来,为美丽河山点缀着死亡。

　　文字书写是记录和延续人类文明的重要手段。尽管在过去书写和出版属于男人的专利,但内容永远离不开女人。不说内容如何,中国男人在书写女人方面所体现的热情和狂想,在世界民族之林中足占一席之地。其中所谓"红颜祸水"的无数故事可说是所有有关女人的书写中最具有奇观般炫酷效果的。无论是文人才子、史官还是小说家,仿佛进入了一个文字竞技的角斗场,其辞藻之繁富,用心之细腻及人性之流露,皆为一时之冠。如白居易的《长恨歌》为世人传诵,成为中国诗史中的经典之作,其中描写杨贵妃的句子,成为后来追摹的范本。另如《圆圆曲》,是清初诗人吴伟业的杰作,其"恸哭六军俱缟素,冲冠一怒为红颜"的名句,描写了吴三桂与陈圆圆之间的爱恋孽缘,那这个"红颜"之美就非同小可了。对诗人来说,如此形象而精练地表达英雄救美的情状,在文学修辞上之煞费苦心可见一斑。

　　能称得上"祸水"的"红颜",皆非等闲之辈,都是了不得的女人。男人拜倒在她们的石榴裙下,为她们的一颦一笑而置身家性命于不顾。所谓"倾城倾国"虽是个比喻,但在历史真实中,像那些叙事所渲染的,她们与皇朝兴衰、家国覆亡的命运联系在一起。这些历史记载最具有小说意味,"红颜"们常隐身于深宫之中、珠帘之后,被蒙上一层神秘色彩,她们和帝王将相之间的喃喃私语,被记载入历史,谁也弄不清到底是史实还是出于史家的想象。然而无可置疑的是,红颜们被置于权力网络的中心,与围绕在宫廷四周的明争暗斗、你死我活的阴谋相纠缠,尽管到头来她们无不成为权力的牺牲品,但一投手一举足皆具权力的象征。红颜们在残酷的斗争中辗转于男人的欲望沟壑之间,在身不由己的情势之中,容冶美色,运用智巧,藉以操控男性的弱点,在求得自己生存空间的同时,也展示了女性的欲望和魔力。

在历史中,红颜们往往是被动的,在绝大多数的叙事中都是如此。我们听不到她们的声音,见不到她们的内心。她们是被客体化了的,仅像木偶、花瓶一样。她们又如一面镜子,反照出来自现实的权力世界的道德律令,她们似乎永远是以色悦人,水性杨花,秉性淫恶。我们在重写这些故事时,努力表现这些"红颜"的主体,读者不仅可获得历史知识,也可以在字里行间获得对女性的历史主体的重新认识。

关于"红颜祸水"的历史材料是极其丰富的,从正史、野史到列传、别传,从文人的笔记、杂著到戏曲、小说,遍布于各种文类。这些绝世美人吸引不同时代的目光,成为欲望凝视的焦点,也燃起不同阶层的热情,使她们的故事广为流传,不断被重写。我们可看到文明与色欲之间亦生亦灭、相辅相成的密切关系。一个奇特的现象是,尽管这些"红颜"被披上"祸水"的恶名,但她们在雨石般的诅咒之中成长,历久弥新的叙事愈把她们描绘得恶贯满盈,她们却变得愈加魅力四射。

红颜们的书写故事流转跨越于各种文类,虽然总体上带着男性的偏见,但也并非铁板一块,不能一概而论。各种叙述受到不同文类的约束,在叙事手法、文字风格方面都有差异。如正史作为皇朝权力的机制,就会恪守儒家的"三纲五常"的律法,文字较为刻板。如果出自文士的手笔,就富于丽词妙喻,不乏浪漫的激情与想象。正如文学与历史书写反映不同时代的意识形态及社会趣尚,同样的,在明清时期,小说戏曲迅速发展,对于"红颜祸水"的故事加入一般市井小民的情色想象,这些美人的形象也更加赋形生动,变得有血有肉起来。如洪昇的《长生殿》重叙唐明皇和杨贵妃的爱情悲剧,却写得山盟海誓,两情缠绵,敷演成永恒的爱的寓言,为天下有情人表达了爱的愿望和祝福。这样描写"真情",与晚明文学中追求人性自由和真情的解放思潮有关,而受这面"真情"镜子的映照,杨贵妃也获得一种新的诠释,她对唐明皇出于真情,也具有感时忧国的意识,却成为历史的牺牲品,因而更能引起读者的同情。

我们知道,历史上家国兴衰,都取决于国家之间、权力阶级之间实力较量的结果,与政治的、社会的具体条件息息相关,并非某一帝王或英雄人物所能左右。"红颜祸水"把灾祸归诸于"红颜",当然是无稽之谈,但另一方面也反映了男性的软弱。到明清时期,读书人在科举制度、八股文的压力之下,元气殆尽,反映在文学或文化上,便出现"阴盛阳衰"的现象。因此用历史眼光来阅读"红颜祸水",也可得到有关性别文化的历史变迁的启示。

文明的河床里永远流动着爱欲。其实所谓的"红颜祸水",是人类普世爱情中的重头戏,是最复杂、最悲惨的爱情戏,所反映的是我们的另一句口头禅:"英雄难过美人关"。这样的故事中外都有,也成为文学中的宝藏。如荷马史诗《伊利亚特》,在西方文学中居于经典地位,相当于中国的《诗经》,书中描述了一场战争,战争的起因是美女海伦,也是"冲冠一怒为红颜"。海伦是斯巴达国王的女儿,美艳无比,求婚者接踵而来,海伦选择了墨涅拉俄斯——希腊众王的领袖阿伽门农的弟弟。后来,特洛伊王子帕里斯见到海伦,对她一见钟情,唆使海伦跟他私奔回到特洛伊。墨涅拉俄斯怒火万丈,找哥哥阿伽门农求助。联军统帅阿伽门农就率兵浩浩荡荡杀往特洛伊。海伦也可算是西方的"红颜祸水"了。但是,比起本书所述的夏姬,海伦完全是小巫见大巫。在夏姬身旁,先后有十个王公将相卷入争夺,家国沉沦接踵而至,在情节的曲折、人物的复杂方面要比希腊神话惊心动魄得多。海伦的故事在西方脍炙人口。好莱坞喜欢从希腊、罗马等西方国家中汲取古典题材来拍摄电影,对于那些倾国倾城的美女的历史题材更是趋之若鹜。像海伦这样使情场和战场纠缠在一起,当然也绝不会放过。数年前拍摄的大片《特洛伊》即是。其实在中国古代好的故事有的是,如夏姬就是一个。如果能拍成电影,世界上知道在古代中国有过这样一个乱世佳人,真不知要如何咋舌称奇呢。

"红颜祸水"都已经成为历史,但作为文化的记忆,这些人物既属遥远的往古,又和我们现代人难以隔断,如在目前。如张爱玲的《倾城之恋》,把一个关于现代都市日常男女的罗曼史,好莱坞式的调情,套在一个"倾国倾城"的神话原型中,赋予小说中女主角白流苏与"红颜"的历史联结,但结果却把悲剧翻转成喜剧,在战火炮声中她赢得范柳原的爱情,成为替"红颜"们所做的一个翻案文章。最后,白流苏做了一个胜利的姿势:

她只是笑吟吟的站起身,将蚊烟香盘踢到桌子底下去。

目 录

序 / 1

第一章 被男人玷污的红颜 / 1

  Ⅰ 痴情绿珠的不幸 / 1

    1. 红颜痴情 / 2

    2. 谁是祸殃之源？/ 4

    3. 石崇：女人的魔星 / 6

    4. 红颜的幽灵在故乡 / 8

    5. 香魂袅袅于后世 / 9

    6. 男人的狂想 / 10

  Ⅱ 在男人手中辗转的息妫 / 12

    1. 好色引发的战争 / 13

    2. 挑起另一个男人的情欲 / 15

    3. 好色之祸 / 16

    4. 好色的下场 / 18

    5. 又一个好色者的下场 / 19

    6. 桃花夫人的结局 / 23

    7. 命运多舛究竟为什么？/ 24

  Ⅲ 被十个男人贪恋的夏姬 / 26

    1. 欲望的前奏：两个短命色鬼 / 26

2. 两个大夫爬上了夏姬的床 / 27

3. 国君与夏姬的床第之欢 / 28

4. 君臣在朝堂上炫耀内衣 / 31

5. 淫荡国君之死 / 33

6. 又一轮争美之战 / 35

7. 两个淫荡大夫的下场 / 37

8. 谁笑到最后？/ 39

9. "红颜"不简单 / 41

10. 祸水之源 / 42

Ⅳ 被知识男性污蔑的莺莺 / 45

1. 《莺莺传》和"八卦新闻" / 45

2. 男主角主动"爆料" / 47

3. "八卦"女主角出场 / 48

4. 勾引与追逐 / 49

5. 床戏不断演练 / 50

6. 把自己的隐私抖露给观众 / 52

7. 窥探隐私的兴奋 / 53

8. "八卦"的破坏力量之一 / 55

9. "八卦"的破坏力量之二 / 57

10. 信口雌黄话"尤物" / 59

第二章 被历史祸害的红颜 / 60

Ⅰ 文姜：一桩历史冤案 / 60

1. 美女被拒婚 / 61

2. 暧昧的兄妹俩 / 63

3. 计杀鲁侯 / 65

4. 兄妹之欢 / 68

5. 瓜熟以代 / 71
　　6. "文姜之乱" / 73
　　7. 历史的误解 / 74
　　8. 宣姜的"烝"婚故事 / 76
　　9. 从宣姜到文姜 / 81
　　10. 文姜的真实历史作用 / 82

Ⅱ 被历史涂抹的赵飞燕、赵合德 / 84
　　1.《汉书》的盖棺论定 / 85
　　2. 污蔑的正史 / 90
　　3.《赵飞燕外传》：小说家也来施暴 / 92
　　4.《赵飞燕别传》：小说家的色情想象 / 97
　　5.《昭阳趣史》：小说家淫心无已 / 103
　　6. 从古到今"祸水"不息 / 104

Ⅲ 被史臣魏徵陷害的张丽华 / 107
　　1. 奢华的宫廷生活 / 107
　　2. 骄侈无知的陈后主 / 109
　　3. 胭脂井中的风流 / 112
　　4. 张丽华被何人所杀？/ 114
　　5. 哪种说法更可靠？/ 115
　　6. 魏徵罗织史笔 / 117
　　7. 陷于历史文网的红颜 / 119

Ⅳ 历史随意解释的李夫人 / 120
　　1. 原本没有祸水的故事 / 120
　　2. "祸水"解读之一："不见"皇帝的心计 / 123
　　3. "祸水"解读之二：家族灭亡的讽刺 / 124
　　4. 反"祸水"解读之一：音乐性与抒情性 / 125

5. 反"祸水"解读之二：为何"不见"皇帝？／128

6. 反"祸水"解读之三：私语的重新认识／129

7. 反"祸水"解读之四：皇帝的深情／130

8. 历史的陷阱／131

第三章　被叙述的红颜祸水／132

Ⅰ 妹喜故事的多个版本／132

1. 好战好色的夏桀履癸／132

2. 美女妹喜／134

3. 宫廷斗争／137

4. "最毒妇人心"？／139

5. 长夜宫与倾宫／141

6. 昏君美女同归于尽／143

7. 细看一个故事的讲述／144

8. 如何被添油加醋地讲述／146

9. 另外的版本／148

10. 对一个故事的评论／150

Ⅱ 狐狸精与妲己的真实面目／151

1. 纣王和妲己一拍即合／151

2. 狠毒的妖精／153

3. 妲己一步一步变坏／155

4. 狐狸精的诞生／158

5. 纣王的真面目／160

6. 妲己的真面目／162

Ⅲ 怪物所生的褒姒／163

1. 太过离奇的出生／163

2. 一个婴儿竟让君王忧心而死／165

3. 褒姒入宫 / 168

4. 千金一笑失江山 / 170

5. 怪物的来历 / 173

6. 历史的疑点与可能的真实 / 176

7. 褒姒的真身 / 177

第四章 被动的红颜祸水 / 179

I 杨玉环的冤屈 / 179

1. 与梅妃争宠 / 180

2. 安禄山出场 / 183

3. 杨家的风光 / 185

4. 安禄山叛乱 / 188

5. 玄宗逃命 / 190

6. 命丧马嵬驿 / 192

7. 杨贵妃故事系列 / 194

8. 玄宗为何迷恋杨贵妃？/ 196

9. 杨贵妃的下落 / 197

10. 唐代人心目中的杨贵妃 / 199

11. 宋代之后杨贵妃的不同面目 / 201

12. 被冤屈的红颜祸水 / 203

II "冲冠一怒"不为圆圆 / 205

1. 送给皇帝的礼物 / 206

2. 情投吴三桂 / 207

3. 与李自成周旋 / 210

4. 重归失节吴三桂 / 214

5. 陈圆圆身世 / 216

6. 最后的结局 / 219

7.《圆圆曲》描述的"红颜祸水" / 220

　　　8. 被动的理由之一：圆圆总是被强迫 / 221

　　　9. 被动的理由之二："冲冠一怒"不为她 / 223

　　　10. 被动的理由之三：文学虚构与清政府抹黑 / 226

　　　11. 被动的红颜祸水 / 228

第五章　祸水与英雄之间 / 230

　Ⅰ　西施传奇的两面性 / 230

　　　1. 定情 / 231

　　　2. 重见 / 233

　　　3. 爱情与国家 / 235

　　　4. 搅乱吴宫 / 237

　　　5. 反面"祸水"的故事 / 241

　　　6. 两面之间的差异 / 245

　　　7. 正面、反面都逃不了"祸水" / 247

　Ⅱ　真假貂蝉 / 249

　　　1. 连环计实施 / 249

　　　2. 连环计生效 / 252

　　　3. 计杀董卓 / 255

　　　4.《连环计》中的不同故事 / 257

　　　5. 历史中没有貂蝉 / 258

　　　6. 民间传说中的貂蝉下落 / 261

　　　7. 祸水与英雄：怎么做都是错 / 262

结语　一个虚构的"红颜祸水" / 264

第一章 被男人玷污的红颜

说到"红颜祸水",似乎已经有某种"历史"的定论,"红颜"美女为祸朝廷、殃及国家,必然是"祸水",被人作为警示的标本,受人谴责,甚至遭到唾骂,都是咎由自取。不过,任何问题都如一枚硬币,有正就有反。正面的被认定的"祸水"从反面来看是什么呢?大家是否想过,"红颜祸水"有没有可能是被人为泼了脏水的呢?"祸水"是否是被人强加在这些靓丽美人身上的呢?抹掉被玷污的表面是否能更清楚地看清事情的本质呢?本章我们具体剖析几个典型个案,从绿珠、息妫、夏姬、崔莺莺身上探索"红颜祸水"的根源。

Ⅰ 痴情绿珠的不幸

清代宣统元年(1909)的时候,甘肃皇水城旧址发现了一幅中国最早的木刻版年画《隋朝窈窕呈倾国之芳容》,这幅现在收藏在俄罗斯博物馆内的年画成为珍稀之宝。其奇特之处是图中绘刻了历史上的四位美女:绿珠、赵飞燕、王昭君与班婕妤。也就是说,一个生活在晋代(265—420)叫绿珠的美女在当时赫赫有名,被排列成为"四大美女"之一。

对于绿珠来说,仅仅只是美算不得什么,难得的是,绿珠非常痴情。绿珠的痴情在历史的红男绿女情感故事之中绝对可以进入

Top 10。不过,可惜的是,在很多人眼中,绿珠是地地道道的红颜祸水。

1. 红颜痴情

唐代著名诗人杜牧有一首诗《金谷园》:"繁华事散遂香尘,流水无情草自春。日暮东风怨啼鸟,落花犹似坠楼人。"写的就是绿珠的故事。绿珠姓梁,出生年月不详,逝于公元300年,白州博白县人,就是现在的广西博白县双凤乡绿萝村人。绿珠出生在双角山下,绝艳的姿容世所罕见。当地有一种风俗,认为珍珠为最好的宝物,因此生了女儿通常会取名叫"珠娘",生了儿子取名叫"珠儿"。绿珠的名字,就是这样来的。晶莹的珍珠发出淡淡的绿光,只从绿珠的名字,你就可以想象到,绿珠是个不同寻常的美女了。

美女总是不可避免地引起男人的注视。当时的一个达官贵人石崇,是个名士,与左思、潘岳等二十四人结成诗社,常在金谷园里聚会,作诗写赋,饮酒作乐,因此号称"金谷二十四友",名扬遐迩。石崇富贵且好美色,听说了绿珠的名声,就用三斛珍珠把绿珠买下来。石崇有座别墅,位于河南金谷涧,金谷涧中有金水河,从太白山上流下来。石崇依山傍水建造了连绵不绝的花园和房子。绿珠擅长吹笛子,也学会了跳《明君》舞。明君就是汉代的王昭君。汉元帝的时候,匈奴呼韩邪单于到中原来朝见皇帝,汉元帝下诏把王嫱许配给他,王嫱就是王昭君。王昭君要跟随呼韩邪单于远去到关外之前,入宫向皇帝辞别。皇帝见她相貌光彩照人很后悔,但已经没法收回命令了。汉代的人同情她远嫁异乡,为她作了一首《明君歌》。石崇用这个曲子教绿珠跳舞,还亲自填写了新的歌词让绿珠唱。

石崇有一千多个姬妾,都长得非常美艳。他选了几十个,妆饰打扮完全一样,乍一看分辨不出来有什么不同。石崇让她们戴上用玉刻成的倒龙佩、用金丝绕成的凤凰钗,让她们衣袖相连,绕着柱子舞蹈。因

为美人很多,有客人来玩时,这些美女们轮流着跳可以昼夜不断,称为"恒舞"。石崇如果想召幸其中某一人,也不喊她姓名,只听环佩的声音,看凤钗的颜色,佩声轻的居前,钗色艳的在后,这样编成队,照次序行进。这些美女都口含异香,嬉笑的时候香味就从口中飘了出来。石崇喜欢纤细苗条的美女,洒了沉香屑在象牙床边,让所宠爱的姬妾脚踏在上面,没有留下脚印的就赐珍珠一百粒。如果留下了脚印,就让她们节制饮食。在这些姬妾中,绿珠既妩媚动人,又聪慧灵巧、善解人意,恍若天仙下凡。最厉害的是,绿珠不开口说话,仅载歌载舞就能表达自己的意思。因而在众多姬妾之中,石崇唯独对绿珠宠爱有加。

石崇常与"金谷二十四友"聚会赋诗宴饮,每次都让绿珠出来唱歌跳舞、敬酒劝酒。人们见到绿珠都失魂忘魄,既羡慕,又嫉妒。很快,全天下人都知道绿珠的美名。

树大必然招风,色美必然遭人觊觎。晋朝很乱,晋武帝是一个纵情声色的君王。他死后,晋惠帝即位,赵王司马伦为宰相,司马伦发动兵变,杀死了晋惠帝自立为帝。司马伦昔日的旧属就都成了洛阳城中的新势力,到处胡作非为。赵王的一个重要党羽叫孙秀,原来是潘安府上的小吏,为人很卑鄙,气量很小,因为不容于潘府,就转投到赵王府中,没想到跟司马伦一拍即合,狼狈为奸,很受司马伦的宠信。孙秀过去一直暗慕绿珠,因为石崇有权有势,他只能意淫一下而已。现在得势了,他便明目张胆地派人来向石崇索取绿珠。

石崇正在凉亭中,面对一湾清水,与群妾饮宴,吹弹歌舞,享受人间乐事。孙秀派来的人说明来意,石崇叫出好几十个侍婢给他看,一个个都香气馥郁,穿着绚丽的锦绣,让使者任意选择。使者说:"君侯的姬妾个个都艳绝无双,但我奉命要的是绿珠,不知道她们当中谁是绿珠?"石崇勃然大怒,孙秀在他眼里根本就算不上什么,让他的使者挑选美女已是很大的面子,他居然得寸进尺!石崇对着使者吼道:

"绿珠是我的最爱,我不会给你们的!你们根本得不到她!"使者说:"君侯博古通今,还请三思。"其实是暗示石崇现在已经是今非昔比,应该审时度势。石崇不理使者的提醒,仍是坚持不给。

石崇也够不识时务的了,眼看自己失势,当时的朝代是视人命如草芥的黑暗时期,石崇还想让自己的头架在自己的肩膀上吗?果然,使者回去禀报,孙秀大怒,在司马伦那里说了很多石崇的坏话,劝赵王诛杀石崇。

司马伦派来捕捉石崇的兵很快就到了石崇的别墅中,石崇当时正在园中最高的楼——崇绮楼上与绿珠开怀畅饮。听到孙秀杀到,石崇对绿珠叹息说:"我现在因为你获罪了。"绿珠哭着说:"我情愿在你面前献出生命,也不愿去伺奉那个小人。"绿珠说完,突然朝楼下纵身一跃,石崇伸手想拉却来不及拉住,只扯下一片衣裙,绿珠当场血溅金谷园。可怜绿珠,为了躲避被人抢来抢去的毫无尊严的命运,而毅然选择了死,离开这个污浊动荡的世界,落得身后一片清净。

结果,石崇被乱兵杀于东市,临死前他说:"你们这些人,还不是为了贪我的财物!"押他的人说:"你既然知道人为财死,为什么不早些把家财散了,做点好事?"

石崇死后十天,赵王司马伦叛乱失败,孙秀被左卫将军赵泉在中书官府中杀掉,连心都被挖出来吃了。据说士兵把他的心挖出来,要看看他是否是黑心,看完之后说:不如炒了下酒,结果他的心就被这样吃了。司马伦被囚禁在金墉城,皇帝赐给他金屑酒,要他自杀。司马伦非常羞愧,用头巾盖住脸,说:"孙秀害了我啊!"然后就喝下金屑酒而死。他和孙秀都被满门抄斩。

2. 谁是祸殃之源?

俗话说:"女为悦己者容",但在美丽的绿珠这里,这句话变成了

"女为悦己者死"。绿珠的痴情让千古文人赞叹不已。也有人认为,绿珠正是红颜祸水的体现,不是因为这个红颜,石崇虽然失势,也不至于会死,绿珠正是导致石崇杀身之祸的原因。就连宋代给绿珠做传的乐史也说:"今为此传,非徒述美丽,窒祸源,且欲惩戒辜恩背义之类也。"所谓"窒祸源",说明他还是认为绿珠是祸水的根源。

然而,其中有另外的问题。乐史也承认,石崇祸殃的原因,虽然是由绿珠开始,但根源早就积累了。

石崇小的时候很机敏、很勇敢且很有谋略。他的父亲石苞临死前分遗产,别的儿子都有一份,唯独没有石崇的。石崇的母亲问他为什么不给石崇一份,石苞说:"这个儿子虽然最幼小,以后却最能自立。"

石崇二十多岁就做了修武令,他为人做事很干练,不久就做上了荆州刺史。世家子弟生在乱世,要么受人欺侮、低头做人,要么就会变成心狠手辣的枭雄。石崇自有其野蛮的一面,他一面当官一面做强盗。在做荆州刺史时,他派手下人伪装成强盗,抢劫从远处而来的使者,杀害过往的旅客商人,因而得到了大量的金银财宝,发了横财,成为国中数一数二的富豪。

此外,他还结交权贵,贪赃枉法,没有人能管到他。石崇曾经送鸩鸟给当时的后军将军王恺,一起干鸩毒害人的坏事。鸩鸟是一种毒鸟,据说用它的羽毛泡酒,就能毒死人。当时规定鸩鸟不准过长江,但石崇在南方找到一只鸩鸟的幼鸟,把它送给王恺,幼鸟稍微长大,就制鸩毒杀人,无法无天。

石崇有钱有势,就穷奢极欲。石崇在河南金谷涧修的别馆"金谷园",园中随着地势的高低或筑台或凿池,清澈的溪水在其中萦绕回转,水声潺潺。园子方圆几十里,其中的楼榭亭阁高下错落,人闲众花落,鸟鸣山更幽。郦道元就在其《水经注》中称赞这里"清泉茂树,众果竹柏,药草蔽翳"。园中最高的建筑是高达百丈的崇绮楼,也就是绿珠最后跳楼的地方。崇绮楼上装饰了珍珠、玛瑙、琥珀、犀角、象牙等等,非常富丽堂皇。说句题外话,好像自古至今的富人们都喜欢这种奢华无度的享受,就连我们社会主义初级阶段的某些富人们跟石崇相比,也是有过之而无不及的。

诸位可能会想,石崇虽然是个穷奢极欲的恶棍,但他很有钱,又对绿珠宠爱有加,绿珠在他身边,应该会有安全感的。但是,情况可能正好相反,绿珠应该也是每天战战兢兢,因为石崇对女人太过残暴。

3. 石崇:女人的魔星

《世说新语》是南北朝时候南朝的刘义庆所撰写的一部书,此书用简单、传神的语言记载当时各种人物潇洒、性灵、狂放不羁等不同的精神风貌,被后人称为"魏晋风度"。不过,石崇的穷奢极欲在书中也有体现。

石崇喜爱和作践美女的方式颇为特别,每次请客设宴,都叫美人一一为客人斟酒。如果客人不把酒喝完,就叫黄门官把美人杀掉。你或许知道《一千零一夜》的故事,相传在很久很久以前,在中国和印度之间有个岛国,国王叫山鲁亚尔,有一天,国王偶然发现王后和奴仆们嬉戏取乐,他勃然大怒,怀疑王后对他不忠诚,就把王后杀了,并发誓要对所有的女子进行报复。他决定每天娶一位女子,第二天就杀掉再娶。石崇杀美女的残忍程度,可以与《一千零一夜》中的这位国王的残暴相提并论。好在《一千零一夜》故事中,宰相的女儿听说后,决定拯救千千万万的女子,便嫁给国王。她每天都给国王讲故事,但从来不把故事讲完,每次都要推到下一夜,国王为了听完故事就舍不得杀她,她源源不断地讲故事,一直讲了一千零一个夜

晚,最终感化了国王。然而,没有人去感化石崇,也没有人能感化他。

一次,丞相王导与大将军王敦一起去石崇家赴宴。王导向来不能喝酒,但不喝酒石崇就杀美人,当美女行酒时,只好勉强把一杯杯酒都喝下,以至于大醉。王敦却不买账,他原本倒是能喝酒,却故意不喝,看石崇怎么办。结果石崇竟然接连斩了三个美人。他仍是不喝。王导就责备王敦,王敦说:"他自己杀他家里的人,跟你有什么关系!"因为这件事情,后人有感叹说:"祸福无门,唯人自召",石崇心怀不义,动不动就杀人,怎么会没有报应呢?

石崇的厕所修建得华美绝伦,厕所中特意准备了各种各样的香水、香膏给客人方便之后洗手、抹脸。厕所中有十多个婢女在一边恭立侍候,个个都穿得艳丽夺目。客人上过厕所后,这些婢女要客人把身上原来穿的衣服脱下丢掉,再侍候他们换上新的衣服才让他们出去。因为这个原因,很多客人都不好意思在石崇家上厕所。一个叫刘寔的官员,年轻时很贫穷,无论是骑马外出还是徒步行走,每到一处都不愿意劳烦主人,就连砍柴挑水都亲自动手。后来官做大了,仍保留着勤俭朴素的习惯。有一次他到石崇家拜访,上厕所时看到厕所里有绛色蚊帐、垫子、褥子等极其讲究的陈设,旁边还有婢女捧着香袋侍候,就忙退出来,不好意思地笑对石崇说:"我刚刚想去厕所,没想到错进了你的内室,真不好意思。"石崇却毫不在意地说:"那个是厕所!"刘寔尴尬地说:"我享受不了这个啊。"就去了别处的厕所。

石崇的财物丰富,家产不可计数,为人一点都不低调,经常和人斗富。《耕桑偶记》中记载说,当时外国进贡了火浣布,晋武帝就用火浣布做成漂亮的衣衫,想去石崇那里显示一下身份。石崇知道了,故意穿着平常的衣服,却让五十个仆人个个都穿火浣衫来迎接武帝。

石崇与晋武帝的舅父王恺暗地斗富。听说王恺饭后用糖水洗锅,石崇就用蜡烛当柴烧。王恺做了四十里的紫丝布步障,石崇就做五十里的锦步障。晋武帝想暗中帮助王恺斗赢,就赐了王恺一株珊瑚树,高二尺多,疏疏落落的珊瑚枝丫非常漂亮,世上罕见。王恺邀请石崇来欣赏这株珊瑚树,向石崇炫耀。不料,石崇一看,随手挥起铁如意就将珊瑚树打得粉碎。王恺心疼得不得了,觉得石崇是嫉妒自己有这样的宝物。谁知道石崇一笑,让王恺不用心疼,可以赔偿给他。石崇命左右回家取来六七株珊瑚树,这些珊瑚树都有三四尺高,枝条洁白绝俗,闪闪发出白色的光。无论从高度还是色泽都比王恺那株好多了,王恺怅然自失。

石崇如此不义,且经常嚣张地与皇帝与皇亲国戚斗富,难免不招来忌恨。孙秀向他索取绿珠,就是他过分招摇所导致的结果。

4. 红颜的幽灵在故乡

传说绿珠死后,化成了仙鹤,千里飞回故乡,在家乡上空日夜哀鸣。绿珠的父母夜里梦见绿珠满身鲜血回来。村里的人也经常梦见绿珠,就想起绿珠当年临走的时候跟家乡父老说的"生生死死南流人",认为绿珠现在回来了,就指着鹤说:"这就是绿珠啊!"人们为她的痴情所感动,就立祠纪念她,并把绿珠庙前的江水叫做绿珠江。家乡很多地方都换成了绿珠的名字,如绿珠渡、绿珠乡、绿珠村、绿珠寨、绿珠井,等等。人们说只要喝了绿珠井的水,生下的女孩必定美丽异常。但是,痴情美丽的女子没有善终,只落下给男人带来灾祸的罪名。一些人认为美女是红颜祸水,就用大石头把井压住,结果后来生出来的女孩虽然也有端庄漂亮的,但是五官或四肢大都有大大小小的瑕疵或残缺。是山水使她们变成这样的吗?真是太奇怪了!这种事情就像在王昭君的故乡昭君村一样,他们那里生了女孩,都容貌清丽,但乡人都要把她们的脸烧灼成伤。这些都是普通人对"红颜祸水"的恐惧。所以,唐代白居易的诗就写道:"不取往昔戒,恐贻来者冤。至今村女面,烧灼成瘢痕。"这既是对这些美丽女子的残缺感到惋惜,也代表了人们惧怕红颜的心理。

5. 香魂袅袅于后世

绿珠的痴情对后世影响很大。很多美丽的红颜女子都受了绿珠的感染,效仿绿珠。唐代的乔知有个宠婢叫窈娘,很有姿色,且能歌善舞。乔知很喜欢她,教她读书,她很会写诗歌、文章。当时一个权贵武承嗣因得势而骄横,他知道窈娘很漂亮很聪明,就有觊觎之心。一次武承嗣在家里设宴,请了乔知。酒喝到微酣时,武承嗣硬是强迫乔知跟他赌博,自己押金银,让乔知以窈娘为赌注。不幸的是,乔知输了。武承嗣就派人到乔家把窈娘强行用车载到自己家里。乔知又怨又悔,又不能做什么,就写了一首诗《绿珠篇》来表达自己的心情,诗说:"石家金谷重新声,明珠十斛买娉婷。此日可怜无得比,此时可爱得人情。君家闺阁未曾难,尝持歌舞使人看。富贵雄豪非分理,骄矜势力横相干。辞君去君终不忍,徒劳掩面伤红粉。百年离别在高楼,一旦红颜为君尽。"用的典故就是绿珠的事情,大意是叙述石崇用明珠十斛买到了绿珠之后绿珠备受宠爱,结果权贵想要掳走,绿珠"百年离别在高楼",纵身一跃,就"一旦红颜为君尽",为了石崇而自杀身亡。乔知很感叹,就私下找到武承嗣家的家奴把诗歌偷偷传给了窈娘。窈娘读了诗后,想到绿珠的痴情与坚贞,大哭一场,投井自杀。武承嗣从井里捞起了窈娘的尸体,从衣袖里发现了那首诗,于是杀掉了私传信件的家奴,并且随意罗织了一个罪名,把乔知也杀了。这个事件几乎与绿珠石崇的故事如出一辙。痴情的女子却得不到好下场,身后被人误认为是带来灾祸的红颜祸水。

受绿珠事迹影响的美女当然也有结局好的。唐末范摅的笔记

《云溪友议》中记载了著名诗人崔郊的一个故事。崔郊无官无禄,是一介寒士。崔郊的姑母有一婢女,长得姿容秀丽,自从见了崔郊之后,他俩就互相爱恋。但是这个婢女后来却被卖给显贵连帅。此后很长的时间,崔郊再也见不到这个婢女的面。崔郊念念不忘,思慕不停,整日失魂落魄。一个寒食节,崔郊外出,正好与这个婢女邂逅。婢女正在马车上,远远看到了崔郊,却没法过来说话,望着崔郊流泪不已。崔郊百感交集,就写了一首诗《赠婢》,诗中说:"公子王孙逐后尘,绿珠垂泪滴罗巾。侯门一入深如海,从此萧郎是路人。"这首诗也用了绿珠的故事,侯门深如海,再也永无相见之日,诗中寄托了崔郊深深的叹息。不过,连帅不知怎么读到了崔郊这首诗,很感动,就把崔郊找来,让他把自己喜欢的这名婢女带走,还给了这名婢女一些钱物,算是嫁妆。此后,这事被传为诗坛佳话。痴情的女子也终有好报。

绿珠影响如此之大,后代的诗人描写歌舞女郎时都以绿珠为名。如庾肩吾的诗说:"兰堂上客至,绮席清弦抚。自作明君辞,还教绿珠舞。"李昌符的《绿珠咏》:"洛阳佳丽与芳华,金谷园中见百花。谁遣当年坠楼死,无人巧笑破孙家。"汪遵《咏绿珠》:"大抵花颜最怕秋,南家歌歌北家愁。从来几许如君貌,不肯如君坠玉楼。"曹雪芹的《红楼梦》中借黛玉之口,写了绿珠:"瓦砾明珠一例抛,何曾石尉重娇娆。都缘顽福前生造,更有同归慰寂寥。"千古文人在自己的诗词歌赋、札记小说中对绿珠都寄予了深深的同情。

6. 男人的狂想

"落花犹似坠楼人",绿珠纵身一跃而死,这份痴情一直让人思慕不已。牛僧孺的笔记《周秦行纪》中说,有一次他夜里在薄太后庙中暂住,晚上就离奇地见到了一个梦幻般的场景。庙中,薄太后走了出来,摆上酒席,请牛僧孺一起饮宴。在座当中,有戚夫人、王昭君、杨玉环、潘淑妃这些美女们。喝酒喝到高兴，这些人每人写了一首诗来表明心思。这时候，旁边有个会吹笛子的女子，短鬟角，窄袖衫，身材苗条，腰上束一根长彩带，容貌很漂亮，一直没有吭声。她是跟潘淑妃一起来的。薄太后让她在旁边坐下，叫她吹笛子，偶尔也叫她同饮一杯。牛僧孺不知道这个女孩子是谁，太后看着这个女孩子满脸怜爱，对牛僧孺说："认识她吗？这是石家的绿珠，潘妃收养她当妹妹，现在一起生活。"大家一起作诗，太后说："绿珠诗文俱佳，怎么可以不作诗呢？"绿珠拜谢了太后，就写了一首诗："此日人非昔日人，笛声空怨赵王伦。红残钿碎花楼下，金谷千年更不春。"牛僧孺暗暗吃惊，绿珠竟有如此的才华！太后问大家："牛秀才远道而来，今天谁去陪伴他？"绿珠说："石卫尉性格严厉嫉妒，现在就算我已经死了，也没有办法乱来。"

《周秦行纪》是唐传奇的一种，记事诡异荒诞，不必求实。不过在供人一笑的同时，也可见后人对绿珠事迹的向往。

问题来了，既然绿珠被视作是红颜祸水，绿珠死去多年，这些文人为什么要倾慕绿珠、赞扬绿珠？

仔细思考就会发现，这背后其实是大男人的心态在作怪。男人希望女人漂亮美丽，希望美女专情于自己，甚至痴情为自己而死，所以他们要去赞美绿珠。但他们同时又害怕绿珠这样的美女带来的灾祸，所以在倾慕、赞扬绿珠时，也要提到绿珠说自己怕石崇，所以不能跟客人乱来。换句话说，如果她不怕石崇，就可以随便跟人上床了，好似说绿珠以前就是个淫荡种子一样。

写《绿珠传》的乐史，算是很开明的了，看到了石崇之死根本原因不在于绿珠，但他仍旧评价绿珠说："一个婢女，没读过书，却能感怀主人的厚爱，奋不顾身地以死报答，志气刚烈凛然，让人无法侵犯，这确实足以引起后人的仰慕歌咏。至于有一些人，享有优厚的俸禄、占据高位,却不讲仁义、反复无常、朝三暮四而唯利是从。他们的节操反而比不上一个女子,难道不应该惭愧吗?我写《绿珠传》这篇传记,不只是叙说一个美丽女子的故事,也不只想堵塞祸乱的根源,而是想要惩戒那些忘恩负义的人啊。"乐史这样的评价,赞扬绿珠为男人的厚爱而以死报答,却把绿珠痴情之美归结到道德上,认为绿珠这样的美女多情只是节操坚贞而已。虽然他也谴责了有些男人的节操比不上绿珠,但以道德与节操为标准评价绿珠,恰恰漠视了绿珠作为一个女子的专情与痴情,这也正是典型的男人中心主义怀着一丝恐惧而对红颜美女做出的评价。

回顾了绿珠的故事,已经不能让我们简单地把绿珠说成是祸水了。在第一个层面上,石崇这个骄奢淫逸、飞扬跋扈的男人因为自己的种种劣行而招致了祸害,这不应该算在绿珠身上。绿珠的遭遇还是很悲惨的,她无法掌握自己的命运,被石崇从家乡以珍珠买走,她没有答应或者不答应的权利。她聪明伶俐、善解人意,一心跟着石崇。虽然她一时得宠,但终究是有钱人的玩物而已,当她被作为有钱权贵们互相争夺的一件物品时,她只有一死保持自己的尊严。在第二个层面上,历代文人小说家对她赞叹不已,充其量也只是人们的意淫而已。男人喜欢意淫一个绝色的美女对自己一往情深,甚至为自己去死。撩开绿珠故事的表层轻纱,看到的可能只是男人的骄傲和狂妄而已。

通过红颜的痴情,我们看到红颜祸水的根源。

Ⅱ 在男人手中辗转的息妫

"莫以今时宠,能忘旧日恩。看花满眼泪,不共楚王言。"这首王维的《息夫人》诗说的是春秋时期的桃花夫人息妫。因为她,一个好色的男人发起了一场战争;因为她,两个男人拿国家的命运相互算计。为得到她,另一个好色的男人吞并了别人的国家;为取悦于她,又一个男人装腔作势结果被人斩杀。美丽的息夫人被掳走到楚国宫殿,三年不跟楚王说话,留下一段美丽的传说。然而,这样一个被迫不停在男人手中辗转的女子,也被看作是红颜祸水。她是红颜祸水吗?

1. 好色引发的战争

春秋时期,陈国有两位公主,姐妹俩是一对姊妹花,都长得如花似玉、倾国倾城。到了男大当婚女大当嫁的年龄,陈国就让公主都嫁到门当户对的诸侯国,姐姐嫁到了蔡国,成了蔡哀侯的夫人。没几年,妹妹也嫁到了息国,成了息侯的夫人。陈国本来姓妫(guī),妹妹嫁到了息国,就叫做息妫。这个息妫,长得要比姐姐漂亮很多。有多漂亮呢?桃之夭夭,灼灼其华。她的美就如春日绽放的桃花。《东周列国志》中称她"有绝世之貌",生得眼若秋水,面似桃花,美艳若芙蓉,高雅似兰花,站立时如修竹临风,行动时若仙子凌波。人们称她为桃花夫人。至今在湖北黄陂县东三十里处仍有桃花洞,上有桃花夫人庙,就是纪念息妫的。

这一年,息妫从息国回陈国省亲,也就是回娘家,途中要经过蔡国,就顺便到蔡国看望姐姐。蔡哀侯听说息妫要来了,心里暗暗高兴,他听说过息妫的美貌。蔡哀侯跟人说:"小姨子要来我国家了,我是主人,怎么能不见她呢?"于是派人邀请息妫到宫中款待,亲自殷勤作陪。蔡哀侯是个好色之徒,一见小姨子如此美貌,神魂颠倒。《左传》中说他"止而见之,弗宾",短短的一句话,把蔡哀侯的好色、轻薄和无礼表达得淋漓尽致。蔡哀侯可能起了淫心,趁着酒意先用下流的话挑逗息妫,甚至还想动手动脚,完全没有一国之君和作为姐夫应有的仪态。息妫受了很大的侮辱,大怒而去。息妫回完娘家返回息国,再次路过蔡国的时候,就绕道而行,根本不经过蔡国。

息夫人回国诉说了自己受辱的经历。息侯一听说蔡侯如此轻薄自己的夫人,非常生气,发誓要报复。但是息国是个小国,如果硬打的话,未必能打过蔡国。息侯就想了一个计策借刀杀人。他秘密派使者到楚国,送上一份大礼,跟楚文王说:"蔡国凭借他们地处中原,不肯臣服于贵国。现在蔡侯竟然不念亲戚之情,对息夫人百般调戏,让我非常愤怒。如果我们订下一个计策,楚国佯装攻打我国,我国就向蔡国求救,蔡哀侯这个人虽勇猛但轻狂,肯定会来救我国。这时,我国之兵和楚国之兵前后夹击,一定能抓到蔡哀侯。抓到了蔡哀侯,不怕他不臣服于贵国。"

楚文王一听大喜。原来楚国这时非常强盛,楚国在南方已经消灭和臣服了周围很多小国,这些小国都称臣纳贡。蔡国是中原之地的国家,依仗着与强大的齐国有婚姻关系,不太惧怕楚国。到楚文王熊赀的时候,楚国有很多治世能臣,早就有侵入中原之意。楚国灭掉了邓国,势力已经达到现在的河南南部,正图谋继续北上,而蔡国、息国正好在这个方向上。灭了蔡国,可以为未来争做霸主打开通道。楚文王一听息侯使者的意思,欣然答应,就举兵佯装征伐息国。

息侯按照事先说好的,赶紧向蔡哀侯求救。蔡哀侯果然中计,亲自带着大兵前来救息国。谁知道,蔡哀侯营寨还尚未扎稳的时候,楚国的伏兵突然冲出来,蔡哀侯来不及应战,仓皇逃向息国城池。但是息侯却关起城门,不让蔡哀侯进入。蔡哀侯在楚国攻打之下很快兵败,逃到莘野的时候,仍被紧追不舍的楚兵抓到。息侯出城犒劳楚军,非常礼貌地送楚文王出境而返。蔡哀侯这时候才知道中了息侯的计。息侯连亲戚之情都不念了,蔡哀侯对息侯就恨之入骨。

不过,蔡哀侯没有反思,正是他的好色才引起这一场战争。息侯也没有考虑,自己的妻子受了一点气,他竟然动用国家机器去解决这样的小事,在国家关系层面上解决这样的私房事情,迟早会带来数不清的麻烦。

2. 挑起另一个男人的情欲

楚文王带着战俘蔡哀侯回到楚国以后,蔡哀侯一直觉得自己上了息侯和楚文王的当,觉得他们赢得不光明正大,就恨恨不已,对楚文王很不恭敬。楚文王想,这样一个阶下之囚还敢龇牙咧嘴,很生气,就想把蔡哀侯杀死,煮熟了以供奉太庙里自己的祖宗。

这时,楚文王手下的大臣鬻拳进谏说:"大王现在正想挺进中原,如果杀了蔡哀侯,别的诸侯都会很惊惧,对以后称霸很不利。不如放了蔡哀侯,这样表示我楚国很宽宏大量。"楚文王不听。鬻拳再三苦谏,楚文王就是听不进去。鬻拳气得着急了,冲上一步,左手抓住楚文王的袖子,右手拔出佩刀就往楚文王脖子上架,大声说:"臣宁愿和大王一起死了,也不忍看见大王以后失去诸侯的信任!"楚文王一看鬻拳这么激动,事情搞大了,就有点害怕,赶紧说:"我听你的,我听你的!"就决定放了蔡哀侯。

鬻拳说:"大王听了臣的话,是楚国的福气。不过臣做了劫君的事情,按罪当万死,请大王把我杀了吧!"楚文王说:"爱卿你一片忠心可以贯日月,我不怪罪你啊。"鬻拳说:"大王虽然赦了臣的罪,但臣哪敢自己赦自己?"立即用自己的佩刀砍断自己的脚,大叫:"作为人臣,要对君王无礼的话,就要以这个为例!"楚文王很感动,派医生赶紧帮鬻拳治病,还命人将他的脚放在大府,警戒自己不要违背大臣们的劝谏。鬻拳没有了一只脚不能行走,楚文王就让他掌管城门,尊他为太伯。

臣是忠臣,君也算贤君,应该是楚国的福气。楚王若都把自己的贤良放在治理国家上就好了,可他偏偏是个好色之人。

要放蔡哀侯回国了,楚文王召集群臣在大殿里排下筵席,为他饯行。席中有很多美女演奏音乐,其中有一个弹筝的女子容貌秀丽。楚文王指着这个美女对蔡哀侯说:"这个姑娘美色与技艺都是一流的,让她敬你一杯酒!"就命此女拿个大杯子给蔡哀侯敬酒,蔡哀侯一饮而尽,又斟了一大杯,敬楚文王。楚文王笑着说:"你生平所见的女人之中,有这样的绝世美色吗?"蔡哀侯马上想到息侯引导楚国打败自己之仇,就想将计就计让楚文王灭了息侯,于是说:"这样的美女算不了什么,天下的女子肯定没有一个比息妫长得漂亮的。息妫,那真是天人啊!"楚文王一听,顿时来了兴致,问:"息妫到底有多漂亮?"蔡哀侯曰:"目如秋水,脸似桃花,身量苗条,姿态文雅,很难用语言形容啊!反正在我平生所见的女人之中,绝没有第二个这样漂亮的。总之,你见了她你就会知道她有多美丽。"楚文王感叹了一下:"寡人如果能得见息夫人,死也没什么遗憾了!"蔡哀侯煽风点火说:"以大王的威风,就算齐国的美姬、宋国的女子得来都不难,何况是你自己屋檐下的一个女人呢?"楚文王非常高兴,对蔡哀侯说:"喝酒,喝酒!"喝得尽欢而散。蔡哀侯就回到了自己国家。

蔡哀侯走了,楚文王的情欲却被挑逗起来。他每天都禁不住琢磨着:这个女人被说成这样,到底有多美呢?不行,得去看看。一国之君一旦好色起来,就会动用国家军队去做点私事了。

3. 好色之祸

楚文王听了蔡哀侯的话之后,对从没见过面的息妫浮想联翩,越想就觉得息妫漂亮,心里痒痒的,很想得到息妫。于是楚文王借口巡视万国为名,到了息国。

息侯一听说楚文王到了,亲自站在道边迎接,态度极为恭敬。息

侯亲自为楚文王安排,在国宾馆中住下,又在朝堂里设宴招待楚文王。息侯很恭敬地端起一酒杯为楚文王敬酒。楚文王接过酒杯拿在手中并不喝,笑着说:"寡人前一阵刚刚为尊夫人做了一点小事,现在寡人来了,尊夫人为什么不出来为寡人倒一杯薄酒,表示一下心意呢?"

楚王这样说,也算人之常情,帮助了你,感谢一下也是应该的。息侯害怕楚文王的权威,不敢不从,连忙说:"好,好。"就下令传息夫人来。不一会儿,就听见环珮叮叮当当的清脆之声由远而近,息夫人穿着盛装来了。息夫人觉得场合比较隆重,就特意打扮了一番,结果却不知不觉成了诱惑楚王的因素,这是息夫人始料未及的。息夫人特别令人铺下毯褥,拜了两拜答谢楚文王。楚文王马上起身答礼。息夫人取来白玉酒杯,斟满酒献给楚文王,纤纤素手和白玉的色泽相映生辉。息夫人微微低着头,不直面楚文王。最是那一低头的温柔,像一朵水莲花,不胜凉风的娇羞。楚文王看着大惊:果然是天上少有、人间罕见的神女啊!肤如凝脂,面如桃花,清亮的眼眸如秋水一般,一举手、一投足,身形微动翩然若仙子。楚文王看得很失态,就想用手亲自接过酒杯,趁机可以抚一下玉手。谁知息妫不慌不忙将酒杯递给宫人,宫人又转递给楚文王。楚文王很高兴,接过酒杯一饮而尽。息夫人又拜了拜,袅袅婷婷地转身而去了。挥一挥衣袖,不带走一片云彩。

楚文王对息妫念念不忘,酒反而没有喝得尽兴。酒席散罢回到馆舍,睡在床上就翻来覆去胡思乱想,不能入眠。《诗经》中的君子看到了美女,"窈窕淑女,寤寐求之。求之不得,寤寐思服。悠哉悠哉,辗转反侧。"同样是想人想得睡不着觉,但君子"乐而不淫",楚王就不一样了,楚王欲火难耐,想出一条毒计来。

第二天,楚文王在馆舍设宴,名义上说是为了答礼,暗地里埋伏下很多兵甲，请息侯来赴宴。息侯不知底细，就来喝酒。酒喝到半酣，楚文王装作醉了，对息侯说："寡人对尊夫人也算有大功劳，现在三军将士都在这里，尊夫人难道不能替寡人来犒劳一下将士们？"息侯推托说："我国比较小，也没什么好的东西来招待大王和将士们，不如让我慢慢想想有什么好的方法犒劳大家！"楚文王却突然拍案而起："你这个匹夫！背信弃义，竟敢花言巧语拒绝我！左右给我把他擒下！"息侯正要解释，埋伏的甲兵突然冲出来，在酒席上就把息侯抓起来了。

楚文王直接带兵来到息国后宫，四处寻找息夫人。息夫人听说息侯被抓、楚文王已经冲入后宫，当下就明白了，轻轻叹息道："引狼入室，这是咎由自取呀！"息妫径直跑入后花园中，想投井自尽。正在这时，楚文王的大将斗丹已经赶到，抢前一步，拉住了息夫人的衣裙。斗丹说："夫人难道不想保全息侯的性命了吗？你死了，息侯必被杀，何苦两人都死呢？"息夫人听了默不作声。

想来息夫人此时内心必定很痛苦，一边想保全息侯，一边却不想自己受辱。当时蔡哀侯那样，只是轻薄而已，自己已经觉得很受侮辱，但现在自己要被这个虎狼之心的楚王玩弄于魔爪之上，这种耻辱怎堪忍受！

斗丹带着息妫来见楚文王，楚文王看到息夫人，非常高兴，许诺自己不斩息侯，不杀息侯的宗族子嗣，当即在军中宣布立息妫为夫人，用皇后仪仗的车拉息妫回楚国。

楚文王把息侯安置在汝水，管理一个小地方，以祭祀息氏宗庙。之后息侯怏郁而死。从此，息国成为历史中的一抹尘埃。

楚文王自己好色，为了息夫人竟然去灭掉别人的国家！

4. 好色的下场

楚文王把息妫掳回楚国以后，对她宠爱无比。三年之中，息妫为楚文王生了两个儿子,大儿子叫熊囏,小儿子叫熊恽。

奇怪的是,息妫在楚宫三年,从来不和楚文王说话。楚文王很想知道为什么,一天实在忍不住就问息妫为什么不说话。息妫只是流着眼泪,仍旧不说话,不回答。楚文王就不断地求她,息妫就说:"我一个女子侍候两个夫君。不能为丈夫而死,又有什么面目跟别人说话呢?"说完又哭个不停。这就如胡曾的诗所说的"息亡身入楚王家,回看春风一面花。感旧不言常掩泪,只应翻恨有容华"。楚文王听了息妫的诉说与委屈,很心疼,叹道:"一切事情都是从蔡哀侯那里起因的,我应该替夫人报了此仇,夫人不用忧虑。"于是就兴兵伐蔡。

这楚文王也挺有趣的,自己做了错事,却把罪责归结到别人身上。不错,正是蔡哀侯挑动了他的情欲!一个男人的情欲被激发起来的时候,让他做什么事情他都能做得出来。

楚文王大军开到蔡国,蔡哀侯知道自己无法抵挡,就光着身体背着荆条认罪,并把国库中的金银财宝全都交给楚文王,楚国军队才同意退兵。楚文王扣押了蔡哀侯,将其带回楚国囚禁起来。

蔡哀侯三年前搬起的一块石头,被悬置了一段时间之后,最终还是砸在了自己的脚上。九年后蔡哀侯客死于楚国。

蔡哀侯一时好色,结果国破家亡,自食恶果。

5. 又一个好色者的下场

此后,楚文王在征伐巴人的战争中被巴人用计谋打败,中了一箭,结果不治而死。桃花夫人的温柔他也没有享受多久。

息妫的两个儿子熊囏和熊恽,熊恽的才智胜过哥哥,息妫很喜欢他,国中的大臣与百姓也很服他。但楚文王死后,熊囏嗣位,心里猜忌弟弟,就想找个借口把弟弟杀了以绝后患。但左右的人很多都帮熊恽周旋，熊囏一直没有机会下手。熊囏不喜欢处理政事，只喜欢去游猎，在位三年，没有任何政绩。熊恽知道与哥哥的嫌隙已经不能弥补，就私下招募不少死士，趁着哥哥出猎的时候，突然袭击就把他杀了，然后告诉息妫说哥哥因生病而死了。息妫虽然有些怀疑，但也不想追究。诸位大臣就拥立熊恽为新君，即是楚成王。

春秋这个纷乱的年代，兄弟父子相残再也平凡不过了。

但是，楚文王的弟弟，也就是熊恽的王叔子元，当时的官职是令尹，自从楚文王死后，就有篡位的企图，加上又仰慕嫂嫂息妫的天下绝色，就想跟息妫私通。熊囏、熊恽当时年纪都很小，子元就专横跋扈，全不把熊囏、熊恽放在眼内，但畏于大夫斗伯比刚正无私且多才多智，就不敢放肆。

过了几年之后，斗伯比生病死了。子元就肆无忌惮起来，在王宫旁边，建了一座豪华的馆舍，每天歌舞奏乐，想以此来蛊惑、挑逗息妫。子元认为，一个寡妇春闺寂寞，这样勾引一下，息妫忍不住了就会跟他私通。息妫听到每天都有歌舞音乐传来，就问宫廷里的侍者："宫外的歌舞声音是从哪传来的？"侍者就回报："是令尹的新馆！"息妫说："先王在世的时候，每天演练士兵，用以征讨诸侯，因此来朝贡的国家络绎不绝。如今先王死了，楚兵十年都没进兵中原了，令尹不想着报仇雪恨、扩张势力，反而在我这个未亡人旁边歌舞升平，难道不是很奇怪吗？"侍者就向子元转达了息妫的话，子元说："看看一个妇人家都尚且不忘进兵中原，我反倒忘了。我若不伐郑国，就非大丈夫！"于是就发兵车六百乘，浩浩荡荡杀向郑国。

这子元也够要面子的，为了在自己倾慕的女人面前露一下男人的雄风，不惜动用国家军队去为自己争脸。

郑文公听说楚国要来攻打，急忙召百官来商议。堵叔说："楚兵人多，我们肯定打不过，不如请求投降。"师叔说："我们刚和齐国结盟,齐国一定会来救我们,我们应该坚守城池,等待救援。"世子华则年少气盛,请求背城一战。大臣叔詹说:"以愚臣之见,楚兵不久就会自己退兵。"郑文公问:"令尹自己作为大将来征伐我们,怎肯退兵?"叔詹说:"自以前楚国攻打别国,从来没有用六百乘这么多。子元操着必胜之心,是想献媚息夫人而已。越想求胜,就越害怕失败。楚兵若到了,臣自有退敌之计。"正商议时,谍报说楚军已经扫平了郑国的外城。叔詹说:"不用害怕!"就令士兵埋伏在城内,大开城门,街市上的百姓来来往往跟平常一样,一点没有害怕的意思。

楚国的先头部队斗御疆将军到了郑国城门之外,一看是这种模样,城上没有什么动静,没见兵士严阵以待,就心生疑惑,跟另一个将军斗梧说:"郑国表现得如此闲暇,必有诡计,想骗我们入城,我们不能轻进,等待令尹来商议怎么办。"就后退到离城五里的地方安营扎寨。不久,子元的大兵就到了,斗御疆就禀报了郑国的情况。子元亲自登到高阜处远望郑国的城池,忽然看见城门之上旌旗整肃,甲士林立,看了一会儿,就叹了口气说:"郑国有'三良',三个良臣计谋多端,不可捉摸。我们若贸然进攻,万一失利,有什么面目回去见夫人呢?一定要再探听虚实,才能攻城。"

第二天,后续部队的王孙游派人来报说:"探子已经探到齐侯同宋、鲁两国诸侯,亲自率领大军前来救郑国,我们不敢轻易前进,特候大将军的军令,准备迎敌。"子元大惊,跟诸将说:"如果这三个诸侯截断我们的后路,我们就腹背受敌,必定会损兵折将。现在我既然已经打到郑国这里,已经算是全胜了。"就暗地传号令,让人衔着枚,马摘下铃,不声不响连夜拔寨退兵。子元还害怕郑兵追赶,就命人在营地不要撤去军幕,仍树立着大旗,以疑惑郑军。子元大军偷偷溜出郑国国界,才敲锣打鼓,唱着凯歌回去。

不知子元当时心理如何,估计是又惊又喜又不甘又懊悔吧。惊的是怕郑国发兵追赶,喜的是自己成功退却,不甘的是没杀进城去立军功好在息夫人面前炫耀,懊悔的是自己应该胆大一些风风光光撤退。一个卑微的男人把事情做成这样,应该很羞愧的了吧,但厚颜无耻的人并不觉得自己很丢人。

子元派人报告息妫:"令尹已经全胜而回!"息妫说:"令尹如果真是奸敌成功的话,应该广泛宣传告诉全国人,到太庙禀告以安慰先王之灵。告诉我一个女人有什么用呢?"子元听了就有些羞惭。楚王熊恽得知子元是不战而回,非常不高兴。

子元兴师动众去伐郑无功而返,心里不安,就想加紧篡位,计划先搞定息妫夫人,既抱得美人归,又便于夺位,一举两得。正好息妫得了小病,子元说是要问安,径直到王宫,把自己的床铺什么的都搬到宫中,三天都不出去,并且派数百个私人亲兵,站在宫外守卫。大夫斗廉听说了这件事,闯入宫门直冲到子元的床前,见子元正在对着镜子整理头发,就责备他说:"这是一个臣子梳妆打扮的地方吗?令尹赶紧搬走吧!"子元说:"这是我们家的宫室,与你有什么关系?"斗廉说:"按照礼仪,王侯贵族都是有身份的人,兄弟也不能乱了分寸。令尹你虽然是先王的弟弟,但也是人臣啊。人臣路过宫殿都要下马,就算在地上吐唾沫,都算不敬,何况你睡在王宫中,这成何体统?先王的夫人也住在这里,男女有别,令尹难道没听过这样的道理?"斗廉一下子揭露了子元内心的龌龊之处,子元大怒,说:"楚国的政治,都在我掌控之中,你敢多话?"命左右将斗廉抓了。

息妫夫人知道了,赶紧派人告诉斗伯比的儿子斗谷於菟,让他入宫排除危难。斗谷於菟立刻密奏楚王,约了斗梧、斗御疆和斗班等人,半夜带领大军围住王宫,将子元的那些亲兵乱砍一通,亲兵都吓跑了。子元喝醉了酒正在宫中抱着宫女睡觉,在梦中被惊起,拿起剑往外跑,正好碰上斗班进来搜索。子元大声喝道:"作乱犯上的就是你?"斗班说:"我不是作乱,是特来诛杀作乱的人!"两下在宫中打了起来。不一会儿,斗御疆、斗梧齐也到了,子元看形势不对,就想夺门而逃,结果被斗班一剑砍下头来。

又一个好色的人葬送了自己的性命。像子元这样的人,估计到死都不会觉得自己是罪有应得的吧。

6. 桃花夫人的结局

以上是《东周列国志》中所讲的息妫故事,说到子元欲蛊惑桃花夫人而不成,之后息妫怎么样了?书中再不见她的亮丽身影,如桃花盛放之后又飘落在历史的某个黑暗角落之中。

然而,不同的书籍关于桃花夫人结局的说法非常不同。

《东周列国志》主要借鉴的是《左传》"庄公十年"、"庄公十四年"中的说法。而《左传》中说桃花夫人被楚文王带回楚国,三年不与楚文王说话,楚文王一气之下灭了蔡国之后,桃花夫人的事迹都渐渐隐去了。到了《史记》,仍沿用了《左传》的说法,但没有提到息夫人三年不与楚文王说话的事情,更没有提息夫人的下落。

刘向《列女传》中息夫人的结局说得比较详细,但事情跟《左传》与《史记》有较大出入。《列女传》说楚国征伐息国,破了息国之后就抓了息侯,让他到楚国守城门,将息夫人纳入宫中。一次楚文王出游带着息夫人,息夫人出城门的时候看到了息侯,偷偷跟他说:"人生总是要有一死的,我现在何苦这样!是因为妾无日无时不在想着你啊。生不能在自己的地上,还不如死了归于地下。生不能同室,死后希望同穴!"息侯制止她,让她继续活下去,息夫人不听,接着就自杀了,息君也跟着自杀了。楚文王很感动,就用诸侯之礼把他们俩合葬了。

汉阳民间传说与《列女传》的说法大致相同。息夫人趁着楚文王出行打猎的机会,偷偷溜出宫外,到城门外与息侯见面。江山已破,恍如隔世,两人一时涕泪交流,难以自持,自知破镜难圆,就双双撞墙殉情。后人在他们溅血之处遍植桃花,象征鲜血遍地,并建桃花洞和桃花夫人庙纪念他们。楚国人就尊息夫人为桃花夫人,后来成为主宰桃花的花神。

另一部史书《吕氏春秋》叙述的整个事件和《左传》、《史记》完全不同。书中说楚文王主动想夺取息国与蔡国,就先装作与蔡哀侯交好,然后跟蔡哀侯密谋说:"我想得到息国,该怎么办?"蔡哀侯说:"息夫人,是我妻的妹妹,我的小姨子。我去拜会她们,给她们送去礼物,名义上是去看望亲戚,大王也一起去,趁机袭击他们,息国就唾手可得。"楚文王说:"这个办法好。"于是楚文王跟随蔡哀侯带着礼物去息国,灭了息国,接着回头顺势又灭了蔡国。蔡哀侯这个傻瓜不念亲戚之情,更不懂唇亡齿寒的道理,自己也被灭了国。但整件事情中,息夫人根本不是主角,只是蔡哀侯看望亲戚的一个借口而已,所以《吕氏春秋》根本没有提息国灭亡之后息夫人的下落。

7. 命运多舛究竟为什么?

息妫的命运受到后世文人墨客的关注与同情,如清代著名的词人纳兰容若《采桑子》说:"桃花羞作无情死,感激东风。吹落娇红,飞入窗间伴懊侬。 谁怜辛苦东阳瘦,也为春慵。不及芙蓉,一片幽情冷处浓。"但是,也有人认为息妫是红颜祸水,如唐代诗人杜牧的诗说:"细腰宫里露桃新,脉脉无言几度春。毕竟息亡缘底事?可怜金谷坠楼人。"第一句写息夫人生活在楚王的宫殿中,看花开花落,露桃吐新芽;第二句写息夫人默默无言,不跟楚王说话,也度过了几个春天;第三句说,到底息国灭亡为了什么呢?第四句说,可怜啊,当年在金谷园中坠楼的绿珠。杜牧认为,"毕竟息亡缘底事?"息国灭亡的原因就在于息夫人,息夫人是典型的红颜祸水;杜牧还怪罪息夫人为什么不像晋代的绿珠一样面对着被掠走的命运纵身跳楼一死报答主人呢？

现在我们心平气和地问：息国灭亡真的是因为息妫吗？《吕氏春秋》已经指出，是楚文王早想灭了息国与蔡国，使用了计策，息夫人只是蔡哀侯看望亲戚的一个绕了大圈的借口而已。历史上的真实也是如此，楚文王之灭息伐蔡，是楚国"欲观中国之政"的准备与铺垫，是进军中原、称霸中原的基础。春秋时期，列国称雄，灭息伐蔡是楚国强大到一定程度必然会做的事情，这跟息妫的美貌红颜又有何关系？

息夫人这样的红颜美女，命运如此多舛。在息妫的事件中，不是一个男人，而是三个男人好色。三个男人也不是普通的男人，而是国家君主、王公大臣。国家君主、王公大臣位高权重，一旦好色起来，才具有灭国、葬送自己性命的力量。他们动不动就使用国家机器中最厉害的东西——军队去满足自己的一时私利，或为自己的女人出气，或为自己的好色淫欲，或为自己的可怜的男子雄风与面子，这样才为国家、为自己带来了祸害，说"红颜"是"祸水"，只是他们欲望的投射而已。如果说真的是息妫导致了几个诸侯国之间战争不断，那也只是男人们强权争霸的结果。怎么能责怪到一个小女子的头上呢？息妫不断地被人调戏、被人掳掠、被人意淫，在那个战火纷争的年代，她又有什么资格掌握自己的命运呢？

所以说，息妫的故事向我们证明，即便有所谓的"红颜祸水"，红颜能作为祸水，也是男人自己导致的祸水，女人只是男人们的一个借口而已。

周作人曾经说息夫人："她以倾国倾城的容貌，做了两任王后，她替楚王生了两个儿子，可是没有对楚王说一句话。喜欢和死了的古代美人吊膀子的中国文人于是大做特做其诗，有的说她好，有的说她坏，各自发挥他们的臭美，然而息夫人的名声也就因此大起来了。老实说,这实是妇女生活的一场悲剧,不但是一时一地一人的事情,差不多就可以说是妇女全体的命运的象征。"息妫是无辜的,她有什么错呢?匹夫何罪,怀璧其罪。长得漂亮也算是一种罪过吗?

Ⅲ 被十个男人贪恋的夏姬

要说与男人有染最多的女人,差不多要算是春秋时代的夏姬。夏姬很美貌,所以她当之无愧可被视为红颜。夏姬共让十个男人迷恋。这十个男人,有人无故丧命,有人丢官,有人出逃,有人被杀,有人被诛杀九族。自己儿子之死也跟她有千丝万缕的联系。因此她在人们眼中理所当然地成为祸水。但,夏姬真的是所说的红颜祸水吗?她有难言的苦衷吗?还是她被人误解了?

1. 欲望的前奏:两个短命色鬼

春秋时期,陈国的陈灵公,为人轻佻傲慢,没有什么国君的威仪,又耽于酒色,整天玩闹游戏,不愿处理国家政务。陈灵公的宠臣是两位大夫,一个叫孔宁,一个叫仪行父,两人也都沉迷于酒色。这一君二臣是一丘之貉,经常相互戏亵,没什么顾忌。

陈国有个大夫夏御叔,世代担任司马之官,家住在株林。御叔娶了郑穆公的女儿,叫做夏姬。夏姬长得非常漂亮,蛾眉凤眼,杏脸桃腮,既有美女息妫那样的容貌,又兼有妲己那样的妖媚,见了她的人无不消魂失魄,为之颠倒。传说有一桩离奇的事情,夏姬十五岁的时候,夜里梦见一个身材高大的男人,戴着星冠身穿羽服,自称是上界的天仙,要和夏姬交合,并教给她吸精导气的方法,和男人交合的时候,不仅能曲尽其中的欢乐,而且能就中采阳补阴,保持青春靓丽,名叫"素女采战之术"。

这"素女采战之术"算是中国房中术的一种。房中术最早在《汉书》中就有记载,是中国古代医家和道家关于如何在男女性生活中获得乐趣、保健、胎教、优生、延年益寿的学问,后来被误解为猥亵之术,甚至是妖妄欺诳,因为后世道教信徒中并没有房中术的流派。不管怎么说,终归是说夏姬床上功夫很好。

夏姬还没出嫁时,和公子蛮私通,结果没过三年,公子蛮就夭折死了。夏姬后来嫁给了夏御叔,生下一个儿子,取名征舒。征舒十二岁时,夏御叔生病而死,夏姬让征舒在城内从师学习,自己住在株林。

这两个人也够短命的,无福消受这样的红颜美人。

2. 两个大夫爬上了夏姬的床

孔宁、仪行父以前和夏御叔在朝的时候关系不错,曾经见过夏姬的美色。夏御叔死后,两人各有窥诱的意思。

夏姬有个侍女叫荷华,是个伶俐风骚的女人。一天,孔宁约征舒一起去郊外狩猎,借口要送征舒回株林,晚上就留宿在他家。孔宁费了一点心机,先勾搭上了荷华,送给荷华一点金银首饰,让荷华求夏姬,晚上就上了夏姬的床。孔宁偷偷穿上夏姬的锦裆,回来后,在仪行父面前夸耀。仪行父很羡慕,也送了不少钱给荷华,让荷华找夏姬。夏姬平常看到仪行父身材高大,面目清秀,也有心于他,就答应了。仪行父提前吃了春药,表现很勇猛,夏姬很满意,就喜欢他超过孔宁。

仪行父跟夏姬说:"你给了孔大夫锦裆,我也想要一件东西作为留念。"夏姬说:"我锦裆是被他偷的,不是我送给他的。"又伏在仪行父耳边悄悄说:"我们这样同床,岂能没有东西留念?"就解下自己穿的碧罗襦赠给仪行父。仪行父非常高兴。从此仪行父就经常来往株林。

想来夏姬是一个很聪明的女人，一件锦裆，一件碧罗襦，摆平了两个同样位高权重的大夫，省得他们相互嫉妒而平生事端，给自己带来麻烦。

仪行父得到了碧罗襦，也在孔宁面前夸耀。孔宁私下问了荷华，知道夏姬与仪行父关系很密切，就心怀妒忌，想出一条计策来争宠。陈灵公也是个贪图美色喜欢淫乐的人，早听说夏姬的美色，很倾慕，正恨得不到手。孔宁就想引陈灵公一同加入，这样陈灵公肯定会感激他，陈灵公有狐臭，夏姬不会喜欢他，自己跟着去做个贴身帮闲，会顺便占到不少便宜。这样也能在仪行父那里争回不少面子。这个孔宁有点卑劣了，引入第三个男人来争宠，这样的事情也只有他想得出来。不过，我们也可看出，夏姬在他们那里的分量——只不过是个床上的艳物而已，大家可以共同分享，夏姬在他们那里说不上有什么尊严、身份、地位。

3. 国君与夏姬的床笫之欢

孔宁就单独去见陈灵公，说夏姬的美天下绝无。灵公说："寡人也久闻其名，但她年纪差不多快四十了吧，恐怕就像过气的桃花，未免会颜色衰败啊！"孔宁说："夏姬通晓房中术，容颜越来越嫩，就像一个十七八岁的女子的模样。并且，跟通常女人完全不一样，主公你去试试，肯定会很销魂的。"

灵公不知不觉被孔宁说得欲火上升，脸色发红，跟孔宁说："你有什么办法能让寡人和夏姬相会？寡人一定不会亏待你的！"孔宁出主意说："夏姬住在株林，那里竹木繁盛，可以游玩。主公明早就只说要去株林玩，夏氏必然设下酒席迎接。其他事情我去搞定。"灵公一听当然很高兴。

第二天,灵公传旨,驾车微服出游株林,只让大夫孔宁跟随。孔宁先送信给夏姬,说国王来了要她好好招待,又找人告诉荷华真正的目的,让荷华暗中帮助。灵公一心贪恋着夏姬美色,本来游山玩水的,没玩很长时间,就转到夏家。

夏姬盛装打扮出来迎接灵公,声音如黄莺般婉转,非常好听。灵公见了夏姬的面貌,真像天上的仙女,自己六宫的妃嫔,没有一个能比得上的。灵公说:"寡人只是偶尔闲游,路过尊府,前来造访,不要很惊讶啊。"夏姬说:"主公你大驾光临,蓬荜生辉,贱妾备有简单的酒菜。"灵公说:"既然准备了酒菜,我就不客气了。听说尊府中的园亭很幽雅,我想去看看,酒席就摆在里边,不知道是不是打扰了你?"夏姬说:"自从亡夫去世,荒圃久废,没怎么扫除,恐怕怠慢了大驾!"

灵公看夏姬应对有序,就更加喜爱,就命夏姬换掉礼服,带他到园中游玩。夏姬脱下礼服,露出一身淡妆,如月下的梨花,雪中的梅蕊,别是一般雅致。夏姬带领灵公到达后园,虽然后面不很宽敞,但乔松、秀柏、奇石、名葩、池沼、花亭等安排得很别致。灵公喜欢夏姬这样一个有审美情趣的人。

灵公游玩了一会儿,那边的筵席已经摆好了。灵公让夏姬坐在旁边,夏姬谦让着不敢。灵公说:"作为主人有什么不敢的?"就让孔宁坐在右边,夏姬坐在左边,"今天不要讲君臣礼节,只图个高兴!"接着开始喝酒,喝着喝着,灵公就目不转睛盯着夏姬看,夏姬也流波送盼、眉目传情。灵公酒兴带了痴情,又有孔大夫从旁边打和事鼓,酒就不知不觉喝多了。这时候已经日落西山,灵公醉倒在席上,呼呼睡去。孔宁偷偷跟夏姬说:"主公一直很羡慕你的美貌,今天特地来跟你求欢,你可不要违拗呀。"夏姬微笑着不回答。

夏姬脸上带着的这微笑,可能有复杂的意义。国王来了要上自己的床,就算自己不愿意都不行,这些人都不好惹啊。孤儿寡母,就算心中有苦，心中有多少个不愿意，脸上还是不得不带着微笑。

孔宁看事情差不多了，就出去安排随驾人员歇息。

夏姬准备好锦衾绣枕，假意将灵公送入轩中，留下荷华侍驾，自己就去香汤沐浴，以准备被召幸。

过了一会儿，灵公醒了，问："你是什么人？"荷华跪下来回答："贱婢是荷华，奉主母之命，特别来侍奉主公。"灵公问："你能不能为寡人做媒？"荷华假装什么都不知道，问："不知主公对谁有意思？"灵公说："寡人被你家主母搞得神魂俱乱啦！如果你能帮我成事，我有厚赏。"荷华就掌着灯，曲曲弯弯走入内室。

一进内室，灵公什么都不说，上去一把抱住夏姬就解衣上床。夏姬肌肤柔腻，身体像要融化了一样。灵公感叹："寡人就算遇上天上的神仙，也就是这样了！"灵公比不上孔、仪两个大夫，又有暗疾，夏姬虽然不喜欢他，但一国之君，在枕席上也虚意奉承。灵公就觉得这是世上再也没有的奇遇。

第二天鸡刚刚叫，夏姬催促灵公起来。灵公恋恋不舍地说："寡人能和你相遇，再看看我六宫粉黛，都像粪土一般。不知道你能不能经常陪伴寡人？"夏姬怀疑灵公已经知道了孔、仪二人的事情，就说："贱妾实不相欺，先夫死后，也失身给他人。现在能服侍君侯，我一定不会跟其他人有交往了。"灵公听了很欣慰，说："你平常交往的那些人，都给寡人数数吧，不用隐瞒。"夏姬说："孔、仪两位大夫帮我抚养遗孤，所以就跟他们两人上过床，其他的就没有了！"灵公笑了："难怪孔宁跟我说，卿的妙处大异寻常，若不是我亲自来试，又怎么能知道！"夏姬说："贱妾先跟了他们，请主公原谅我！"灵公说："孔宁荐贤，举荐了你，寡人很感激他，你不用害怕。我只希望能跟你常常相见，至于你想做什么，我不会禁止你的！"过了一会儿，灵公起来，夏姬抽出自己身上的贴体汗衫，给灵公穿上，说："主公见到此衫，就如见到贱妾!"这时荷华拿来灯烛,由原路送灵公到轩中。

夏姬主动送出这贴体汗衫,给足了陈灵公面子,又摆平了陈灵公和两位大夫的关系,如果陈灵公知道两位大夫都有而自己得不到纪念物的话,那孤儿寡母就有麻烦了。一个漂亮的丧夫女人,想在这些权贵中挣扎生存下去,不是一件容易的事。

天亮后,厅上早准备了早膳,孔宁带着随从人员驾车伺候。夏姬请灵公上堂中吃早点,其余随从众人都有酒食犒劳。

4. 君臣在朝堂上炫耀内衣

吃完早餐,孔宁就跟灵公一起回朝,百官知道陈侯昨晚在外边留宿,这天都聚集在朝门等候。灵公传令说这天免朝,径直入宫门去了。

仪行父拉住孔宁,问主公夜里到底在哪住宿,孔宁不能撒谎就只好直说了。仪行父知道是孔宁推荐灵公去的,戏谑说:"这么好的人情,怎么让你一个人独做?"孔宁说:"主公这次十分满意,第二次你去做人情吧。"两人大笑而散。

第二天灵公早朝之后,百官都散去了,灵公召孔宁到跟前,感谢他荐举夏姬。灵公又召仪行父问:"这样的乐事,你怎么不早奏报给寡人呢?你两人却占了先,是什么道理?"孔宁和仪行父都说:"我们没有啊。"灵公说:"美人都亲口告诉我了,你们还装什么,不要隐瞒了吧。"孔宁说:"这样的,譬如君主有味要尝,臣就应该先尝;父亲有味要尝,儿子就该先尝。如果尝了知道味道不好,就不敢进献给君主啊!"灵公笑着说:"这样说也不尽对。譬如是熊掌的话,就让寡人先尝尝也不妨。"孔、仪两人都大笑起来。

灵公又问:"你们两人也都上过她的床,她却偏偏有东西送给我。"说着就掀开贴身的汗衫给他们看:"这是美人赠送的,你两人有么？哈哈。"孔宁说："臣也有。"灵公问："她送你什么东西？"孔宁撩开衣裳，露出锦裆，说："这是她送的。不但臣有，仪行父也有。"灵公就问仪行父是什么，仪行父解开碧罗襦给灵公观看。灵公大笑说："我们三人，随身都有信物，哪天我们一起同去株林！"

　　这三个人真算是无耻之极了，在朝廷之上竟然津津有味地讨论自己淫乱的事情，还相互分享心得，礼义尽失。他们对夏姬也算是看得极其轻贱了。

　　一君二臣正在朝堂上戏谑，这话却传出朝门，惹恼了一位正直的大臣。这个大臣气得咬牙切齿，大叫："朝廷是法纪之地，却让他们这样胡作非为，陈国灭亡屈指可待了！"就整理整理了衣服闯入朝门进谏。

　　这个贤臣叫泄冶，人忠良正直，遇到事情敢于直言，陈侯君臣都有点怕他。孔、仪二人看到泄冶闯进来，知道他又要进谏，就赶紧告辞出来了。灵公看到泄冶转身就想溜走，泄冶急步上前拉住灵公的衣服，跪下来上奏说："大家都知道君臣主敬，男女有别。现在君臣宣淫，互相标榜，在朝堂之上说污秽的语言，没有一点廉耻，国君体统也没有了。这可是亡国之道啊！"灵公自己觉得很汗颜，用袖子遮住脸说："爱卿别说了，寡人已经很后悔了！"

　　这样无耻的人害羞也只是暂时的。

　　泄冶出了朝门，孔、仪二人正在门外打探消息，看见泄冶怒气冲冲出来，赶紧闪到人丛中躲避。泄冶早看见他们俩，把二人叫出来责备："君王有好的地方，作为臣子的应该多宣传；君王有不好的地方，臣子应该帮他掩饰。现在你们俩自己干坏事，还来诱惑君王，并且反复来宣扬这事，如果让朝野百姓知道了，怎么办？你们不觉得羞耻吗？"两个人不能说什么，尴尬得连连称是，说泄冶教训得对。

　　泄冶走了，孔、仪二人又进去见灵公，说了泄冶责备他们的话，然后跟灵公说:"主公以后不要再去株林了!"灵公说:"那你们两个还去吗?"孔、仪回答:"泄冶主要是建议君王你不能去,跟我俩没太大关系。我俩可以去,你不能去啦!"

　　作为臣子,两人算是很缺德的了。自己道德缺失偏偏还说出这样的话,对本来德行就不好的灵公岂不是更加刺激?灵公一听来气了,说:"寡人宁愿得罪泄冶,也不能舍弃那片乐土!"

　　孔、仪二人说:"主公要想再去,恐怕挡不住泄冶的絮絮叨叨劝谏,那你怎么办?"灵公问:"你俩有什么好方法能让泄冶不再说?"孔宁说:"要想让泄冶不说话,除非他不开口说话。"灵公笑了:"嘴巴长在人家嘴上,寡人哪能禁了它不让它说话?"仪行父说:"孔宁的意思我懂,人死了嘴就闭了,主公为何不传旨下令杀了泄冶,这样可以终身享受株林的那种乐趣了啊!"灵公说:"泄冶是重臣,寡人不能无缘无故杀他!"孔宁说:"那我派人刺杀他怎么样?"灵公说:"你自己看着办!"孔宁、仪行父这二人就策划了一起事件,用重金买了刺客,埋伏路上,等泄冶来上朝的时候,就杀了泄冶。陈国人都认为是陈侯指示干的,不知道是孔、仪二人的计谋。

　　从淫荡发展到故意杀害忠臣,君臣三人的行为已经不是道德问题了,这样的无道昏君总有一天会遭到报应的。

　　泄冶死后,君臣就肆无忌惮起来。三人经常同往株林,前一两次还是私偷,以后就习以为常,公然出入,不再避人了。陈侯在孔、仪二人的一味奉承之下,就越来越不顾廉耻,三人经常同欢同乐。看来这样集体淫乐的放荡生活古已有之。

5. 淫荡国君之死

　　夏姬的儿子征舒渐渐长大懂事,看到自己母亲的所作所为心如刀刺,但碍于这些人都得罪不起,就很无可奈何,每次听到陈侯要到株林,就往往借口躲避,落得眼里清净。光阴似箭,征舒很快长到十八岁。征舒身材高大,力气很大,还善于射箭。灵公想取悦夏姬,就封了征舒做司马,执掌兵权。征舒辞别了母亲入朝做事。有了兵权也算位高权重了,手中有兵,办事就方便很多。灵公怎么也没想到自己的这一举动最后害了自己。

有一天,陈灵公与孔、仪二人又来到株林找夏姬寻欢作乐。征舒因为感谢灵公赐官,特地回家设宴款待灵公。夏姬因为儿子作陪,就没有出来。酒喝到酣,灵公与孔、仪又相互嘲谑,高兴得手舞足蹈。征舒厌恶他们的样子,就想退下,刚走到了屏风后面,这时,灵公跟仪行父说:"征舒长得这么魁伟,有些像你,莫不是你生的?"仪行父笑着说:"征舒两眼长得炯炯有神,极像主公,还是主公生的。"孔宁从旁边插嘴说:"主公跟仪大夫都这样年轻,生不出他,他的爹很多,是个杂种,估计夏夫人自己也记不起了!"三人拍掌大笑。

这三人也太放肆了,之前人家还是小孩子,你侮辱一下人家孤儿寡母人家无法反抗也就算了,现在却公开侮辱一个成年人,一个成年男人,一个有自尊心的男人,一个掌握着兵权有自尊心的男人,这样的侮辱就不是小事了。

征舒不听还不气愤,一听见他们这么说,当下勃然大怒。征舒悄悄将夏姬暗暗锁在内室,就从便门溜出,吩咐随行将士把自家府第团团围住,不许放走了陈侯和孔、宁二人。将士得令,迅速包围了夏府。征舒也戎装披挂,带着得力的兵将,从大门杀进,兵将口中大叫:"捉拿淫贼!"

陈灵公在那里还说着不三不四的话,孔宁听到将士的叫声,说:"主公不好了!征舒请客不是好意,现在带兵杀来,我们快跑吧!"仪行父说:"前门被围,我们从后门走!"三人经常在夏家出入,路也很熟。陈侯还指望跑进内室向夏姬求救,但看见中门被锁,就慌上加慌,急忙往后园跑。征舒随后追来。陈侯记得东边马厩旁边的墙比较低可以翻过去,就冲着马厩跑过去。征舒在后边大叫:"昏君休走!"说着攀起弓,飕的就是一箭,却没有射中。陈侯赶紧跑入马厩想躲起来,但群马被惊得嘶叫,陈侯急忙转身出来,征舒刚刚赶到,又射一箭,正中陈侯的心,可怜陈侯做了十五年诸侯,这天却死在马厩下。

无道昏君终归有无道昏君的结局,横死是不能避免的了。

孔宁、仪行父先前看见陈侯往东跑,知道征舒肯定去追赶陈侯,两人就往西边跑,征舒果然只追赶陈侯,孔、仪二人就从狗洞中钻出去,也不敢回家,直接逃向楚国去了。卑鄙的人是无所顾忌的,狗洞钻了,无处可藏就只有跑路了。

征舒射杀了陈侯,拥兵入城,说陈侯酒后得了暴疾身亡,留下遗命立世子午为国君,即陈成公。陈成公心怀愤恨,但征舒手握重兵,也不能怎么样。征舒害怕诸侯会来讨伐他,就强逼着成公去晋国结交,拉好关系。

6. 又一轮争美之战

再说孔宁、仪行父二人逃到楚国,见了楚庄王,隐瞒了君臣淫乱的事情,只说夏征舒造反弑杀了陈侯。楚庄王就召集群臣商议。

楚国有一位公族大夫叫屈巫,这个人长得仪容秀美,文武全才,只有一个毛病,就是贪淫好色,专讲彭祖房中之术。数年前曾出使过陈国,正好遇到夏姬郊游,看见过夏姬的美貌,并且听说夏姬也善于采炼之术,心中就很倾慕。这屈巫钻研房中术,和夏姬算是同道中人了,又对夏姬这样仰慕,又如此好色,难免会生出一些事端。现在听说了这事情,就想借此为理由掳取夏姬,所以就力劝庄王兴师讨伐陈国。

楚庄王先下了一道檄文到陈国,讨伐夏征舒。陈国人见了檄文,人人都归咎于征舒,巴不得把他直接送给楚国,所以都不准备御敌。楚庄王亲自统率三军,带领公子婴齐、公子侧、屈巫等一班大将,云卷风驰,直指陈国都城,如入无人之境。夏征舒知道人们都埋怨自己,就偷偷跑回株林。这时陈成公在晋国还没回来,大夫辕颇就跟众臣商议,捉了征舒献给楚军求和,兵还没派出,楚国军队已经到了城门口。

陈国百姓开了城门迎接楚军。楚庄王整队进入。楚庄王问:"征舒在哪?"辕颇说在株林。楚庄王问:"为什么你们不讨伐这个逆贼?"辕颇说:"不是我们不想讨伐,是我们力量不够。"楚庄王就命辕颇作为向导,亲自带大军往株林进发。

征舒正想收拾了家财,带着母亲夏姬往郑国逃奔,还没走就被楚兵围住了。

楚兵抓住了征舒。楚庄王问:"怎么不见夏姬?"将士们就到处搜索,在后园中找到夏姬。夏姬向楚庄王拜了两拜说:"不幸国乱家亡,贱妾一个妇人家,现在命就在大王手中。如果大王宽宏大量,我愿意充作奴婢。"夏姬只说这几句话,不卑不亢,既表达了求生的意愿,也表示了成王败寇只好委身于人的意思。在乱世之中生存,夏姬这样的红颜已经对自己、对环境有清醒的认识,生存艰难,再无奈也只能屈从于他人。

夏姬姿色妍丽,语言文雅,庄王一见,心志就迷惑了,跟诸将说:"楚国后宫虽多,但是能比得上夏姬的几乎没有,寡人想纳了她为妃嫔,诸卿家觉得怎么样?"屈巫说:"不可,不可!主公带兵伐陈,是讨伐他们的罪过的;如果纳了夏姬,人家以为主公是贪色呢。如果只是讨伐,那就是正义;如果是贪色那就是淫荡。以主公的举动,不应当这样。"这屈巫虽然拿道德正义来劝说庄王,自己却是有私心的。

庄王说:"你说得很对,寡人不敢纳她了。只是这是个世间尤物,如果再在我面前出现,我必然控制不住自己。"

这时,将军公子侧在旁边,也很贪恋夏姬的美貌,见庄王自己不收用,立即跪下来说:"臣中年无妻,请君王赐给臣为妻室。"屈巫又上奏庄王说:"大王不能答应啊!"屈巫又反对别人娶了夏姬,显然是自己有意独吞。公子侧很气愤说:"屈巫你不允许我娶夏姬,是什么原因?"屈巫说:"这个女人是天地间不祥之物,据我所知,子蛮夭折,御叔死了,陈侯被杀,征舒被擒,孔、仪逃亡,陈国被灭,都与夏姬有关,还有什么不祥之物能超过夏姬?天下美貌的妇人多的是,何必一定要娶这个淫物以后后悔呢?"屈巫果然是善辩之人,不能暴露自己不许他人收娶夏姬的想法,马上又说出一番道德教训来。庄王一听就被骗了,庄王说:"听你这样说,我都害怕了!"公子侧却不吃这一套,说:"既然如此,我也不娶了。只是有一件事,你说主公不能娶,我也不能娶,难道只有你能娶了不成?"屈巫连声说:"不敢,不敢!"屈巫说出这句话时,心里肯定又气愤又后悔。

庄王说:"物如果没有主人,人们必定去争,听说连尹襄老近来死了媳妇,就赐给他当继室了吧!"襄老这次也带兵来了,在后面的队伍。庄王就召他来,把夏姬赐给他。公子侧倒也罢了,只是屈巫本来想劝住庄王,打断公子侧的想法,把夏姬留给自己享用,现在见庄王赐给了襄老,心里暗暗叫:"可惜,可惜!"又想:"这个老头儿,怎么能当得起那个女人?一年半载后又会做寡妇,只有到时候再见机行事了。"

7. 两个淫荡大夫的下场

楚庄王传令将征舒车裂,将陈国灭掉,改为楚的一个县,让公子婴齐作为陈地的官员,然后带兵回国了。

大家听说楚王灭掉了陈国而归,都纷纷来朝贺。大夫申叔时从齐国出使回来,到朝堂回报了事情之后,没说什么庆贺的话就退下去了。庄王让内侍传话,去责备申叔时:"夏征舒弑杀其君主,寡人讨伐他的罪而杀了他,将陈国版图收到我国之中,正义的名声天下传,诸侯和县官,都无不称贺,唯独你一个人什么都不说,难道认为寡人讨陈的举动不对吗?"申叔时就跟随内侍来见楚王,申叔时说:"大王听说过'蹊田夺牛'吗?"庄王说:"没有啊!怎么回事?"申叔时说:"有人牵着一头牛,从别人的田边经过,结果牛踩了人家的庄稼,田地主人很生气就抢去了这个人的牛。如果这个案件让大王前来断,大王怎么断?"庄王说:"牵着牛踩到田地,踩伤的庄稼肯定没多少,但田地主人夺了别人的牛,这太过分了!寡人如果断这个案件,就责备一下牵牛的人,让他跟人家道歉,让夺牛的田地主人归还人家的牛,你认为这样恰当吗?"申叔时说:"大王断案这样明白,为何对陈国却这么不明白啊。夏征舒有罪,也只是弑杀了自己的君主,但还没有至于亡国之罪。大王征讨他的罪就够了,现在灭了人家的国家,这和夺人家的牛有什么差别?我又有什么好庆贺的?"

楚庄王捶胸顿足说:"好啊,你这番话说得好啊,寡人从来没听过这样的话!"申叔时说:"大王既然觉得臣的话说得好,为何不效仿蹊田夺牛的事,归还人家的牛?"庄王立即召陈国的大夫辕颇,问:"陈君现在在哪?"辕颇回答:"去了晋国,现在不知道在哪里啊。"说完不知不觉就哭了。庄王也惨然说:"我会恢复你们国家的,你把陈君接回来吧。以后世世依附楚国,不要有什么二心对不起寡人之德。"庄王算是一个不错的君主,知错能改,善莫大焉。庄王又召孔宁和仪行父来,吩咐他们:"现在放你们俩回国,共同辅佐陈君。"辕颇明知道孔、仪二人是个祸根,却不敢在楚庄王面前说明,只是含糊一同拜谢了回国。

刚到楚国边境,正好遇到陈侯。原来陈侯从晋国回来,半路听说陈国已经被灭,正想到楚国面见楚王。辕颇转述了楚王的美意,君臣就并驾回到了陈国。

孔宁回到陈国,不到一个月,白天看见夏征舒前来索命,因此得了病,自己跳进水池中淹死了。孔宁死后,仪行父梦见陈灵公、孔宁与征舒三人来拘他到阴帝廷中对狱,梦中大惊,从此也得了暴病很快死了。世间果然有报应吗?不管怎么说,孔宁、仪行父多行不义必自毙。

8. 谁笑到最后?

再说夏姬嫁给了连尹襄老,没到一年,襄老就出征跟晋国打仗,他的儿子黑要就上了夏姬的床。襄老战死,黑要贪恋夏姬的美色,不去求父亲的尸首,国中的人就有很多议论。夏姬觉得这是耻辱,就想借着迎接襄老尸首之名,回到娘家郑国。这时屈巫贿赂了夏姬左右侍奉的人,传话给夏姬说:"我仰慕夫人已久,如果大人早上回郑国,我晚上就来礼聘!"又派人跟郑襄公说:"夏姬想回到宗国,何不来接她?"郑襄公果然派使者来迎接夏姬。屈巫憋了这么长时间,终于有机会了。

楚庄王问诸位大夫:"郑国人来迎接夏姬是什么意思?"屈巫说:"夏姬想收葬襄老的尸首,郑国人跟这事有点关系,认为能得到襄老的尸首,所以来接夏姬让她去迎接尸首罢了!"庄王说:"尸体在晋国,跟郑国什么关系?"屈巫说:"晋国与我国交战时,我们抓了荀䓨,荀䓨现在是我们楚国的阶下之囚。他父亲荀首新升了军职,很想念儿子。荀首跟郑国的大夫皇戌私交很好,必定会借郑国的皇戌做中间人,找楚国用公子谷臣以及襄老的尸首来交换荀䓨。"正说着,夏姬入朝来辞别楚王,说明回郑国的原因,说着泪如雨下:"若不能得到尸首,妾发誓永远不回楚!"楚庄王可怜她就答应了。

夏姬刚走,屈巫就写信给郑襄公,说自己要聘夏姬为妻。郑襄公不知道庄王和公子婴齐以前也想娶夏姬的前因后果,以为屈巫正被庄王重用,现在结为姻亲,是好事一桩,就收了屈巫的彩礼。楚国人都不知道屈巫这事。屈巫又派人到晋国,告诉荀首,让他用公子谷臣以及襄老的尸首来交换荀䓨。

此前,鲁国使臣郤克出使齐国,郤克只有一只眼睛可以看东西,齐顷公无礼,故意嘲弄他,派个独眼的车夫为他驾车,还让自己的母亲站在城墙上看笑话,高兴得哈哈大笑。郤克受了侮辱,说服国君讨伐齐国,鲁国就联合了晋国一起出兵。齐顷公向楚国求救,此时楚庄王正好病逝,楚国举办丧礼,就没来得及发兵,后来齐国大败,被迫与晋国结盟。新任国君楚共王说:"齐国服从了晋国,是我们失救的原因,寡人自当为齐国讨伐鲁国,谁能替寡人到齐侯那里传达我的意思?"屈巫连忙说:"微臣愿往!"共王说:"你这次去经过郑国,顺便约郑国今年十月从卫国边境攻打齐国,将具体日期告诉齐侯!"屈巫领命回到家,说是要去收赋税,把自己的家财装了十多车陆续出城,自己星夜奔往郑国,在馆舍和夏姬成亲,二人共享云雨之乐。屈巫多年愿望,今朝果真实现了,屈巫心里该多欢喜啊!

夏姬躺在枕畔问屈巫:"这事你禀报给楚王知道了吗?"屈巫就将庄王和公子婴齐以前想娶她的事,都说一遍,说:"下官为了夫人,费下这么多心机,今天才享受到这鱼水之乐,生平的愿望都满足了。下官不敢再回楚国,明日跟夫人找个安身的地方,百年偕老吧。"夏姬说:"原来如此。你既然不敢回楚国,那出使齐国的命令,怎么办呢?"屈巫说:"我不去齐国了。现在能和楚国抗衡的,只有晋国,我们俩去晋国吧!"第二天一早,就写了信派人送给楚王,跟夏姬逃到了晋国。

楚王收到巫臣来的信,一看大怒,下令公子婴齐领兵将屈巫全族诛杀。

夏姬的故事到这里就在历史中消失了。

9."红颜"不简单

汉代的刘向是个严肃的历史文献学家,他的《列女传》写了古代数十个名媛丽姬的事迹,目的是教导女子如何成为贤妻良母。确实,《列女传》一向被看作女子的教科书。书中写到夏姬:"夏姬好美,灭国破陈,走二大夫,杀子之身,贻误楚庄,败乱巫臣,子反悔惧,申公族分。"意思就是说,夏姬这个红颜,让陈国灭国,使两个大夫逃离自己国家,为自己的儿子带来杀身之祸,贻误了楚庄王,败乱了巫臣导致全族被杀。刘向这么说,可见夏姬的故事是史有实据的了。关于夏姬的事迹,数《东周列国志》最为详尽,虽有小说虚构的成分,但大多根据《左传》等历史典籍添油加醋敷演而成。《左传》、《吕氏春秋》、《列女传》等,无不渗透着男性的叙事观点,对于夏姬也无不一致表达了"红颜祸水"之意。但仔细看这些叙述,有很多耐人寻味的地方,单看夏姬的结局,就语焉不详。按理来说,像她那样辗转于众多男人之间,无数人为她国破家亡,她算是丧尽廉耻、十恶不赦,但她却不像妲己或后来的杨贵妃落得恶死的下场。她和屈巫一同逃到晋国,就如屈巫所愿。屈巫用尽心计,不过他似乎是真爱夏姬的。这样的结局对夏姬来说也算很不错的了。

从另外一个角度来看,夏姬实在是个很不简单的女人。她身处乱世之中,在她周围展开多少权力斗争,多少王冠落地,多少人送命,但她最终能巍然独存,笑到最后,这不光是靠命运,也是她在保存自己、对付男人方面有过人之处所致。

在夏姬的故事中,充满着男性的叙事欲望,对她很少正面描写,只是在片言只语中看到,夏姬不仅天生丽质,还善于保养,驻颜有术,在她半老徐娘之时,还能使楚庄王等一班王公大臣一见之下即为之神魂颠倒。尽管她面对的无不是些能置人生死的魔君煞星,但她应对自如,更以她的娴雅气度征服男人的心。

夏姬传奇中不时渲染的一点是她十五岁时即受高人指点,知"素女采战之术",即所谓床上功夫了得。这也说明她在情场上能掌握主动权,玩男人于股掌之上。如她送孔宁、仪行父及陈灵公不同的内衣,说明她对他们一视同仁,谁也没得到她更多,倒在这三人之间产生了平衡和张力。

夏姬是否是故意这样做,我们不得而知,归根结底,她成为男人们的玩偶,曾经和她要好的男人一个个丧命,她自己的儿子也不得善终,经历了这些,她在感情上已经满目疮痍,她的内心未必会快乐。我们看整个故事,夏姬是有点"个人主义"的,在残酷的权力斗争中,她不像妲己或西施,对国政进行干涉,或个人利欲熏心,为害他人。她好像总是被动的,被侮辱被损害,只能做到保存其身。

10. 祸水之源

像刘向那样把夏姬看作是祸水之源,是否有道理?这些祸水真是夏姬带来的吗?

先看陈国的孔宁、仪行父。这两个人出了名的好色,夏御叔还没死的时候他俩就有觊觎之心,夏御叔死后,他俩就和夏姬勾搭上了。看起来,夏姬和这两人私通,应该算是一个坏女人了。但我们要考虑清楚,当夏姬的丈夫新丧,一个带着十二岁孩子的女人,凭借什么生活?对于一个从小衣食无忧、不懂谋生的郑国公主来说,她没有生存的本领,难道就应该活活饿死?夏姬要生活,马上找到一个合适的男人依靠不是一件容易的事,夏姬跟孔宁、仪行父上床,很大程度上是为了养育自己的孩子。夏姬就亲口告诉陈灵公说,孔、仪两位大夫帮她抚养遗孤,所以才跟这两人上床。

再看陈灵公。跟陈灵公发生关系,夏姬是完全被动的,孔宁为了跟仪行父争宠、争回面子,才借助陈灵公,想多分到一杯羹。这完全是一个龌龊男人的计谋。就仅仅作为一个男人而言,灵公远比不上孔、仪二人,夏姬不喜欢他,但他是一国之君,他手中有最高的权力,可以给自己生活的保障,可以给自己儿子很高的官位,为了自己,更为了儿子,夏姬在枕席上也要虚意奉承,曲意尽欢。

陈灵公不听泄冶的劝谏,并且偷偷让孔、仪二人杀了这位谏臣。泄冶之祸是来自夏姬吗?显然不是。陈灵公与孔、仪为了自己的淫欲而杀忠臣,跟夏姬完全没关系。祸水完全来源于这三个不知廉耻的男人。

陈灵公被杀,孔、仪逃离自己的国家,这样算是祸水吗?这完全不是祸水,更不是夏姬导致的,而是他们咎由自取。在一个十八岁成年男子的跟前那样侮辱人家,说夏姬人尽可夫征舒可能还能忍受,但说他是杂种,这是任何一个人,特别是一个男人所不能忍受的。从十二岁就开始忍受的征舒终于再也忍受不下去了。战乱时期,人命如草芥,征舒杀了这样的人根本不算什么。所以征舒杀了陈灵公完全跟夏姬没什么关系,只是一个男人严重侮辱了另一个男人的尊严而带来的后果。

最后是楚国的屈巫。这个屈巫,为了得到夏姬花了多少年的心思!当年打进陈国,楚庄王想纳了夏姬,他摆出一套义正词严劝谏,说贪色就是淫荡。一段话吓得楚庄王打消了念头。将军公子侧想纳了夏姬,屈巫又劝庄王不能答应公子侧的请求,说这个女人是天地间不祥之物,天下美貌的妇人多的是,何必一定要娶这个淫物呢?庄王就不让公子侧娶夏姬了。但屈巫的如意算盘没打好,公子侧不能娶,也顺便把他拉下马,害得他自己也不能娶。屈巫忍了几年,终于等到机会。屈巫费了很多心计，利用自己的职务之便，才把夏姬弄到手。他能跟夏姬同床睡在一起时说，自己为了夏姬费了那么多心机才享受到鱼水之乐，他生平的愿望都满足了。这是实情。最后他逃离自己的国家，投奔到敌对之国，结果全族被杀，这完全是一个工于心计的极端好色的男人强烈的私欲所导致的严重后果。这样隐忍的男人为了自己的欲望竟然能花那么多心思，能忍那么多年！所有的福和祸他自己应该都算计得很清楚。对他来说，夏姬是他的目标，而不是什么祸水。

至于楚庄王和公子侧，这两个人没上过夏姬的床，但他们二人都曾被夏姬迷惑住过。楚庄王一看到夏姬姿色妍丽就被迷惑。不过，楚庄王中了屈巫设下的圈套。在决定不纳夏姬之后，楚庄王还说："只是这是个世间尤物，如果再在我面前出现，我必然控制不住自己。"可见夏姬对他的吸引力。公子侧作为武将，看到庄王不纳，立即就跪下来求夏姬，既干脆又直接，也可见他对夏姬的迷恋。对这两人来说，夏姬并没有跟他们发生什么直接的关系，所以夏姬更不是什么祸水。他们最后还趁机打击了欺骗他们的屈巫，以消多年之恨。

说来说去，这些男人的祸跟夏姬都没有多大关系，根本问题还在于他们自己本身。这些男人一个个都没有好下场。有趣的是，在写夏姬的故事时，男人受欲望的支使，也常常是游移不定的，在道德判断上出现许多矛盾之处。一面蕴涵夏姬是"红颜祸水"，一面也警告男人淫欲熏心没有好结果，所以叙事者采用的是双重标准。如果男性接受了警告，尽管貌美如花，夏姬也能过一个正常女人的生活，而灾祸就无从说起。再看屈巫这个人，他成为野史叙事观点的一大讽刺，公子侧想得到夏姬，他坚决阻止，并说夏姬是世上最危险的尤物，结果他自己千方百计得到她，说明他自己并不把"尤物"的诅咒当真。他如愿以偿，却为之付出沉重代价，屈氏全族被杀。至于他是否嗔怪夏姬，我们就不得而知了。

说到底,"红颜祸水"的生成,本质上就是一帮男人感情、欲望与政治、权力、伦理相互混杂的产物。所谓的祸水都是这些男人之间的利益冲突、欲望冲突、欺骗与背叛、侮辱与反抗而带来的,跟夏姬没有直接的关系。跟夏姬唯一有关的,是夏姬将这些欲望男人串联在了一起,一一展示男人有多卑鄙,多轻贱。

红颜祸水之灾,竟然完全来源于男人。

Ⅳ 被知识男性污蔑的莺莺

《莺莺传》是唐代著名诗人元稹所作的传奇小说,崔莺莺是其中的女主角。陈寅恪先生考证出,小说中的张生就是元稹,而莺莺在当时也确有其人。在小说中,莺莺被称作"尤物"。莺莺一直钟情于张生,但张生却说:"大凡天之所命尤物也,不妖其身,必妖于人。"也就是说,天下的尤物,即使不害了自己,也必定害了别人。张生在玩弄了莺莺之后,把莺莺抛弃了,还义正词严地说,你看商纣王、周幽王,国家多强盛,然而被女子败坏了,国家灭亡,自己被杀,至今被天下人耻笑,我自己的德行不足以胜了妖孽,所以我忍情,我不再找莺莺了。一个负心男人想抛弃一个女人,找了个冠冕堂皇的理由,指责那女人为"红颜祸水",自己抛弃她是理所当然,丝毫不用背负道义上的责任。凭借着男性社会的性别特权与书写的权力,将曾经醉心的女人涂抹成"祸水",一个掌握着知识话语权力的人的真面目展现出来。

下边我们通过看八卦新闻的眼光,探讨出可怜的莺莺如何被人污蔑。

1.《莺莺传》和"八卦新闻"

"八卦新闻"一词是香港的土产,香港的娱乐杂志经常谈论名演员的私生活,披露其罕为人知的内情等,香港人把娱乐媒体上出现的离奇、具有戏剧性、真假难辨的新闻称为"八卦新闻"。在竞争日益激烈的环境下,媒体为了争取更多的读者、观众、听众,就揭发他人的隐私,这样的新闻往往把一件微不足道的事情夸大成一件重要的事情,引起轰动效果,甚至无中生有。如此,事件就具有隐晦性和无限延伸的想象空间。在"八卦新闻"的生产中,除了媒体的狗仔队积极挖掘之外,有时还有八卦主角或其所在公司的主动参与——自动"爆料",目的是为了引起关注,提升或保持知名度。隐晦性和无限延伸的想象空间使"八卦"的魅力万人引颈。

"八卦新闻"有很强的社会力量,对当事人也会造成很大的冲击。2008年初,香港娱乐圈爆发了"艳照门"事件,艺人钟欣桐就深受其害,被公众定位成一个淫荡的形象。我们今天看《莺莺传》,它就像一个"八卦新闻"。而这个"八卦新闻"是张生,或者说是元稹,主动爆料而产生的。一个男人通过爆料把莺莺塑造成了"红颜祸水"的形象。

《莺莺传》的故事梗概比较简单:一个书生——张生在进京的途中,暂时借住在普救寺。张生发现有一个富家的老夫人带着一个漂亮的女儿莺莺也住在寺中。原来老夫人是要把亡夫的灵柩带回家乡。这时,有乱军围住普救寺,要抢劫老夫人的女儿和财产。老夫人说,谁能解围就把女儿许配给他。张生写急信给自己的将军朋友,朋友带兵解了普救寺之围。老夫人让自己的女儿莺莺出来道谢,然而不提许配的事。张生见到莺莺,被莺莺的绝色震惊,一下子失魂落魄。张生请莺莺的丫头红娘帮忙,打听莺莺的意思。红娘让张生写首诗挑逗她一下,不久莺莺就派红娘送来一首回复的诗。张生一看,知道莺莺答应和他约会。半夜,张生爬过墙头来会见莺莺,然而却被莺莺骂得狗血喷头,说他乘人之危。张生被骂回去,非常郁闷,整日都在思念莺莺。过了几天,一天夜里,红娘却突然带着莺莺来到张生房间,莺莺主动上了张生的床。春宵一刻,张生怀疑这是不是真的。此后一个月的时间,莺莺每天晚上都来,张生度过了他一生中最幸福的时间。不过,张生最终还得离开这里去京城考试。张生在京城中了榜,就娶了朝中有钱有势人家的女儿。张生到处传播他和莺莺的信件,给别人讲述他和莺莺的销魂故事,大家听了都很感叹。张生说,自己不能被尤物迷惑,所以自己不和莺莺来往了。一些人对他有些意见,认为这样很可惜。但大多数人都支持他,说他做得对。不过,张生对莺莺还是有点依恋,许久之后决定回去找莺莺,莺莺知道他已经负心,就不再见他。张生一再恳求,莺莺为他弹奏了半首曲子,就弹不下去了,说张生"始乱之,终弃之,固其宜矣,愚不敢恨",张生已经始乱终弃,自己也没有什么可恨的了,于是进入房间走了。张生怅惘而回,就把整个事情写成了一篇小说。

2. 男主角主动"爆料"

故事很简短,但细细读来,却非常有意思。《莺莺传》开篇说"唐贞元中,有张生者",就是一个姓张的书生。张生是个"性温茂,美风容,内秉坚孤,非礼不可入"的人,跟朋友游宴狎妓时也坐怀不乱——一个标标准准的正人君子。不管张生是不是元稹本人,这个主角都是正面形象:对于女色是很慎重的。小说又说张生已经二十三岁,但还未近女色,以此来证明他道德的正派与高尚。但是,作者在不断论证主角的正面价值时,不小心就掉入了一个"八卦"创作的陷阱——女色。女人和性,这一"八卦"最重要的、最吸引眼球的因素无意间被抖露出来。在所谓的"八卦"和丑闻中,女色和性无疑是最引起关注的东西。引起关注的前提,往往是以往这个人物被认为很正面,某个时候突然出了问题,这样才有反差效果,才能引起轰动效应。所以说,《莺莺传》的开头既抖露了女色和性的吸引,同时制造了以后

"非常艳遇"的"强烈"反差和最后始乱终弃的"平淡"对比。

小说假设有人问张生：你不近女色是不是有问题啊？张生就解释，说了一通关于"色"和"尤物"的话："登徒子非好色者，是有凶行。余真好色者，而适不我值。何以言之？大凡物之尤者，未尝不留连于心，是知其非忘情者也。"张生说，自己其实是个真正好色的人，不像那些随便寻花问柳的人，自己的境界要高一层。"余真好色者"是一个天真烂漫、很可爱的解释。张生说，只要是"物之尤者"，我都会留连于心的，可见我并不是木头一块。从这个时候起，八卦的主角之一张生就开始主动"爆料"了。

3. "八卦"女主角出场

作者开始引诱读者关注自己的"八卦"，果然"无几何，张生游于蒲"，时间如此快，引导观众窥探自己隐私的欲望如此急切，"八卦"事件立刻开始进行。

"八卦"事件总是很离奇、很巧合，张生在普救寺中住宿，正好碰上郑氏孀妇，正好可以续上远房的亲戚，这时正好有军人扰乱，正好张生与一名将军关系好，可以保护郑氏一家，正好郑氏有个"色"貌出众的女儿莺莺。所有这些都吊足了观众的胃口。

将军赶走了乱军，风平浪静之后，郑氏宴请张生，莺莺该出场了。

我们看莺莺是怎样出场的。郑氏对张生感谢说，自己和儿女全仗张生保护，"弱子幼女，犹君之生，岂可比常恩哉？今俾以仁兄礼奉见，冀所以报恩也。"让弱子幼女出来见张生，第一个出来的是夫人的儿子"欢郎"，一个十多岁的可爱小少年。欢郎在这里只出现过一次，在以后的故事中再也没出现过，对故事的发展也没任何的影响，作者为何写欢郎？除了可能是写实之外，恐怕还有别的作用，就是：延迟莺莺的出场。

果然,郑氏命令女儿出来拜见张生时,莺莺并没有出来,而是"久之辞疾",在里边推托不愿意出来。郑氏发怒了:"张兄保尔之命,不然,尔且掳矣,能复远嫌乎?"在遭受了其母呵斥之后,莺莺才姗姗来迟地出场。这样不断地"延宕"莺莺的出场,既能使观众期待"窥色"的欲望进一步提升,也能使后来描写的莺莺美色对观众造成强大的冲击:最美的东西总是在最后到来。

在遭受了其母呵斥莺莺不懂"张兄保尔之命"之后,莺莺出场:"久之乃至,常服睟容,不加新饰。垂鬟接黛,双脸销红而已,颜色艳异,光辉动人。"这一出场的描写充满了视觉的华艳。如果说在两性调情过程中女性主要依赖听觉而男性主要依赖视觉的话,那么,这种视觉的描写除了作者描述张生本身看到绝色美女的震惊之外,无疑还迎合了观众的视觉审美需求。接着张生就"问其年纪",询问美女的年龄,看合不合适去引诱。"生年十七矣"的妙龄少女当然对男人有很大的吸引力。需要注意的是,"张生稍以词导之"试图引诱莺莺时,张生救她性命的优势暗暗转化为男性对女性的社会性的、自然性的优势。八卦新闻总是含有的男女性别因素在这里体现出来。

4. 勾引与追逐

接下来的就是张生怎样追逐莺莺了。先是给红娘送礼、询问、倾诉相思,然后听从红娘建议"君试为喻情诗以乱之",写几首淫荡一点的诗挑逗莺莺一下,张生就"立缀春词二首以授之",立即写了送过去。莺莺竟然回了诗,还暗示可以约会。观众可以暗暗期盼:好事就要来了!张生当然也很聪明,"微喻其旨",明白了意思,晚上拿梯子攀缘一株杏花树,跳过墙来到西厢时,发现门半开着,张生暗暗惊喜。作者带领观众的视线一步一步移向莺莺的闺房,马上就可能"软玉温香抱满怀"了!但是,当看到是红娘而不是莺莺睡在床上,"生因惊之",张生有点惊讶,观众也会有一点点奇怪。在红娘也"骇"之后,张生说出了原因,红娘就去找莺莺。当红娘回来,连着说:"至矣!至矣!"这接连两个重复的"至矣"勾起了读者很大的兴奋与愉悦:这下好事终于要成了!观众期盼的当然是张生可以有偷情与性爱了。作者对"张生且喜且骇,必谓获济"的描写,进一步肯定了读者和观众应有的期待。但是,莺莺到了,"端服严容",穿得很整齐,面容很严肃,"大数张",谴责张生"始以护人之乱为义,而终掠乱以求之,是以乱易乱"、"不义"、"不祥"、"用鄙靡之词"引诱她,说完"翻然而逝",就走了。张生一下子摸不到头脑,怅然若失。灰溜溜地翻墙回来,变得很绝望。这时读者的期待也跌入低谷。然而,过了几晚,张生正在"临轩独寝",忽然被人弄醒来,惊骇而起,只见红娘"敛衾携枕而至",带着枕头、被子来了,红娘拍拍张生说:"至矣!至矣!睡何为哉?"并且把枕头和被子铺好出去了。红娘又一次热切的"至矣!至矣!"还会像上一次那样让人失望吗?观众心目中充满了疑问,如同张生一样,既让人不敢相信又让人惊异心跳。"张生拭目危坐久之,犹疑梦寐",事情发生真像梦境一般,"然而修谨以俟",张生平静地期待,也让读者很期待。

在这一部分中,作者用了很多笔墨来叙述。其中细节很多,如拿梯子攀缘一株杏花树、跳墙等;心理描写也很丰富,如主角的心理一起一伏、跌宕变化等。这样的叙述推迟了八卦艳情的发生,引导了观众的持续关注。作者不厌其烦地讲述张生追逐莺莺的过程,也是满足一种偷窥的欲望,就如在婚礼上常见的那种让新郎新娘追溯罗曼史一样暗含的偷窥心理。

5. 床戏不断演练

接下来描写的应该全是最私密性的事情。当然,隐私的曝露在

"八卦"中绝对不可少。红娘带着莺莺来了,莺莺此时变得"娇羞融冶",十分温顺。在"斜月晶莹,幽辉半床"时同床共枕,张生当然会"飘飘然,且疑神仙之徒,不谓从人间至矣",觉得这莺莺就如仙女一样。

一夜性事,疏忽而过。

插句闲话,关于这个情节,《莺莺传》中写得比较含蓄,到了《西厢记》,则将床戏的描写发挥了:

[元和令]绣鞋儿刚半折,柳腰儿够一搦,羞答答不肯把头抬,只将鸳枕捱。云鬟仿佛坠金钗,偏宜鬏髻儿歪。

[上马娇]我将这纽扣儿松,把缕带儿解;兰麝散幽斋。不良会把人禁害,哈,怎不肯回过脸儿来?

[胜葫芦]我这里软玉温香抱满怀。呀,阮肇到天台,春至人间花弄色。将柳腰款摆,花心轻折,露滴牡丹开。

[幺篇]但蘸着些麻儿上来,鱼水得和谐,嫩蕊娇香蝶恣采。半推半就,又惊又爱,檀口揾香腮。

不提《西厢记》,仍回到《莺莺传》。

这时,时间似乎突然加快了,"有顷,寺钟鸣,天将晓",张生还没尽兴,红娘已经催促。莺莺"娇啼宛转",红娘"捧"之来现在又"捧"之而去,莺莺没说一句话,"岂其梦邪?"张生还是怀疑自己在做梦。如此私密性的场景,作者有意描绘,却又朦朦胧胧,既展现了主角真实的感受,又留给读者无穷想象。隐私的抖露,有意让听众知晓;想象空白的设置,让听众共同参与构建。

到天明,"睹妆在臂,香在衣,泪光荧荧然,犹莹于茵席而已"。张生既给自己留下真切的留恋,也给读者的渴望留出了空间:接下来呢?是不是可以夜夜风流夜夜陶醉?男性的窥视和欲望在这里又一次被鼓动到高涨。

但是,"是后又十余日,杳不复知"。怎么回事?期待被稍微延宕一下之后,马上给予了满足,张生赋了《会真诗》,让红娘带给莺莺,之后,"自是复容之,朝隐而出,暮隐而入,同安于曩所谓西厢者,几一月矣。"莺莺天天晚上来,几乎一个月都这样。到此时,读者也该满足了。

6. 把自己的隐私抖露给观众

人有悲欢离合,小说接着叙述张生与莺莺的两次聚合和离别。

第一次莺莺虽悲伤却无话可说,避之不见,张生就离开了。张生"数月,复游于蒲"回来时,小说加入了新的细节:张生希望莺莺表现一下"工刀札,善属文",但莺莺始终不肯。这里变成了一个伏笔:正因为莺莺不轻易表现自己的"工刀札,善属文",后来被张生抖露出去的书信和诗才更能引起读者的惊叹。在小说最后,当读者惊叹于莺莺文笔之妙,把同情倾注在莺莺身上时,我们再反观此地,才能领略到这个地方小小伏笔的意义。

第二次离别,莺莺终于说出了"始乱之,终弃之,固其宜矣,愚不敢恨"这样深情的话,并主动为张生拂琴,结果"不数声,哀音怨乱,不复知其是曲也",终于忍受不了想象未来的命运而"投琴,泣下流连,趋归郑所,遂不复至"。一曲最终不能完成。莺莺明白,张生此一去可能就再不会回来。

如果"八卦新闻"的"情色"到此为止,恐怕很难引起大众的阅读兴趣。虽然前边写了一些情色,却没有给予读者赤裸裸的阅读快感。怎么办?为成全读者的快感,让故事成为一个名副其实的"八卦",作者加入了两个极有分量的部分:把书信和诗歌引入小说中。

信函本是很私密的东西,但男主角张生在遗弃女主角莺莺之后,竟然将女方给他的信件任由他的一群朋友传阅,于是很多人知道了这件事情。隐私被抖露出来具有多么强的破坏力!公共领域与私人领域的边界,不但在故事中被张生故意让其朋友阅读书信的窥视而破坏,而且在元稹将整个信函内容写入小说,被当时和后代所有的读者所有的听众窥视而破坏。

7. 窥探隐私的兴奋

张生把情色隐私抖露出来后,"时人多闻之",观众果然积极参与了。先是杨巨源的《崔娘诗》:"清润潘郎玉不如,中庭蕙草雪销初。风流才子多春思,肠断萧娘一纸书。"我们看,杨巨源这位代表性的观众最关注的是什么,才子与佳人的故事、"蕙草雪销"的情色含义、春思与断肠的始乱终弃、"一纸书"深情与悲情的绮迷,典型的一个看八卦新闻的人在"八卦"中读到的"要义"。

既然读者和观众都乐意这样阅读,作为"八卦"制造者和传播者的元稹当然不会放过这样的机会。他写了《会真诗》三十韵,内容极尽"情色"描绘之能事:"戏调初微拒,柔情已暗通。低鬟蝉影动,回步玉尘蒙。转面流花雪,登床抱绮丛。鸳鸯交颈舞,翡翠合欢笼。眉黛羞偏聚,唇朱暖更融。气清兰蕊馥,肤润玉肌丰。无力慵移腕,多娇爱敛躬。汗流珠点点,发乱绿葱葱。"此诗中描绘的"香艳"远远超过前面所有的文字。正像赵令畤在《元微之崔莺莺商调蝶恋花词》中所说:"观崔之才华婉美,词彩艳丽,则于所载缄书诗章尽之矣,如其都愉淫冶之态,则不可得而见,及观其文,飘飘然仿佛出于人目前,虽丹青摹写其形状,未知能如是工且至否?"这种推崇备至的赞誉之词正点出描写中的视觉性特征。这种性生活之"淫秽"的着意描写,目的很清晰:迎合这些读者与听众的窥视和阅读欲望的需求,补偿前面描绘的不足。元稹在诗中将视觉效果做了最明显的呈现,细致的、具

有诱惑性的文字引起了读者和观众强烈的视觉震撼。

这样的迎合果然有了作用，在元稹的《会真诗》之后，紧接着就是"张之友闻之者，莫不耸异之"。紧接着还有张生的反应："然而张志亦绝矣。"这些人"耸异"的到底是什么？是"耸异"张生的真情，还是"耸异"莺莺的真情，或是"耸异"他们之间的感情与离散？"张志亦绝矣""绝"的是什么？是对莺莺的感情，还是不听友人们的劝说？可以发现，"莫不耸异之"与"张志亦绝矣"之间突然有一个跳跃，缺少了某种解释性的连接语言。作者在这里似乎突然沉默了。这种沉默，这种不说，这种未说，或是来不及说，每一个片断都透露出存有的召唤，召唤读者与听众进入。

张生的故事媚惑了众人，但同时张生却用"拒绝媚惑"作为借口替自己开脱。"张曰：'大凡天之所命尤物也，不妖其身，必妖于人。使崔氏子遇合富贵，乘宠娇，不为云，不为雨，为蛟为螭，吾不知其所变化矣。昔殷之辛，周之幽，据百万之国，其势甚厚。然而一女子败之，溃其众，屠其身，至今为天下僇笑。予之德不足以胜妖孽，是用忍情。'"张生义正词严地说，莺莺是"尤物"，尤物不是害自己，就肯定会害别人。你看商纣王、周幽王，国家多强盛，然而被女子败坏了，国家灭亡，自己被杀，至今被天下人耻笑，我自己的德行不足以胜了妖孽，所以我忍情，我不再找莺莺了。这时候再比较小说开始时张生说"余真好色者"时讲的"大凡物之尤者，未尝不留连于心，是知其非忘情者也"，那个时候喜欢"尤物"是因为"情"，现在抛弃"尤物"是因为"德不足以胜妖孽"的"德"，已经没有了对莺莺的任何同情和爱惜。这时的"拒绝媚惑"因为义正词严地谴责了"尤物"、符合了男性权力社会的普遍标准而变成了新的媚惑，深深感染了众人，得到了大家的认同，"于时坐者皆为深叹"。在"八卦"中，道德托词时时可见，"八卦"主角的解释最后也总是由私情滑向道德的外部托词。

8."八卦"的破坏力量之一

魏晋南北朝以来,家族制度异常发达。当时的人品地位,都以仕宦、婚姻二事作为评定的标准。对于像元稹一样的旧族和平民来说,这样的家族制度和地位评定标准给平民步入上层社会所留的空间不大。另外,科举作为一条重要的路径,也因锁院制度不存在或是不严格,考试不采用糊名制度,而对一般的士人很不利。这种情况下,考生的声名显得相当重要,文名高又有权贵或者文坛前辈推荐的考生才容易被录取,对一般的士人来说,要创造这样的条件压力也很大。这样的重压下,肯定有人气愤,若不能通过"大道"反抗,则可以借助"小说"这种"小道"表示不满。以下我们看元稹是怎样借助"小道"小说"八卦"来破坏精英社会的规范的。

"适有崔氏孀妇,将归长安",张生住在普救寺时遇见了崔氏家族的人,崔氏为北朝隋唐之第一高门,然而在这里边的形象却有些破落——孤儿寡母,更不幸的是,还遇到了兵乱。"是岁,浑瑊薨于蒲,有中人丁文雅,不善于军,军人因丧而扰,大掠蒲人","崔氏之家,财产甚厚,多奴仆",但是恐慌不能自保,"旅寓惶骇,不知所托"。此时一个没落的旧族子弟竟然有能力保护崔氏一家,"张与蒲将之党有善,请吏护之,遂不及于难"。堂堂名门望族的郑氏竟然也很感激了,"郑厚张之德甚,因饰馔以命张,中堂宴之",并且让自己的子女出来谢恩,"弱子幼女,犹君之生,岂可比常恩哉?今俾以仁兄礼奉见,冀所以报恩也。"在这篇小说中,元稹让兵乱对世族制度造成很大的冲击和破坏,名门望族竟然保护不了自己,这未尝不是一种对长久以来盘踞上层社会的世族的讽刺。元稹还模拟了没落家族的子弟与显赫家族的关系,不仅可以低微的身份去保护她们,而且还可以让世族人物的代表"莺莺"堕落,自己可以随意为了满足自己的色欲而引诱她,

"为喻情诗以乱之"、"往往张生自以文挑"、"独夜操琴,愁弄凄恻,张窃听之,求之",还可以在不想要的时候找个"大凡天之所命尤物也,不妖其身,必妖于人"的理由抛弃她,还要让被抛弃的莺莺无怨无悔,"始乱之,终弃之,固其宜矣,愚不敢恨。必也君乱之,君终之,君之惠也;则殁身之誓,其有终矣,又何必深感于此行?"其中透露出来的是一种贫寒文人的卑劣的心理补偿与满足。但正是这种卑劣的心理补偿借助了小说文字破坏着既有的精英社会规范。

如果这故事是元稹本人的真实经历,按著名学者卞孝萱的说法,贞元十六年,与"崔莺莺"恋爱;贞元十七年,"文战不胜";贞元十八年冬,元稹应吏部试;贞元十九年,中书判拔萃科第四等,署秘书省校书郎,与韦丛结婚,抛弃"崔莺莺";贞元二十年,撰《传奇》(《莺莺传》)。在刚刚登科之后就迫不及待地写出此故事,其中除了有对以前感情的怀念,也不能不流露出对原有的精英社会规范的无奈。终于登科了,但为了自己的仕途而攀结有势力的韦氏,不得不抛弃虽热恋但家庭已经衰落了的崔氏。为什么一定要这样?恶势力来源于既定的社会规范。唐代科举制度所形成的科举士子人群,是一个迥异于前代的知识人群。他们不同于以往主要出身于世族家庭的经生儒士——这类经生儒士是以汉魏六朝以来的世族政治、世族经济、世族文化为基础的。科举士子是科举制度的产物,在很大程度上是世族政治、世族经济、世族文化的对立面和破坏者。当因科举制度而形成的科举士子人群冲破魏晋以来世族门阀的壁垒,通过科举取得了政治、经济利益之后,必然会在社会精神领域来表现自己。元稹制造出来的《莺莺传》无疑就是这种破坏者的工具之一。

这时,小说创作的功能就如同"八卦"的作用一样,成为社会集体想象的产物。靠着这种集体想象,对原有的秩序产生冲击。

9. "八卦"的破坏力量之二

需要我们思考的是,在这种集体想象中,作者、媒介、社会、读者之间牵扯了怎么样的权利真相?

对于《莺莺传》来说,这个权利就是:世族势力中落后,文人,一般都是男性,所以可以称之为"知识男",怎么处理处于弱势的莺莺?读者怎么表达对于张生与莺莺事件的态度?态度的表达本身就是一种获取权利的表现。

作者元稹表达的对莺莺事件的态度有二:一是将此事件主动"报料"。此主动的权利不仅包括让众友人阅读莺莺寄来的私人信函,还包括将此事写成小说供人传阅;二是托词抛弃莺莺并为这种抛弃开脱。"予常于朋会之中,往往及此意者,夫使知者不为,为之者不惑",为张生寻找一种抛弃的开脱。借口抛弃与随意开脱更是一种占据了优势之后体现出的权利。

读者呢?小说文本中时时让读者在场,众人闻之、耸异之、深叹、称许、作词、作歌,都表达了对此事件的态度。对于《莺莺传》中张生、莺莺一类"八卦"事件人物给予评判、褒扬或者谴责,这种社会大众的评断动作都是社会想象的一种权利的表现。莺莺故事的读者、听众对于此"八卦"故事如此着迷:"莫不耸异之"中"莫不"双重否定而来的全面肯定,"于是坐者皆为深叹"中"于是""皆为"的短暂时间性与自然而然的不可辩驳的口气,"时人多许张为善补过者"中"时人多"表现出来的大多数人认同的道德正义性,"公垂卓然称异"中"卓然"含有的惊异的与众不同性。这些背后是权利的配置和对权利运作的着迷。退一步来说,就算不能反应社会现实的权力配置,至少也有种对于权力想象的满足感。

这样讲来,唐代创作的大量的小说,蕴含了很多想象和可能性,作者和读者获得了对于政治、社会以及对于政治社会人物重新认知的权力。通过消费这些人与鬼怪、狐妖的离奇故事，士子与女性之间的悲欢离合故事等，不断地消解原有的政治社会，作为新的集体想象，塑造新的社会规则。

对于《莺莺传》来说，一个大家一直关注的奇怪问题就是：为什么所有的读者与听众都是赞同张生抛弃莺莺的？除了原来的"文过饰非"及政治文化解释之外，我想强调的一点就是它的主动性——通过所有人的认同，让抛弃成为一种行为准则。

有学者指出，唐代不见有刊行传奇小说的文献记载，传奇小说的传播媒体是抄本，受传播媒体的限制，唐代传奇小说流传的范围不会超出士大夫文人阶层，传奇小说的作者和读者的圈子并不大。唐人小说主要是靠抄写来传播的，因此小说的创作、阅读和交流都是知识男所做的，小说在特定圈子内流通。像《莺莺传》这种小说在圈子之内的创作、传播与兴盛无疑会影响和塑造这个圈子中人的行为方式、价值观念、精神心理。陈寅恪说："微之纵是旧族，亦同化于新兴阶级，即高宗武后以来所拔起之家门，用进士词科以致身通显，由翰林学士而至宰相者。此种社会阶级重辞赋而不重经学，尚才华而不尚礼法，以故唐代进士科，为浮薄放荡之徒所归聚，与倡伎文学殊有关联。"证明了新旧交织之下的放浪轻浮的行为方式吸引了无数士子。唐代社会经历过动荡之后，士大夫的升降浮沉变化很大，陈寅恪指出："当其新旧蜕嬗之间际，常呈一纷纭错综之情态，即新道德标准与旧道德标准，新社会风习与旧社会风习并存杂用。各是其是，各非其非也。斯诚亦事实之无可如何者。"在社会价值面临混乱的状况下，每个人都想重新寻找自己在这个社会中的价值定位，个人可能是孤立无援的，但是可以藉由观察别人的个案找到某种确定性和安全感，自己可以效仿。现在，已登科举、功成名就了的元稹推出了自己《传奇》的个案——为了仕宦立即抛却旧好,大家似乎可以有了个人行为的边界了。当抛弃被作为小说传播而变成普遍的行为方式和行为规则公示于众时,大家遇到这种事情就可以放心大胆地抛弃,而不用考虑道德和舆论的压力。从此角度看,我们就可以明白为什么"时人多许张为善补过者",为什么"予(元稹)常与朋会之中,往往及此意者,夫使知者不为,为之者不惑",殷勤地拿这个行为准则去教导大家了。

10. 信口雌黄话"尤物"

通过细读《莺莺传》的故事,我们清楚地看到了一个典型的负心知识男所做的最恶劣的事情:为了自己的一己情欲,不惜花了心思写诗写词去勾引红颜美女,在遇到现实的利益面前,又抛弃她。自己做了始乱终弃的事情,但反过来振振有词地指责女人为"尤物"、为祸水。比较特殊的是,这种人,凭着自己是男人,凭着自己掌握了写作权,通过制造一个类似于"八卦新闻"的小说,抖出自己的隐私,伤害了红颜还不说,还洋洋得意地让自己的故事在圈子之内传播,努力让抛弃成为一种男性文人圈子中认同的普遍的社会规则。

第二章 被历史祸害的红颜

"红颜祸水"的故事,无非都是历史叙述。这些绝世美人的传奇个个活色生香,千姿百态,她们的故事代代相传,经过不同人的加工修饰,虽然不免性别的偏见,但出自不同人的书写,偏见的表达程度也有深浅之分。在正史的记载中,史官或史家以维护皇权、伸张历史的道德正义为己任,继承《春秋》所开创的儒家史纪传统,使用含蓄的褒贬修辞以普世的道德伦理准则来衡量世俗的王权,特别在涉及政治与宫廷纠缠斗争的事件中,一面谴责荒淫好色的君主,一面把根源归之于女人,对她们的评判特别严厉。因此,"红颜祸水"观念的历史形成,史家厥功甚伟。

下边讲的几个故事,就有关史传记载所起的特殊功能,如春秋时代的文姜就是一个历史累积的案例。我们也可以看到像文姜、赵飞燕这样的女子不在少数,是因为当时的社会风气和道德风尚还比较宽松,到了后来,特别是帝制后期,对女性的压制出现更激烈的冲突,"祸水"的叙述就更加凸显了。

I 文姜:一桩历史冤案

人们总是指责红颜祸水足以倾国倾城,足以祸国殃民,但有没有考虑过,红颜可能是被史家陷害的呢?文姜就是这样一个被历史学家冤枉的红颜。

1. 美女被拒婚

春秋时期,齐僖公有两个女儿,都是美女。长女嫁到了卫国。次女文姜比姐姐更漂亮,秋水为神,芙蓉如面,比花花解语,比玉玉生香。文姜还读过很多书,能出口成文,因此叫做文姜。

有一年,北戎帅一万兵侵犯齐国的边界,边界守将抵挡不住。齐僖公说:"北戎多次侵扰我们,以前只不过是像老鼠那样偷一点我们的东西就走了。这次大举入犯我国,如果让他们得到好处的话,将来北部边境必然永无宁日。"就派人向鲁、卫、郑三国借兵,自己亲自率兵前去历城迎敌。

郑庄公听说齐国有戎患,就把世子忽叫来说:"齐国与郑国是盟国,以前郑国有事的时候,齐国总是出兵鼎力相助。现在齐国来请求帮助,应该赶紧去救急。"郑庄公选了兵将三百乘,让世子忽作为大将,星夜往齐国边境进发。世子忽很快会合了齐僖公。这时鲁、卫两国的军队还没有到达。僖公很感激,亲自出城犒劳郑军,和世子忽商议退敌之策。世子忽出计策说:"戎兵轻慢,军队不整,胜的时候不会相互让功,败的时候不会相互救济。我们可以采取诱敌的方法,让前军诈败,戎兵就会轻进,我们预先派下伏兵,他们追兵遇伏,必然惊骇奔走,我们乘胜追击,必然大获全胜。"僖公说:"此计甚妙。"按此计策,戎兵果然中计,戎将小良被一箭射死,大良突围,正好遇到世子忽的战车,措手不及,被世子忽斩于马下。

僖公很高兴:"若不是世子如此英雄,戎兵哪能这么快就打退?现在社稷安靖,都是世子所赐啊!"世子忽谦虚了一番。僖公派人告诉鲁、卫两国军队不用来了,免得劳累跋涉。僖公又命人摆下筵席专门宴请世子忽,席间说:"我想把小女锡培给你怎么样?"世子忽却再三推让,不想答应。

席散之后,僖公跟世子忽的副将高渠弥说:"寡人仰慕世子年少英雄,愿意结为婚姻关系。之前派人去说亲,世子忽没有答应,今天寡人亲自和世子提起这门亲事,世子还是执意不从,不知是什么原因?大夫如果能玉成此事,这两双白璧、百两黄金就算是感谢!"原来,僖公此前听说世子忽高大威武,玉树临风,且有才干,跟郑庄公见面的时候,僖公就问过郑庄公世子忽婚娶了没有。郑庄公说还没有,僖公就说:"我有一个爱女,年纪虽未及笄,但很有才慧,如果你们不嫌弃的话,我愿意和你们结为秦晋之好。"郑庄公回去跟世子忽说了,世子忽说:"妻者,齐也,所以叫做配偶。如今郑国小而齐国大,大小不匹配,孩儿不敢高攀!"也就是成语所说的"齐大非偶"。庄公说:"人家齐国主动请婚,如果与齐国结亲的话,以后有什么事情都可以仰仗,我儿为什么要推辞呢?"世子忽说:"大丈夫志在自立,岂能仰仗一场婚姻呢?"庄公就不再勉强,派使者去齐国说明了意思,僖公叹息说:"郑世子真是个谦让的人。不过,我女儿还年幼,等日后再议也可以。"

再说高渠弥接受了僖公的拜托之后,就来见世子忽,表达了僖公的意思,劝世子忽说:"如果能和齐国结为婚姻之好,他日有大国相助,也是美事啊!"世子忽说:"以前没有战事的时候,齐侯就跟我提亲,我尚且不敢高攀;现在奉命来救齐,侥幸成功了,如果这时候听从了齐侯的建议,外人肯定会说我挟功而娶齐国公主,我说都说不清楚!"高渠弥再三劝说,世子忽坚决不同意。第二天,齐僖公又派自己的使臣夷仲年来跟世子忽讨论结为婚姻的事情,世子忽还是推辞,说:"我没有禀告父亲,私自答应婚事是有罪的。"即日就辞行回国了。齐僖公大怒,说:"我有这样漂亮的女儿,还怕找不到夫婿?"

自从世子忽大败戎兵,齐僖公就在小女儿文姜面前夸奖他有多英雄。文姜知道僖公要把自己嫁给他，喜不自胜。现在却听说世子忽坚决不同意，心中非常郁闷，就得了病，身体夜里很热早上冰凉，精神变得恍惚，吃不下睡不好。

一个青春美少女，总是自信自己会被许多人喜欢，会被许多人垂涎，会被许多人追求，相信自己一定会找到如意郎君，相信有才德的男子一定会喜欢上自己。现在却被拒婚了，如同一个耳光扇在了美女的脸上，留下了一个挥之不去的巴掌印，这巴掌印也刻在了心里，成为挥之不去的阴影。美女被拒婚，这是多么强烈的打击！这可能使文姜受了很大刺激，让她对男才女貌的单纯的感情问题不再相信。文姜的少女激情已经被引发出来，还能忍受春闺寂寞？

2. 暧昧的兄妹俩

齐僖公有个儿子叫诸儿，是个酒色之徒，虽然跟文姜是兄妹，但同父异母。诸儿比文姜大两岁，两人从小在宫中同行同坐，一起玩耍。文姜渐渐长大，出落得如花似玉。诸儿身材高大，是天生的美男子，这时候也情窦初开，见文姜这样美貌，就对文姜有些轻薄，整天调戏她。文姜也是个不拘小节的人，跟诸儿戏谑，对粗言秽语全不避忌。他们并肩拉手，一起嬉笑打闹，除了没上过床，别的事情都不避忌。诸儿与文姜倒是天生一对，可惜是兄妹，兄妹是不能成婚的。

诸儿听说文姜有病，经常闯入文姜闺中看望。诸儿看着文姜的娇美玉体横陈，闻着她身上散发出的成熟少女香气，就忍不住经常坐在床头抚摸文姜，问寒问暖。

一天，齐僖公到文姜这里看望文姜，看见诸儿在房里乱摸文姜，就责骂他："你们虽然是兄妹，但也应该注意避嫌。今后只要派宫人来问候就行了，不必自己亲自来。"诸儿服服帖帖出去了，自这之后与文姜见面就少了。

不久，齐僖公让诸儿娶了一个偏室，诸儿贪恋新婚，就不再来找文姜。文姜深闺寂寞，很怀念诸儿，病势愈来愈重，却只能心中想想不能说出来。

这时，鲁桓公即位，还没有聘到夫人。公子翚就建议去齐国求亲，桓公就让公子翚去求婚。齐僖公看文姜正在病中，就说这事情过一阵再说吧。宫人把鲁侯来求亲的喜信报告给文姜。文姜一听到这个消息，心里舒服了一点，病情倒减了不少。

后来鲁侯见了齐僖公，当面又提出请求，僖公就约定第二年嫁出女儿。鲁侯送了很多彩礼，礼节也加倍隆重。僖公很高兴，就决定九月亲自送文姜到鲁国成婚，鲁侯派公子翚到齐国迎亲。

诸儿听说文姜将要嫁到别的国家，从前的那些轻狂之心不知不觉复萌，就让宫人送花给文姜，偷偷附上诗："桃有华，灿灿其霞。当户不折，飘而为苴。吁嗟兮复吁嗟。"意思说，桃花开得绚烂，在自己的庭院中，如果不折而任其飘零的话，那多可惜啊！文姜得到诗，已经明白其中的意思，就回复了一首诗说："桃有英，烨烨其灵。今兹不折，讵无来春！叮咛兮复叮咛。"诸儿读到文姜的答诗，知道文姜有心于他，让他赶快来折桃花，要不这桃花就再也没有春天了。诸儿越想就越心切。

没过多久，鲁国的公子翚到齐国迎娶文姜。齐僖公因为很喜欢这个女儿，就想亲自去送亲。诸儿听说了，就跟父亲说："听说妹子要嫁给鲁侯了，齐、鲁世代交好，这确实是一桩美事。父亲国事在身，不方便远离，孩儿不才，愿意代父亲走一趟。"僖公说："我已经答应鲁侯亲自去送亲，怎么能失信呢？"正在说着，下人来报告："鲁侯正停在中途的小邑，专门等着迎亲。"僖公说："鲁国是礼义之国，在中途迎亲，正是怕我劳累走太远，我不能不去。"诸儿默然退下，文姜知道了心中也若有所失。

吉期已近,文姜跟六宫妃眷告别之后,来到东宫跟诸儿话别。诸儿整了一桌好酒好菜来送行,两人四目相视,恋恋不舍,但是僖公派了宫人跟着文姜,两人也不能说什么话,都只是暗暗叹气。临别的时候,诸儿挨到车前,只说:"妹子留心,不要忘了'叮咛'那句话。"文姜回答:"哥哥保重,相见总会有期。"

两兄妹这段暧昧之情,是此后"文姜之乱"的直接原因。这也很难单单怪罪于文姜。文姜受了强烈打击,对郎才女貌的感情失望已久。而鲁桓公向齐国求婚,这是明显的政治婚姻。春秋时期,诸侯国之间通过联姻来保持友好关系,这是司空见惯的。当时齐国已经很强大,而周王室已经衰微,诸侯国凭借着自己的武力,动不动就打着维护周室礼仪的旗号,找个借口去攻打别的诸侯国。而诸侯国为了不被别国攻打,也主动与别国交好,婚姻关系是维持两国关系重要的因素。鲁桓公主动向齐国求婚,可谓一举两得,第一娶个漂亮的妻子,第二,与齐国建立稳定的友好关系。但,政治婚姻有什么幸福可言?文姜选择了这样的路是迫不得已,她也不会仅仅满足于此。

3. 计杀鲁侯

齐僖公命诸儿在国中守着,自己亲自送文姜与鲁侯相见。鲁侯设宴款待之后带着文姜回国成亲。一来齐国是个大国,二来文姜美艳如花,鲁侯十分喜欢她。

此后,齐僖公与纪国交战兵败,怀愤成疾就死了,诸儿即位,称齐襄公。

鲁夫人文姜因为见到齐国使臣到鲁国,心中想念哥哥诸儿,就想借归宁之名,要回去看看。所谓归宁,就是回娘家看望父母。鲁桓公溺爱妻子,不敢不从。鲁国大夫进谏桓公说:"按照古制,女子出嫁,如果父母还在,就一年回去一次。现在夫人的父母都已经去世了,没有妹妹回娘家看望兄弟的道理。鲁国是个秉礼的国家,怎么能做这种不合礼仪的事情呢?"但是桓公已经答应了文姜,就不听大夫的进谏,夫妇俩同行一起到齐国。

　　襄公听说鲁侯夫妇将要到齐国,亲自到泺水迎接。鲁侯夫妇到泺水的时候,齐襄公早在那里迎接了。齐襄公殷勤接待,问寒问暖,又一同回到国都,盛情款待鲁侯夫妇。齐襄公把文姜接到宫中,说是让她与旧日的宫嫔相见叙旧。谁知道襄公早预先造了个密室,另设了盛宴与文姜叙情。很久不见,两人忘情喝酒,四目相看,脉脉含情,文姜再不是当年那个还不甚懂男女之事的姑娘,于是也不用强忍,不顾天伦就上了床。两人迷恋不舍,襄公就让文姜在宫中留宿。

　　第二天,日上三竿头,两人还没起床,把鲁桓公撇在外边,冷冷清清没人搭理。鲁桓公心中起疑,派人到宫门打听消息,回报说:"齐侯没有娶正妃,只有一个偏宫连氏,是大夫连称的妹妹,向来失宠,齐侯从来不跟她相处。夫人进了宫殿,只跟哥哥叙情,并没有和其他宫嫔相聚。"鲁侯一听就知道事情不对,恨不得一步跨进齐宫,去看文姜在干什么。

　　这时有人回报:"国母出宫来了。"鲁侯鼓了一肚子气,生气地问姜氏:"夜里在宫中和谁一起喝酒?"文姜说:"跟连妃。"鲁侯又问:"什么时候散的席?"文姜答:"说话说得时间长,直到月亮都升过了粉墙,可能到半夜吧。"鲁侯又问:"你哥哥曾来过陪酒吗?"文姜答:"我哥哥没有来过。"鲁侯笑着问:"难道凭兄妹之情,你哥哥都不来相陪?"文姜说:"喝酒中间,哥哥曾来劝了一杯酒,接着就走了。"鲁侯问:"你席散了为什么不出宫?"文姜说:"夜深了出宫不方便。"鲁侯又问:"晚上你在哪睡觉?"文姜说:"你这话说得奇怪了,为什么这样审问我?宫中到处是空房子,难道会没有我睡觉的地方?我晚上就在西宫过夜,就是当年我的闺房!"鲁侯问:"那你今天为什么起来得这么晚?"文姜说:"夜里喝酒很疲倦,今早上起来晚,又梳妆时间长,所以就出来晚了。"鲁侯又问:"睡觉的时候谁陪伴你?"文姜说:"是宫娥啊。"鲁侯又说:"那你哥哥睡在什么地方?"文姜不知不觉有点脸色发红,说:"我做妹妹的,怎么去管哥哥睡在哪儿,真是可笑!"鲁侯说:"只怕做哥哥倒要管妹子的睡处啊。"文姜说:"你这话什么意思?"鲁侯说:"自古以来男女有别,你留宿在宫中,兄妹同宿,寡人已经都知道了,你不用隐瞒。"文姜嘴里虽然含糊地抵赖着哭哭啼啼,心中却也觉得十分惭愧。鲁桓公现在身在齐国也无可奈何,心里虽然愤恨却不好发作出来。于是就派人告诉齐侯,说夫妇要回国了。鲁侯想等回了国,再和文姜计较。

第二天齐襄公也自己觉得不是,文姜出宫后难以放心,就派心腹偷偷跟随,打听鲁侯夫妇见面时候会说什么话。心腹回来禀报了鲁侯与夫人发生了口角,襄公大惊,说:"我也猜到鲁侯日后必然会知道这件事,没想到这么早他就知道了!"

没过了一会儿,鲁侯的使者就来辞行,襄公知道事情已经泄露,就坚持要请鲁桓公到牛山游玩,算是饯行。襄公叫人连逼了几次,鲁侯只得从命。文姜自己留在邸舍里闷闷不乐。

齐襄公一来舍不得文姜回去,二来害怕鲁侯怀恨成仇,就一不做二不休,吩咐公子彭生,等酒席散了之后送鲁侯回邸舍,在车中结果鲁侯性命。

这天牛山大宴,唱歌跳舞特别热闹,襄公更加殷勤,鲁侯只是低着头不说话。襄公就叫自己的大夫们轮流敬酒,又叫宫娥们捧樽跪着劝酒。鲁侯心中愤郁,也想要借杯浇闷,不知不觉喝得酩酊大醉,分别时连礼都行不了了。襄公让公子彭生抱鲁桓公上车。

彭生与鲁侯同车,离国门约有二里地的时候,见鲁侯已经熟睡了,就用臂拉鲁侯的肋骨。彭生力量非常大,鲁侯一下子被拉得肋骨折断,大叫一声,血流满车就死了。彭生跟外边的人说:"鲁侯喝醉后中恶了,赶紧进城,报告给主公!"众人虽然都觉得蹊跷,但也没有人敢多话。

襄公和自己的妹妹私通也就罢了,还要害死鲁侯,这就有点太毒了。国君不明不白死于齐国,鲁国人岂能善罢甘休?

4. 兄妹之欢

齐襄公知道鲁侯暴死,假装哭哭啼啼,命人厚殓鲁桓公入棺,派人报告给鲁国迎丧。

鲁国的随从回国之后,说了鲁侯在车中被弑杀。公子庆父,是桓公的长子,大叫道:"齐侯乱伦,祸及我君父,希望给我三百乘戎车,我要讨伐齐国之罪!"大夫申繻问谋士施伯说:"能伐齐吗?"施伯说:"这件事暧昧不清,别国听到了也会笑话,家丑不可外扬。何况鲁弱齐强,讨伐未必可以胜利,反而把我们的家丑抖出来了。不如先忍着,就请齐国追查车中发生了什么变故,迫使齐国杀了公子彭生,公子彭生以前被我们国君射伤过,说他报私仇害了我们国君,这样可以说服别国。齐国也必然听从。"申繻告诉庆父这样办,就让施伯写信给齐襄公。

俗话说,弱国无外交,鲁国知道自己的国君横死肯定有问题,但也没有任何出气的办法,只得委曲求全。

齐襄公收到信一看,就召彭生入朝。彭生自己觉得有功,就昂首挺胸进来了。襄公当着鲁国使者的面骂彭生:"寡人因为鲁侯喝多了,命你扶他上车,你为何不小心服侍,反而让他暴薨。你难辞其咎!"喝令左右把彭生绑了到市曹斩首。彭生大叫:"你淫你妹妹,杀了人家丈夫,都是无道昏君的行为,现在又赖在我的头上。如果我死了,化成妖孽也不会放过你!"襄公自己捂着自己耳朵不听,左右都忍不住笑了。

鲁国大夫申繻率领世子庆父一同迎接灵柩回到鲁国。庆父嗣位,即鲁庄公。

庄公派人去齐国迎接夫人文姜回国。齐襄公难分难舍,不过碍于公众言论,只得让文姜回去。临行时候,拉着文姜的衣服,千嘱咐万叮咛说:"再相见一定有时!"文姜一者贪欢恋爱舍不得齐侯,二者因为违背伦理羞于回故里,就磨磨蹭蹭不想回鲁国。到了半路,文姜看禚这个地方的行馆整洁,就感叹说:"这里不是鲁国也不是齐国,正好是我家啊!"就吩咐从人回复庄公说:"我这个未亡人贪恋闲适,不想回宫。要想让我回去,除非我死后!"庄公也知道她觉得无脸回国,就在不远的祝邱重新盖了舍馆,迎接文姜氏住进去。此后文姜就经常往来于齐、鲁两地,庄公也经常派人问候。文姜对于鲁庄公来说,论情是生身母亲,论义则像是杀父仇人,如果文姜回到鲁国,反倒是难处理的事情。

齐襄公杀了鲁桓公之后,国人都知道了,闹得沸沸扬扬,都私下说:"齐侯无道,怎么能干这样淫贱残暴无视礼法的事情呢?"襄公心中有愧,就急忙派人去迎娶周王王姬来成婚。

王姬嫁到了齐国,与襄公成了婚。王姬生性安静幽闲,不苟言笑,而襄公是个狂淫的人,两人就处不好。王姬在宫里时间长了,就听说了襄公奸淫自己妹妹的事,黯然心伤,感叹:"这样蔑伦悖理的人,真是禽兽不如!我不幸错嫁了这样的人,真是命苦啊!"结果郁郁成疾,不到一年就死了。

襄公从王姬死后更加肆无忌惮,心里放不下文姜,就以狩猎为名经常到禚,派人到祝邱秘密接文姜到禚日夜淫乐,又怕鲁庄公发怒,要是动起兵来了也不好说。襄公想到当年齐僖公因与纪国交战兵败之后郁郁而死,齐僖公死的时候要让他报仇,襄公就亲自率领重兵突袭纪国,这样一来可替父亲报仇,二来展示了军事实力,鲁庄公也不敢轻易动兵。

大兵压境,纪侯很快就投降了。齐襄公灭了纪国凯旋而归,文姜在路上迎接哥哥,接到祝邱,大肆庆祝,用两国国君相见的礼节,相互酬谢并犒劳齐军。文姜又跟着襄公一起到禚地,留宿了很多天不愿离开。襄公就让文姜写信给鲁庄公,让他也来禚地见面。庄公不敢违背母亲的命令,就到禚地谒见文姜。文姜就让庄公以甥舅的礼节拜见齐襄公,庄公也不能拒绝,就勉勉强强拜了。襄公很高兴,就款待庄公。

当时襄公刚有了一个女儿,文姜说庄公还没有婚配,就订襄公的女儿为婚吧。庄公说:"这个女儿还在襁褓中,不是我的配偶啊。"文姜很不高兴,说:"你这样说是不是想疏远你母亲这一族呢?"襄公也觉得这年龄差别也太大了。文姜说:"没关系,等二十年后她嫁给你,也不算晚呀。"襄公害怕文姜不高兴,庄公也不敢违抗母亲的命令,两下都只好答应了。

襄公和庄公一起并车齐驱在禚地的野外狩猎,庄公箭不虚发九射九中。襄公称赞不已,有村人野夫偷偷指着鲁庄公说:"这是我们国君的干儿子吧。"庄公发怒,就让左右找到说这话的人杀了,襄公也不怪他。

文姜自从鲁、齐共同狩猎之后,就也开始肆无忌惮,不时和襄公约会。约会地点很多,有的时候甚至径直到齐国的都城,公然留宿在宫中,两个人就像夫妇一样。国中的人就写了《载驱》诗来讽刺文姜,后来记录在《诗经》之中。

文姜与襄公过上了长期荒唐的生活,但荒唐的生活不会一直平静延续,总会惹出事端。

5. 瓜熟以代

这个时候卫国发生了政变,公子黔牟被立为新国君,把卫侯朔赶出了卫国。卫侯就请齐襄公帮忙伐卫,襄公伐卫,很快就成功了,斩了公子泄、公子职,而公子黔牟也是周王的女婿,算是跟襄公有连襟关系,所以就没杀他,放了公子黔牟逃到周。

齐襄公放了公子黔牟之后,又怕周王来征讨,就命大夫连称为将军、管至父为副将,领兵戍守葵邱,以阻断东南的道路。两人临行时,问襄公说:"戍守这种事情非常辛苦,但我们不敢不去,不过想问我们戍守到什么时候算期满?"当时襄公正在吃瓜,就说:"现在是瓜熟的时候,明年等瓜再熟时,我就派人去替代你们。"

两人就去葵邱驻扎,不知不觉一年就过去了。有一天,戍守的士兵献上瓜让二位将领尝尝新鲜,两人才想起襄公的瓜熟之约。到期了为什么不派人来接替呢?两人就派心腹去探信,结果得知齐侯正在谷城和文姜欢乐呢,有一个月都没回来了。连称大怒,说:"王姬死后,应该是我妹妹当继室,这个无道昏君却不顾伦理,在外边日夜淫荡,而让我们在边疆受苦,我要杀了他!"管至父说:"君主已经亲自许诺了瓜熟了就找人代替我们,估计是他忘了。不如先请求他找人替代我们,如果我们请求了而他不允许,军心就会有怨,这样也可以利用军心。"连称觉得这是个好主意,就派人向襄公献瓜,求人替代。襄公看了很不高兴,说:"代替不代替是我说了算,你们怎么来请求?那再等瓜熟一次吧。"使者回去回报,连称知道了恨恨不已,就跟管至父密谋。管至父知道襄公的侄子公孙无知一直想反叛,就和连称一起,联系上连称的妹妹和公孙无知准备造反。

这年十月,齐襄公知道贝邱山中有很多禽兽,就去游猎。连妃就派人告诉了公孙无知,无知就星夜传信到葵邱,通知连、管二人里应外合一齐举事。连称想趁国中空虚直接冲入都城拥立公孙无知,管至父认为襄公和邻国都很友好,如果借军队来反攻,就抵挡不了,不如在贝邱伏兵,先杀昏君,然后才奉公孙即位。

齐襄公只带着力士石之纷如和幸臣孟阳等人到贝邱射猎,突然有一只大豕,像牛但没有角,像虎却没有斑点,直冲到襄公车前,襄公回头对孟阳说:"你为我射死这个豕。"谁知孟阳瞪着眼睛看了,大声惊叫:"这不是豕,是公子彭生!"襄公大怒:"彭生还敢见我!"夺下孟阳的弓就射,连发三箭都没有射中。那只大豕直立起来,双拱着前蹄,学着人走路,接着放声啼叫,非常哀惨难听,吓得襄公毛骨悚立,不小心从车上掉下来,跌伤了左脚,一只鞋子也掉了,被这只大豕叼着跑了,忽然就不见了。

襄公传令回离宫休息。晚上,襄公精神有些恍惚,心下烦躁,左脚也很疼痛,二更的时候还辗转反侧睡不着,就跟孟阳说:"你扶着我慢慢走几步。"白天坠车匆忙,没有发现自己的一只鞋子丢了,现在才发觉,就问徒人费自己另一只鞋子在哪儿。徒人费说:"鞋子已经被大豕叼走了。"襄公一听很厌恶这句话,大怒说:"你既然跟随寡人,怎么不早看看我的鞋子还在不在?如果是被叼走了,为什么不早说呢?"就拿来皮鞭,抽打徒人费的脊背,很快打得血流满地。

徒人费被鞭打后含泪出门,正好遇到连称带着士兵摸进来,将徒人费一下子捆住了,问他无道昏君在哪儿,费回答说在寝室。连称问睡了没有,费就说还没睡。连称举刀就要砍死费,费说:"不要杀我,我先进去,给你当耳目。"连称不信,费说:"你看我刚被他鞭打成这样,我也想杀了此贼!"就给连称看他的背。连称一看他血肉淋漓,就信了,解开绳索,让他进去做内应。连称和管至父就带着众军士准备杀入离宫。

徒人费回头进了门,正好遇到石之纷如,就赶紧告诉他连称作乱已经带兵进来。他们马上跑到寝室告诉襄公。襄公一下子惊惶无措,费说:"现在事情很紧急,如果让一个人装作主公睡在床上,主公偷偷藏在后边,如果侥幸他们仓促不加分辨或许能逃过此劫!"孟阳就说自己受恩这么久了,愿意以身代死。孟阳就躺在床上脸朝里边,襄公亲自解下自己的锦袍盖住他,然后自己藏在窗户外边。徒人费让石之纷如守在中门,自己挟着利刀,装作接引连称。徒人费看连称来势凶猛,上前一步突然就刺。谁知连称的铠甲很厚,刀刃刺不进,就被连称一剑劈过去,死在了门中。石之纷如手持长矛来战,但连称人太多,也被砍死。连称进了寝室,看到团花帐中睡着一个人用锦袍盖着,手起剑落头就离开了枕头。连称举火烛一看,这人年少无须,就知道不是襄公,让人遍搜房中,找不到踪影。这时,连称看到窗户下边有一只鞋子,知道窗户后边藏躲有人。打开一看,不是诸儿是谁?昏君因为脚疼,用一只脚蹲着,另一只鞋还在脚上。连称所看见的鞋子,应该是先前那只大豕叼走的那只,不知怎么回事儿在窗户下。连称几剑就把襄公砍成数段,用床褥裹了尸身,埋在窗户之下。襄公自从继位到死只有五年时间而已。

文姜自从知道了齐襄公之死后,日夜哀痛相思,就得了咳嗽病。内侍就请了莒国的名医来帮她看病。文姜很久没有男人陪伴,淫欲之心难以压制,就留下莒医,一起吃喝,然后和他私通。后来莒医回国,文姜就假装去看病,两次去莒国,就住在莒医的家中。

周惠王四年秋天,文姜病情加重,死在了鲁国的别馆。

荒唐混乱的兄妹之恋结束了,随着历史的雨打风吹,只留下了一个历史名词——"文姜之乱"。

6."文姜之乱"

以上所讲的故事是根据冯梦龙编撰的《东周列国志》而来。"文姜之乱"在《左传》、《史记》等史书中都有记载。

《左传》中说"公会齐侯于泺,遂及文姜如齐,齐侯通焉。公谪之,以告。夏四月丙子享公,使公子彭生乘公,公薨于车。"意思是说,鲁桓公和齐侯襄公在泺水会面,鲁桓公带着文姜一起到齐国,齐侯和文姜"通",鲁桓公冷落了文姜。四月,齐侯设宴招待鲁桓公,叫公子彭生为鲁桓公驾车,鲁桓公就稀奇古怪地死在了车上。明显,《左传》将齐国谋杀鲁桓公的原因,总结到了文姜与齐侯"通"并被桓公发觉这件事情上。在解读《左传》时,凡是文姜到齐国或者与齐侯见面,杜预注《左传》、孔颖达疏《左传》都贬斥文姜。

司马迁《史记》中也认为,文姜出嫁前就和亲兄诸儿私通,文姜与亲兄私通是齐襄公谋杀鲁桓公的原因。

《毛诗序》是为《诗经》做解释的,认为《诗经》中很多诗歌都是讽刺文姜与齐襄公的,如《南山》是"刺襄公也。鸟兽之行,淫乎其妹。大夫遇是恶,作诗而去"。如《敝笱》是"刺文姜也。齐人恶鲁桓公微弱,不能防闲文姜,使至淫乱,为两国患"。如《载驱》是:"齐人刺襄公也。无礼义,故盛其车服,疾驱于通道大都,与文姜淫,播其恶于万民焉。"如《猗嗟》是"刺鲁庄公也,齐人伤鲁庄公有威仪技艺,然而不能以礼防闲其母,失子之道,人以为齐侯之子焉。"

总之,文姜与同父异母的哥哥襄公通奸,结果鲁桓公陪了性命,这成了铁案。文姜在《春秋》、《左传》中出现次数很多,历史书中记载她的活动基本都是与齐国交往,所以很多人认为她一直和襄公做淫荡之事。文姜私通的行为一直遭到贬斥。清代以后,人们解释春秋上的历史事件,就单独立了一条"文姜之乱",算是盖棺论定。毫无疑问,文姜是典型的红颜祸水。

7. 历史的误解

文姜的事件到底如何呢?

"文姜之乱"应该从文姜嫁到鲁国之后说起,因为嫁出去之前,文姜虽然和诸儿关系密切甚至十分暧昧,但并没有和诸儿私通。文姜嫁到鲁国是地地道道的政治婚姻,但是按照礼节,男女婚姻应由媒人出面来办,《诗经》中都说"匪媒不得",但鲁桓公知道郑国刚刚回绝了齐国嫁女的美意,正在生气,为了不错过这样的好时机,就连婚姻礼仪也不顾了。齐国很强大,文姜长得也很漂亮,因此文姜嫁给桓公后,桓公对她百依百顺。当时齐国不怎么注重礼仪,而鲁国号称是"秉礼之邦",礼节观念比较强,鲁国人强调"男女有别、夫妇有别",就会用礼仪的规则去要求国君或者用礼仪的眼光去评判国君的行为。因此鲁桓公与文姜一起到齐国就受到了国人的讥讽。

这样说来,鲁桓公既有强烈的政治目的,也有不讲礼仪的地方,所以关于文姜的事情,也不能全放在文姜一个人头上。

当然这样的辩解很无力,下边的说法就很震撼了。

《左传》中记载"二年冬,夫人姜氏会齐侯于禚。书,奸也。"大意说,庄公二年,文姜在禚地会见齐侯,"书,奸也",似乎是做了奸淫的事情。学者杨朝明指出,清人于鬯独具慧眼,发现了这个地方的问题。于鬯认为,这里的"奸",意思应该是"干",即"干预"的意思,而不是"奸淫"的意思。古代"干"与"奸"是可以相通的。《淮南子》中就有句话说"各守其职,不得相奸",意思就是说"不得相干",不能相互干预的意思。庄公二年与齐侯相会,本应该是鲁庄公去赴会,但庄公年弱,没能参加此会,所以文姜夫人就去参加,所以是文姜干预了国家政治。故而,"夫人姜氏会齐侯于禚"只是"干预"了国家政治而已,而不是"奸淫"了齐侯。

那么,为什么后面的人都会弄错呢?原因出在杜预身上,杜预注解《左传》的时候,说:"会非夫人之事,书之传曰'奸',奸在夫人",把"奸"解释成奸淫的意思。杜预解释文姜到齐国、到莒国,都解释成文姜淫乱。

历史真会开玩笑,一个人在前边说错了话,后边的人会跟着犯错误。从此之后,解释《左传》的人都坚持了文姜奸淫这一观点,一直延续到清代。

自从清代人指出"奸"并不是"奸淫"的意思,近代的学者才花了工夫去考察清楚。"奸"就是指干预政治,《谷梁传》中就说:妇人嫁出之后不能逾境,逾境就不是正礼;妇人也不能参加政治会面,会面了就也不是正礼。桓公死后,庄公立,但庄公年幼软弱,文姜就去干政。

当然,这样说,并不是认为文姜与齐侯就没有私情。《左传》与《史记》等书中都认为他们确实有私情。把"奸"解释为"干"只是证明,文姜并没有那么淫荡而已。

问题是,如何看待文姜与齐侯的私情?他们这样违背伦常,难道没有错吗?

8. 宣姜的"烝"婚故事

如果从春秋齐国特殊的文化背景去考察的话,就会发现"文姜淫乱"的说法并不能完全成立。

要讲清楚当时齐国的民风,可以先从文姜的姐姐说起。本文开始的时候已经提到,文姜的姐姐嫁到了卫国,但其中还有一段曲折的故事。

当时卫宣公在位,这个卫宣公为人淫荡不检点,还没当上国君的时候,和他爸爸庄公的一个妾夷姜私通,生了一个儿子寄养在民间,取名叫急子。宣公即位之后,夷姜很受重视,跟卫宣公如同夫妇一样,宣公很宠爱急子。急子长到十六岁时,卫宣公就派人去聘齐僖公的长女。使者从齐国回来之后报告了情况,宣公听说齐僖公的长女姜氏有绝世的姿色，心里很贪恋，但难以启口，因为说好是给急子提的亲。宣公派了名匠在淇河之上盖了华丽的宫殿，叫做新台。宣公找个借口把急子派到宋国去办事，然后就让左公子泄到齐国，把姜氏径直接到新台，自己纳了姜氏，所以叫宣姜。急子从宋国回来，来到了新台，宣公就命他以拜见母亲的礼节拜见姜氏，急子竟然没有怨恨的意思。

宣公自从纳了齐姜，只住在新台朝欢暮乐，将夷姜撇在了一边，一住就是三年，与齐姜接连生了两个儿子，长子叫寿，次子叫朔。自古常言说"母爱子贵"，宣公这时偏宠了齐姜，就将以前怜爱急子的心情，都转移到了寿和朔身上，心想百年之后，就把卫国江山传给寿、朔兄弟。这时急子反倒像是多余的人。

公子寿天性比较温厚，待急子就像同胞兄弟一样。公子朔虽然与寿是一母所生，但迥然不同，年纪尚幼就天生狡猾，仗着母亲得宠，偷偷培养死士，心里有非分之想，不仅嫌弃急子，连亲兄长公子寿，也觉得累赘。不过他想先除掉急子，就经常挑激母亲，让母亲在宣公之前说急子坏话。

一天急子生日，公子寿就治下酒席祝贺，朔也去了。酒席上急子和公子寿说话，非常密切，公子朔插不上嘴，就先走了。公子朔来到母亲齐姜面前，哭个不停，说自己好心为急子上寿，急子酒喝多了，就叫自己为儿子，还说："你母亲原是我的妻子，你应该叫我父亲。"公子朔说自己不叫，急子就要打他。齐姜信了，等宣公入宫，就呜呜咽咽的告诉宣公，又添油加醋地说，急子认为自己是他的旧妻，父亲只算是借贷一样，最后肯定与卫国江山一同还给他。宣公召来公子寿问，公子寿回答："没有这回事啊。"宣公半信半疑，便派人去找夷姜，责备他教子不严。夷姜无端被训斥，气得不行，又无处申诉，就上吊自杀了。急子心痛自己母亲，又怕父亲嗔怪，只好暗地里啼哭。

公子朔告诉宣姜,急子因为生母死于非命就口出怨言,日后要他们母子偿命。齐姜在宣公面前日夜说坏话,一定要宣公杀了急子以绝后患。

宣公非常踌躇不决,自己没有理由杀急子,必须借别人之手才能掩人耳目。这时,正好齐僖公约卫国共同伐纪国。宣公就和公子朔商议,假装派急子援助齐国,给他授以白旄。莘野是往齐国的必经之路,急子一定要在这里弃船改为陆上行走。公子朔让培养的死士假装盗贼,埋伏在莘野,看到白旄,就一齐下手。公子朔布置好之后,告诉齐姜,齐姜十分高兴。

公子寿看见父亲秘密单独召朔议事,心中有所怀疑,就入宫来见母亲。齐姜觉得都是自己的儿子,就没有隐瞒,并嘱咐他说:"这是你父亲的主意,想除掉我们母子的后患,你千万不要泄漏给其他人。"

公子寿知道他们已经决定了,再劝也没有用,就私下来找急子,告诉他父亲的计划,出主意说:"此去莘野,必定凶多吉少。不如先半路投奔别国,以后再做打算。"急子说:"我做儿子的,听父亲的命令才算孝顺,如果不听而逃跑,就是逆子。逆子就算逃跑,也没有别的国收容啊。"就决定坚决按照父亲的指示,往莘野方向走。公子寿哭着劝说,急子还是不改变主意,乘上船就出发了。

公子寿想:"哥哥真是宅心仁厚的人啊!此行如果死在盗贼手中,父亲立我为国君候选人,我有何面目做?我应该替哥哥去,代他一死,哥哥就能幸免于难了。父亲知道我因何而死,如果能幡然醒悟,慈孝两全,一定能青史留名!"于是,赶紧追急子,带了很多酒肉去,说是要饯别。公子寿看见急子的船就将自己的船并了上去。公子寿斟满了酒杯,还没说话,不知不觉泪珠就掉在了杯中,急子接过来喝了。公子寿说:"酒已经脏了!"急子说:"我喝的正是我弟弟的深情呀!"公子寿擦了眼泪说:"今天这次喝酒,是我们兄弟永别的酒。

哥哥若是体谅小弟的感情,就多喝几杯!"急子说:"一醉方休!"两人泪眼相对,相互劝酒喝起来。公子寿有心,而急子端起酒杯就喝,不知不觉已经大醉,倒在席上打着呼噜睡着了。公子寿跟随从说:"国君的命令不可延迟,我代哥哥前往!"马上取下急子手中握着的白旄,把白旄故意插在船上非常显眼的地方,嘱咐急子的随行人员,好好守候急子。从袖中取出一封信,说:"等急子酒醒后,给他看吧!"

公子寿的船走近莘野,要上岸改陆路,那些埋伏的死士看到白旄,果然冲了出来,看到白旄就杀人,把公子寿杀了,头装进木盒回去复命。

再说急子本来酒量就不大,喝醉了一会儿就醒了过来,随从把公子寿的信递给他看。急子拆开一看,信上只有八个字:"弟已代行,兄宜速避!"让急子赶紧躲避。急子眼泪马上掉了下来,赶紧赶路,希望能追上公子寿。夜里月明星稀,远远看到了公子寿的船。等两船靠近的时候,只见船中是一班贼人,不见公子寿的踪影。急子假装问:"主公命令做的事情,做好了吗?"贼人以为是公子朔派来接应的,就把盒子给急子。急子打开一看,是公子寿的头,就仰天大哭。贼人很惊骇,说:"他们父亲杀儿子,你怎么这样痛心?"急子说:"我才是急子啊,我得罪了父亲,父亲才让你们杀我。你们杀的是我弟弟寿,他没罪为何被杀?你们斩下我的头,献给父亲,希望父亲能够警醒,也可以免了你们误杀之罪!"贼人就将急子斩首,一起放在盒子之中。

公子朔知道公子寿也死了,一箭双雕,很是高兴,重赏贼人。齐姜虽然痛失公子寿,但却除了急子,拔去了眼中钉,忧喜参半。

左公子泄,原来是受托照顾急子的;右公子职,原来是受托照顾公子寿的,两人很快听说了消息。天一亮,宣公早朝,两人径直奔入朝堂,拜倒在地上放声大哭。宣公很吃惊,问什么原因,公子泄、公子职就把急子与公子寿被杀的情由详细讲了一遍,说罢哭得更厉害了。

宣公忽然听说两人同时被害,吓得面如土色,半天没说出话来。过了一会儿,才哭出声来,泪如雨下,连声叹气说:"是宣姜误了我,是宣姜误了我啊!"马上传召公子朔,公子朔推说不知道这件事。宣公大怒,就让公子朔捉拿杀人的贼人,公子朔嘴里应承了。

宣公自从受惊之后,又想念公子寿,就一病不起,闭上眼就看见夷姜、急子、寿子在面前啼啼哭哭,没过多久就死了。公子朔做上了国君,即卫侯朔。这年公子朔才十五岁,将左右二公子都罢了官。公子朔有个庶兄叫公子硕,心中很不服,就连夜逃到齐国。

这年,卫国和宋、鲁、蔡共同去讨伐郑国,结果卫侯朔没有得到什么便宜。带兵回国走到半路,卫侯朔听说公子泄、公子职策动了叛乱,立了公子黔牟为国君,卫侯朔就逃到了齐国。

齐襄公说:"这是我的外甥啊。"卫侯朔就请求齐襄公帮他打回国。齐襄公同意了,但这时候要娶周王姬,事情就要缓一缓,但又怕卫国人杀害宣姜,就派公孙无知把公子硕送回卫国,要求公子硕烝了宣姜,即娶了宣姜。

公孙无知带了公子硕回到卫国,和新国君黔牟相见。公孙无知就把齐侯的意思跟卫国的君臣说了,卫国君臣一向都厌恶宣姜,现在趁机贬了她的名号,何乐而不为?只是公子硕考虑到宣姜是他父亲的妾室,有碍父子之伦,坚决不答应。公孙无知跟公子职私下讲:"这事搞不定,我回去怎么向齐侯交代?"公子职害怕齐国动怒,就定了一个计,请公子硕来喝酒,灌得他烂醉,扶到别宫中与宣姜上床,醉中稀里糊涂就成了事。公子硕醒来之后很后悔,但也没什么办法了,宣姜就和公子硕重新结为夫妇。

齐侯要求公子硕"烝"了宣姜,为什么齐侯要逼着儿子娶父亲的妾室,也就是儿子要娶后妈呢?这就是齐国特殊的文化。

9. 从宣姜到文姜

春秋时期是一个古风犹存的时代,"烝"婚就是这样的一个表现。按当时婚俗的惯例,儿子可以收娶除生母以外的亡父的所有妻妾,叫做"烝",这种"烝"婚甚至可算是子侄辈们应承担的职责和义务,在当时是合乎道德的,并没有乱伦的意思,所以"烝"婚的行为并不会被舆论指责。

在齐国,不仅还保存着这种"烝"婚的习俗,并且更为久远的血族内婚也有部分保留。学者耿英春认为,齐国地处边远之地,那里最早是东夷之地,没有充分受到周礼的教化。齐国之内仍受原有的夷风夷俗的影响。中国在先秦时代,汉族尚未完全形成,国内的部落极为复杂,有的一个小国几乎就是一个部落,各个部落有不同的制度与组织,因为制度上发展的不平衡,所以有的部落很早已采行外婚制,即跟别的部落、国家通婚,而有的部落在当时仍保存着内婚制的残痕,即本部落、本国人跟自己人通婚。当时的齐国就有内婚制的残留,齐襄公与文姜兄妹通奸就是内婚制残余的一种体现。如果说文姜在婚前与襄公关系暧昧可以用当时残留的血族内婚为理由开脱的话,文姜在做了鲁桓公的夫人之后,又数次前往齐国与其兄通奸,是不是就应该受到严厉的谴责呢?

其实,也并不需要这样,因为当时齐国民风仍是很不开化,妇女的贞操观念仍非常淡薄。

齐国的性观念比较开放,不仅是未婚女子,就是已婚妇女包括贵族妇女也敢于放纵,夫妇双方对贞操看得都很淡。据学者研究,在齐国人的观念中,同姓甚至近亲兄妹之间的性关系是比较随便的,同姓结婚更是齐国婚姻的一个特色。因此就可以看出,齐地民风如此,没有必要指责文姜的行为。文姜每次到齐国,都不是躲躲藏藏的,而是招摇过市,可见她并不认为自己的行为有何不正当。在她从小长大的风俗之下,这并不是什么丑行,所以她自己也无所顾忌。不管是宣姜再嫁其子,还是文姜私通其兄,如果我们设身处地站在当时齐地风俗习惯的立场上去观察,她们的这些行为也就没有什么不当,而不是后代人谴责嘲笑的无耻和祸水。

并且,她们有这样的行为,并没有受到什么惩罚,也没有因此影响到他们的社会地位,可见当时的人们是认同的。在史书中,齐国出嫁的女人很多都有所谓的"淫乱"行为,这也表明,这种"淫乱",不是个人行为,而是一种社会风俗。后代的史学家依据后代的道德观念,去猜测和评价她们,因而才对宣姜、文姜们有所指责。

10. 文姜的真实历史作用

春秋时期,列国争霸。齐、鲁因为相邻,因此也相互争强。如果我们弄清楚这个历史背景,就可以知道,文姜多次会见她的哥哥,不是仅仅就为了淫乱,而是作为外交家,为鲁国的安稳做出了重大贡献。

学者童教英指出,这个时期,齐、鲁之间发生了矛盾,争斗的中心问题是纪国问题。纪国虽然也是姜姓之国,和齐国同姓,但却与齐国有世仇。《史记》中讲,齐哀公的时候,纪侯偷偷到周王朝,使用了手段,结果周天子杀了哀公,所以齐国一定要报复纪国。但鲁国却在竭力维护纪国,因此齐、鲁发生争端。

鲁桓公六年,纪国夏天、冬天两次因事向鲁国求救。

鲁桓公八年,纪侯将自己的女儿嫁给了周天子,鲁国作为主婚人。纪、鲁两国走得很近,让齐国很恼火。

鲁桓公十年,齐国约卫国、郑国一起攻打鲁国,但这次齐国并没有占到什么便宜。

鲁桓公十三年,因为纪国,齐、鲁之间终于爆发了一场大规模的战争,以鲁国为首的鲁、纪、郑联军大败以齐国为首的齐、宋、卫、燕联军,显示出鲁国国势开始变强。

鲁桓公十七年,桓公叫来齐、纪两国的国君,作为中间人,想让两国讲和,实际上是偏袒纪国,齐国因此不买账,导致齐、鲁关系更为紧张。这一年,齐襄公带着军队又一次攻打鲁国,但却没有取胜。在战争无法取胜的情况下,齐国就改变了策略,想到了暗杀。

鲁桓公十八年,鲁桓公和文姜一起到齐国,结果在齐国被暗杀。鲁桓公被杀身亡之后,齐襄公一步一步灭掉了纪国。

我们可以发现,鲁桓公三年,文姜嫁给桓公,到鲁桓公十八年,鲁桓公被暗杀为止,因为齐国总是被鲁国打败,历史书中根本没有出现文姜的踪迹。到鲁桓公十八年,鲁桓公一直想与齐国协调关系,文姜陪同鲁桓公一起回到齐国,这时候文姜才出现。鲁桓公被暗杀,鲁庄公刚刚即位,年纪比较小,且没有什么政治斗争经验,面对着齐国的咄咄逼人之势,鲁国不能延续原来维护纪国的外交态度,变得很被动,因此文姜的身影才出现,频频活动于鲁国与齐国之间,不断与齐侯会面。虽然,一个女人参加两国元首之间的会面,在有些人看来是干预了政治,不合礼法,但文姜帮助儿子解决鲁国与齐国之间的外交关系,在维护鲁国新君上任之后的国家稳定方面却做出了重大贡献。

文姜的活动虽然被杜预等人解释为与齐侯私通,但即便有私通关系,文姜的外交活动使齐、鲁之间的关系由极度紧张而走向缓和却是不争的事实。

总之,文姜在历史传说中,与哥哥乱伦私通,背着自己的丈夫胡作非为,结果导致了自己丈夫被杀,自己的国家蒙受耻辱,是个典型的红颜祸水。然而,历史会误解女人,历史学家也会犯错误。历史学家因为一时的疏忽,给文姜扣上了祸水的帽子,让文姜顶着冤屈。后世的历史学家没有去辨明真相,也使得文姜的冤案看似铁证如山。文姜成了一个被历史学家强暴了的弱女子,有苦难言。

很多人不明白春秋时期特殊的政治、文化、风俗习惯,想当然地凭借自己的道德立场去评价文姜,结果文姜就是乱伦、无耻的女人,是千古罪人,罪不可赦。当我们明白了齐国保留了古代的同姓婚姻、内部婚姻的话,当我们明白了齐人性观念开放、并不认为跟自己的亲人有性关系就是耻辱的话,我们就不会去谴责文姜为什么要这样放荡了。

文姜凭借着自己与齐侯的兄妹关系,频繁往来于两国之间,为鲁国的外交和国家稳定做出了重大贡献,我们更不能说她是"红颜祸水"。

Ⅱ 被历史涂抹的赵飞燕、赵合德

在中国历史的美女之中,赵飞燕算得上鼎鼎大名。有诗说"玉环飞燕皆尘土",赵飞燕可以和杨玉环相提并论、相互媲美。又有俗语称"环肥燕瘦",和杨玉环的肥美并列相对,赵飞燕以其瘦弱成为美女中的佼佼者。说赵飞燕自然不能少了其妹妹赵合德,赵合德更是超过赵飞燕的美女。当然,在中国,美女,只要美到一定程度,就免不了被指责为红颜祸水。被指为祸水,少数几个人说说你也就罢了,最要命的是,正史中也这样说你。一旦进入正史,算是盖棺定论,想翻身都翻不过来。就像一个女人遭受了强暴,而一旦被强暴,似乎永远就成了你的污点。赵飞燕、赵合德正是这样一对被历史所强暴的女人。我们现在要翻开历史真正的面纱,看清楚历史是如何强暴女人的,如何让漂亮的女人变成了红颜祸水,背上永世的骂名。

1. 《汉书》的盖棺论定

《汉书》中记载,汉成帝名刘骜,是汉元帝的长子,在做太子的时候,喜欢读经书,博闻多识,并且为人很谨慎,很得元帝的欢心。后来虽然元帝发现他并不是理想的皇位继承人,但因为种种因素的制约,元帝一度想改易太子的想法就没有实施,刘骜也就保住了他的太子地位,并最终做了皇帝。据学者孟祥才的研究,汉成帝这个人,长得比较英俊,又善于打扮自己,绝对算是一个美男子。他平时十分注意自己的外在形象,比如上车一定先端端正正地站好,坐在车内的时候不摇头晃脑四处看。他说话也慢条斯理,不用手指指画画。每逢上朝,端坐在殿上不苟言笑,正有天子的气派。但是他在政治上并不算一个励精图治的好皇帝。成帝比较喜欢音乐和舞蹈,很喜欢享受,太迷恋女色。他放手让王莽外戚集团专权,结果尾大不掉,最后不能控制。他发布了一些节俭、省刑、减免租赋之类的诏令,但没有具体可操作的办法。因而使皇朝就像一个破了的木桶,四处有漏洞。

汉成帝的皇后许氏,是大司马车骑将军的女儿,既漂亮聪明又读书多,刚做皇后的时候,在后宫艳压群宠,但一直没有生孩子,并且和大将军王凤不合,年岁渐长色衰爱弛时被废,最后竟被逼自杀。此外,成帝还宠幸过班婕妤和其丫头李平。不久成帝得到了赵飞燕和她的妹妹赵合德,心思就全放在她们姐妹身上了。

《汉书》外戚传中关于赵飞燕的传记比较平实。赵飞燕原名叫赵宜主,出生时,父母大概是不想要她,就把她扔了,但过了三天,发现她还没死,就决定养她。等飞燕长大了,就被送到阳阿主家学习歌舞。因为她体轻如燕,舞姿似飞,所以被叫做"飞燕"。成帝微服出行,到阳阿主家花天酒地玩乐,看到了飞燕的舞姿很高兴,就召她入宫伺候。飞燕说自己有个妹妹很漂亮,就也被召进宫中。两人都被封成婕妤,凭着漂亮诱人,很快贵倾后宫。

皇后许氏被废之后,成帝一心一意想立赵飞燕为皇后。无奈皇太后嫌她出身卑微,坚决不批准,故意为难。当时太后的姐姐的儿子淳于长在做侍中,在成帝身边走动,他看到这是讨好成帝的机会,就千方百计在太后面前为成帝说情,最后终于得到太后的认可。成帝先封赵飞燕的父亲赵临为成阳侯,这样赵飞燕出身就显赫了,接着一个多月后就封赵飞燕做了皇后。皇后当上了,但飞燕受的宠爱却少了。

为什么呢?因为成帝觉得飞燕的妹妹赵合德更光彩照人,更有魅力,更能吸引自己。成帝封赵合德为昭仪,让她居住在昭阳宫中。为了讨赵合德的欢心,命人将宫殿重新装修了:中庭用彤朱色,殿内的门窗都重新油漆一遍,门槛用黄铜镶边,并涂上黄金色;上殿的阶梯用白玉砌成,殿内的壁上用飞带状的横木配上金环来装饰,里边嵌上蓝田玉、明珠、翠羽。这种富丽奢侈在诸宫之中最风光。

不过,赵飞燕姐妹虽然相继专宠后宫十多年,但谁也没有生出龙种。没有儿子,太子的位子就没人。定陶王来朝拜皇帝,定陶王的祖母傅太后就私下贿赂了赵飞燕、赵合德,结果把定陶王立为太子。

第二年,成帝突然暴病身亡。成帝平常身体强健,仅仅四十五岁,算是盛年,却突然死了。有人说成帝傍晚还好好的,第二天早晨,想穿衣服起床,却不能穿了,也不能说出话了,没多久就驾崩。成帝的突然死亡引起朝野猜疑,一时间议论纷纷,民间都归罪于赵合德,说她纵欲无度导致了皇帝的死亡。皇太后下令大司马王莽、丞相大司空等朝廷有关官员组成调查小组调查成帝死因,赵合德知道自己难脱干系,就自杀了。

哀帝继位之后,赵飞燕被尊为皇太后。成帝这个保护伞没了,新皇帝又和自己没多大关系,很快她就有了灾祸。哀帝即位仅数月,司隶校尉解光就上书新皇帝,提出一个"赵飞燕姐妹谋害成帝两个亲生儿子"的案件。

解光的奏折上说,自己令手下的从事掾业、史望二人,验问掖庭中知道内情的狱丞籍武、黄门王舜等,婢女曹晓、道房、张弃等,这些人都知道,曹宫是曹晓的女儿,而道房与曹宫是对食关系。所谓对食,是宫中隐语,"宫人自相与为夫妇名对食,甚相妒忌也",也就是现在的女子同性恋爱。发展到明朝已不限于女性之间,更把太监也给拉进去。宫中值班太监不能在宫内做饭,每到吃饭时间,只能吃自带的冷餐,而宫女则可以起火,于是太监们便托相熟的宫女代为温饭。久而久之,宫女与太监结为相好,也称作"对食",又作"菜户",意思说不能同床,只能相对吃饭,互慰孤寂而已,事实上与外间夫妇无异。不管怎么说,都证明曹宫和道房关系非同一般。

六、七月的某一天,曹宫对道房说:"皇帝同我睡过觉。"随后几个月,曹晓看见女儿肚子大了起来,就问怎么回事,女儿回答说自己怀上了皇帝的孩子。十月中旬,曹宫就在掖庭的牛官令舍中生下了一个男孩,当时有六个婢女侍候。中黄门田客拿着皇帝的诏,将孩子盛在绿色绨缯做的书囊中,封口盖上御史中丞的大印,交于籍武说:"把牛官令舍那个女人新生的孩子和六名婢女,全部关押在暴室狱中,不要问孩子是男是女,也不要问是谁的孩子。"籍武就遵命将曹宫新生的孩子和六个婢女一起关进暴室狱。曹宫哀求籍武:"请妥善藏好我儿子的胎衣,你应该明白这孩子是谁的啊!"

三天以后,田客又拿着诏记找籍武,悄悄问:"那孩子死了吗?请写在简牍背面告诉我。"籍武就在简牍背面写上:"小孩子仍在,没有死。"田客默默不吭声,过了一会儿,把籍武拉到屋子外边,小声生气地斥责他说:"皇上与昭仪十分震怒,为什么还不杀!"籍武吓得赶紧趴在地上叩头,哭着说:"不杀这孩子,我知道自己活不成;杀了这孩子,我也活不成啊!"他请田客把自己的奏折递给皇帝,说:"陛下未有继嗣,儿子无贵贱,都是您的血脉,请陛下三思!"田客就回去上奏了,过了不久又拿着诏记给籍武说:"今天夜里,你把孩子抱出来交给王舜,地点是东交掖门。"籍武悄悄问田客:"陛下看到我的奏折,有什么表示?"田客很神秘地说:"瞠目结舌。"

籍武按时把孩子交给王舜,王舜根据成帝的诏命将孩子留在宫中,并为之选了一个乳母抚养他。王舜嘱咐乳母:"好好养育这个孩子,有重赏。但千万不要将此事泄露出去。"王舜为孩子选定的这个乳母就是张弃,此时那个小孩子已经有八九天了。

三天后,田客又持诏记交给籍武,封记与第一次的一模一样。籍武看其中有一个封起来的小绿盒子,诏记上写着,令籍武将盒子中的物品给曹宫,由籍武监视将东西喝下去。籍武打开盒子,看见有两枚裹着的药丸,旁边一张薄纸上写着:曹宫,将此药喝下去,一切你自己应该明白。曹宫看了,悲愤地说:"果然如此,她们姐妹想专擅天下。我的儿子额头上有一撮粗黑的头发,很像孝元皇帝,她们容不下啊。我的孩子在哪里?现在危在旦夕,怎么才能让皇太后知道此事啊?"说完就喝下药自杀了。接着,六个婢女被召入宫,她们出来以后,对籍武说:"昭仪跟我们讲,知道我们无罪,但却不能让我们活下去,问我们愿意在宫内自杀还是在宫外被杀。"六个婢女就在宫内自杀了。后来宫里派人将小孩带走了,以后再也不知下落。

解光调查的另一件事情是昭仪害死许美人所生的孩子的问题。

皇上数次召许美人宠幸,有时留宿长达数月。后来许美人怀孕,当年十一月产下一个儿子。皇帝下诏中黄门靳严带儿科医生及药送到美人住处。后来,赵昭仪的车夫于客子、王偏、臧兼三人,听到昭仪对成帝说:"你常跟我说你从皇后之宫回来,如果是这样的话,许美人的儿子从哪来的?现在许美人生了孩子,难道许氏还要被立为皇后么?"说着她很生气,用手捶自己,用头就去撞柱子,从床上滚到地下,痛哭流涕不肯吃饭,怒气冲冲地对成帝说:"你现在怎么安置我?我要回家去!"成帝被闹得没办法,就说:"现在把事情告诉了你,你反倒怒气冲天,真是不可理喻!"成帝也绝食了。昭仪问:"陛下为什么不吃饭?陛下曾发过誓,决不负我。现在许美人生下儿子,你这不是负我吗?"成帝说:"我跟赵氏约好不负赵氏,所以没立许氏啊。你放心,我一定不让天下女子有超出赵氏的。"

成帝诏使靳严用绿囊盛着书信送交给许美人,对靳严说:"美人一定会送东西给你,你收下就放在饰室的帘子外就可以了。"许美人看到成帝书信,就把生的儿子放在一个芦苇编织成的盒子中交给靳严。靳严就按成帝的吩咐,将盒子放在饰室的帘子外就走了。成帝和昭仪坐在饰室中,命车夫于客子把盒子打开,于客子还没解开盒子上的绳子,成帝就将于客子、王编和臧兼支使走,自己关上门,与昭仪在室内。过了一会儿,又招呼于客子等三人,让他们把盒子封好放在屏风东面。成帝命中黄门吴恭将盒子交给籍武,让他对籍武说:"盒子中有一个死的小孩,你把小孩埋在偏静处,不要让人知道了。"籍武就在监狱的院墙边挖了一个小坑把小孩子埋了。

解光讲述了上面的案情之后,要求对赵氏一家予以严惩。

因为赵昭仪已经自杀,哀帝就下令免去赵飞燕兄弟、侄儿的爵位,贬为庶人,家属都发配到辽西郡。

这时议郎耿育上疏,对解光揭出的案情有所怀疑,并且觉得解光有点落井下石的味道。耿育说,先皇已经去世,赵飞燕的尊号已定,现在再追究一些事情也于事无补。

哀帝当年能做上太子、继承皇位,赵飞燕起了作用,并且赵飞燕与哀帝的祖母傅太后关系密切,哀帝就不想再难为赵飞燕。这样赵飞燕总算没事,继续做皇太后。

哀帝崩逝后,王莽挟持太皇太后下诏说,皇太后赵飞燕与赵昭仪专宠为害后宫罪不可赦,贬赵飞燕皇太后为孝成皇后。一个多月后又下诏说,孝成皇后罪恶深大,失妇道,有狼虎之毒,废为庶人。赵飞燕被逼得走投无路,接到诏书当天就自杀了。

2. 污蔑的正史

《汉书》作为前四史之一,地位相当重要。《汉书》为赵飞燕、赵合德立传,最重要的问题就是讲她们在宫内专宠、姐妹二人秘密害死皇帝的亲生儿子,让皇帝没有儿子来继承皇位,结果西汉的大汉王朝被王莽篡夺。她俩是典型的祸水。

史书中这样说,似乎就是铁定了的。赵飞燕、赵合德被贴上了祸水的标签,永世不得翻身。然而,这似乎却是一个冤案。学者孟祥才指出:细检有关的记述,这一案件的疑点很多,以情理推断,恐怕难以成立。解光的讲述很曲折,很离奇,害死两个皇子案扑朔迷离,但疑窦丛生。

第一,本案列举的证人虽然很多,但只有人证没有物证。既然曹宫所生儿子被宫长持诏书取走,下落应该追查得出来,可是解光却没有追查。许美人生的儿子死后被籍武埋在监狱高墙之下,案发后照理应该掘取尸骨作为证据,解光等也没有这样做。没有物证,光凭证人的证词,其结论的可靠性就使人生疑。谁又能保证它不是在某些人精心导演之下制造的冤案呢?

第二,皇帝都希望有子嗣继承皇位,对一直没有孩子的成帝来说,儿子自然有更重要的意义。成帝既然与许美人和曹宫生有儿子,而自己又完全了解自己干了什么,怎么会在赵昭仪挟持下杀害亲生儿子呢?如果说曹宫作为宫女身份低微为皇帝生了儿子会有人不满的话,美人作为皇帝老婆的一种,其名分是实实在在的,许美人与成帝生出儿子是天经地义、理所当然的事情。如果许美人真生有儿子，以成帝中年求子心切推断，完全应该大张旗鼓、大事庆祝。即使碍于赵氏颜面低调处理，也断不至于成帝自己与赵昭仪合伙谋杀自己的孩子。曹宫虽是个宫女，宫女受皇帝宠幸生出孩子的事情在宫廷数见不鲜，以皇帝的威严和权力，只要一纸诏书，就可以给她一个婕妤、美人之类的名号，名正言顺地确定自己与孩子的关系，完全用不着偷偷地找乳母抚育，也不可能屈服于赵氏姐妹的压力处死曹宫，而使自己的亲生骨肉不知所终。

　　第三，成帝做皇帝时，王莽外戚集团已经基本上控制了汉皇朝的大权，在成帝周围安插了许多耳目。赵昭仪与成帝一起处置两个孩子，难道能不走漏一点风声？就算再受宠幸，赵昭仪做出如此伤天害理的事情又怎能瞒过王氏外戚集团？王氏与赵氏是不同的政治利益集团，王莽不可能对此一点都不理会。

　　如此一来，可以说赵合德谋害两个皇子案漏洞多多，几乎是不可能发生的。但解光又为什么能编造出这样情节离奇、人证众多的宫闱秘闻呢？身为皇后的赵飞燕面对诬陷又为什么不出来为赵合德澄清事实真相呢？

　　原因其实很简单。

　　赵飞燕姐妹出身卑微，她们的地位依靠的是汉成帝的色令智昏。成帝在世时虽然给了她们的家人封侯，但并未给他们任何实质性的权力，在朝廷中根本无法形成盘根错节的权力网络。这与王氏外戚集团相比实在是不可同日而语。赵飞燕姐妹盛气凌人、飞扬跋扈，靠的是成帝撑腰。成帝一死，她们立即陷入孤立无援的困境。特别是她们不知检点，树敌太多，与其他外戚、嫔妃之间积怨太多太深，等成帝寿终正寝，宿敌们一齐出来向赵飞燕姐妹身上泼脏水，甚至趁机落井下石。此案使她们有口莫辩，事实上，她们也没有了自我辩护的权利。赵昭仪明白这点,只能自杀。赵飞燕勉强多活了几年也自杀而死。

第四,成帝活了四十五岁,嫔妃成群却无一人生子,这说明他本人没有生育能力。否则,无论赵飞燕姐妹怎么一手遮天,成帝在她们进宫之前已经宠幸过很多女人,也不至于断子绝孙。成帝既无生育能力,许美人与曹宫为他生儿子的事情和赵飞燕姐妹谋杀两位皇子之事就断然不会存在。

显然,这桩控告赵氏姐妹谋杀皇子的案件是精心编制的冤案。它的幕后主谋不是别人,正是大权在握的外戚王莽。当时作为大司马的王莽纠合一班朝廷官吏在成帝死后以调查皇帝发病死亡状况为名逼迫赵昭仪自杀,又在哀帝死后挟太皇太后之名,让解光罗织罪状,逼使赵飞燕走投无路。解光上奏折是在哀帝尊赵飞燕为皇太后之后,这时赵飞燕的地位已经稳定下来,如果没有王莽在背后谋划支持,身为司隶校尉的解光恐怕不敢拂逆哀帝的意志向赵飞燕家族发难。王莽指使解光编造这个案件,目的就是为清除赵氏亲族在朝中仅有的一点势力。此后,外戚王莽通过各种手段清除异己势力,终于在公元八年篡位夺取刘汉政权,做了皇帝,改国号为"新"。

由此可见,堂堂正史捏造了赵飞燕、赵合德的故事,隐瞒了真相,堂而皇之地强暴了两个小女子。

3.《赵飞燕外传》:小说家也来施暴

正史中这样涂抹了赵飞燕与赵合德之后,后世的小说家就更甚一步,将赵飞燕与赵合德的祸水形象进一步夸大。

最早影响比较大的小说就是署名"汉代伶玄"撰写的《赵飞燕外传》。鲁迅已经指出,这是伪托的,不是汉代人所写,大约是唐代或宋代人所写。小说基本改变了《汉书》中的情节。

小说中说赵飞燕的父亲叫冯万金,根本不是姓赵。冯万金是个音乐方面的高手,编的歌曲,让听到的人都很心动。江都的中尉赵曼对冯万金很好。赵曼有性方面的毛病,所以不近女色。赵曼的夫人是江都王的孙女,很快和冯万金搞上了,怀了孕很害怕,就回到娘家,住在王宫中。不久生了孪生女儿,把两个女儿都送给了冯万金,大的叫宜主,小的叫合德,但都假冒姓赵。宜主小时候很聪明,家里有房中术的书,一看就学会了,因为善行气术,就长得纤细,走路轻飘飘的,人们都叫她飞燕。合德的美与飞燕不同,合德皮肤很光滑,洗完澡的时候水都不沾在身上,并且合德也精通唱歌。慢慢长大之后,两人都变成了人间绝色美女。

　　冯万金死后,家道破落,飞燕姐妹就辗转流落到长安,托付给阳阿主的家令赵临,同住在一条巷子,对外都说是赵临的女儿。后来赵临生病死了,飞燕姐妹就进了阳阿主家做事。两人经常偷偷看舞女跳舞,很快就学成一身好舞技。

　　这时,赵飞燕看上了一个射鸟者,就和他私通。飞燕姐妹很穷,夜里下雪了,两个人共用一条被子,相互抱着取暖。飞燕去幽会射鸟者,在外边雪地里站着,闭息顺气,体温很低但很温润。射鸟者摸着她的肌肤很惊异,以为她是神仙。

　　后来,飞燕因为阳阿主推荐,入皇宫受皇帝召幸。她的姑妹樊嫕知道飞燕曾经和射鸟者有一腿,就很害怕,因为皇帝要宠幸的都是处女。等到宠幸的时候,飞燕闭着眼睛握紧双手,眼泪都流了下来,很紧张的样子,身体微微哆嗦,不能迎合皇帝。皇帝拥抱着飞燕,一连三夜都不能做爱,但皇帝没有责备她的意思。宫中其他嫔妃问皇帝,皇帝说:"飞燕丰若有余,柔若无骨,这样半推半就、若远若近,很有趣味,哪像一般的婢女那样不懂风情?"第四夜赵飞燕主动迎合皇帝,处女红流了很多,沾到了皇帝的衣服上。樊嫕私下问飞燕:"你没跟射鸟者上过床吗?"飞燕说:"我一连调息了三天,下边的肉已经丰盈充实了,才跟皇上做。"飞燕从此后在后宫特别受宠,号称赵皇后。

樊懿跟飞燕说:"皇上没有儿子,你不想帮皇上生个儿子?"飞燕就听了樊懿的话,向皇帝推荐妹妹合德,皇帝就下令用百宝凤毛步辇车去接合德。合德沐浴更衣,打扮得亭亭玉立。皇帝一看啧啧赞赏,连忙宠幸。皇帝龙颜大悦,把合德叫做"温柔乡"。皇帝跟樊懿说:"我要在这个温柔乡终老啊,不想像武皇帝去求白云乡。"樊懿向皇帝道贺说:"陛下你绝对是得到了真仙女。"皇帝就把合德封为婕妤。

宣帝时候的披香博士叫淖方成,这时头发都白了,还在宫中教习。淖夫人在皇帝后面吐口水说:"这是个祸水啊,一定会带来灾祸的!"皇帝很不耐烦,就听了樊懿的话,新开了个远条馆,赐了紫茸云气帐,让飞燕居住。

皇帝更加宠爱合德,飞燕就被冷落了。飞燕住在远条馆,就私通侍郎或宫奴中子嗣多的那些人,也想为皇帝生个儿子。

风言风语很快传出来,婕妤全心维护姐姐,跟皇帝说:"我姐姐性格刚直,估计是得罪了一些人,被人诬陷。"每次都哭得泣不成声,说赵氏姐妹被人欺负了。所以有人跟皇帝揭发赵飞燕皇后跟人勾搭成奸的,皇帝都把这些人杀了。此后,侍郎、宫奴栖息在远条馆中蕴香恣纵,再也没有人敢说什么。但最后赵飞燕也没有生下孩子。

江都有个叫李阳华的女人,教飞燕用九回沉水香,把麝香放入肚脐眼中,使其融化。婕妤也学会了。经常这样,能保持青春美貌,身有异香,但这样会使月经越来越少。后来,飞燕告诉了皇宫配药的上官妩。上官妩说:"真像这样的话,怎么可能怀孕呢?"就教飞燕煮一些花药来洗掉那些沉水香,但她俩最终也没有生下孩子。

赵婕妤让皇帝去太液池游玩,作了一个千人舟。池中起了个瀛洲,榭高四十尺。飞燕穿着南越贡的云英紫裙和碧琼轻绡,在楼台上跳归风送远的舞蹈。皇帝用文犀簪敲打玉瓯配乐,让飞燕喜欢的侍郎冯无方吹笙。歌舞正酣,突然起了大风,飞燕顺风飘着亮丽的嗓音,冯无方长吸细袅配合飞燕的歌声。飞燕裙子被风刮起来,翩翩若飞。飞燕叫道:"看我要飞走了,看我要飞走了!"又扬起长袖唱:"仙人,仙人!都是舍弃旧人而找新欢,能忘怀旧人吗?"皇帝连忙叫道:"无方,快帮我拉着皇后!"冯无方赶紧去拉赵飞燕,结果将飞燕的裙子后边扯开了一个口子。过了一会儿风停了,飞燕哭着说:"皇上还是对我有恩情,没让我升仙而去。"泪水就滴了下来。皇帝有些愧疚,就赐了冯无方很多钱财,让他到飞燕房中陪伴。后来,宫中的美女们都穿上后边开衩的飞燕样式的裙子,叫做留仙裙。

婕妤越来越受皇帝喜欢,就封为昭仪。昭仪想住得离远条馆近一点。皇帝就重新盖起来了宫殿,叫少嫔馆,装饰上黄金白玉,曲房连槛,千变万化,一直连着远条馆,叫做通仙门。

跟飞燕私通的一个宫奴叫燕齐凤,性能力很强,雄健超过一般人。燕齐凤也和昭仪私通。燕齐凤刚出少嫔馆,就来到远条馆。那天是十月五日,宫中上灵安庙,吹吹打打,正好奏"赤凤来"曲。飞燕故意问昭仪:"赤凤为谁来?"昭仪说:"赤凤自然为姐姐而来,还会为别人吗?"飞燕当下就发怒,用杯子抵住昭仪的裙子说:"小老鼠能咬人吗?"昭仪平常对待飞燕都很谦卑,看飞燕发怒就不说话了。樊懿扶着昭仪让她拜飞燕认错。昭仪拜下,哭着说:"姐姐忘了我们盖着一条被子,长夜漫漫冻得睡不着觉,姐姐让合德抱着姐姐的背取暖吗?现在我们富贵了,又没有外人跟我们争,我们姐妹俩忍心内讧相争吗?"飞燕听了也哭了,拉着昭仪的手,抽下自己头上的紫玉九雏钗替昭仪簪上。皇帝听说了这件事情,因为害怕飞燕就没敢问飞燕,而去问昭仪这是怎么回事儿,昭仪说:"是皇后娘娘嫉妒我了。汉家属于火德,所以皇上你就是赤龙凤。"皇帝很高兴。

皇帝早年打猎的时候，因为被雪冻了得了阳痿病。每次要抱着昭仪的脚，欲望才能上来，才能勃起。但昭仪经常辗转反侧，皇帝不能长时间抱着她的脚。樊嬺跟昭仪说："皇上吃了大力丹，抱着你的脚，才能持久畅快，你怎么辗转不让皇帝抱呢？"昭仪说："我故意转侧，这样就一直能勾引住皇上的欲望。如果像姐姐那样满足皇上，皇上很快就厌烦了，就不来了，我怎么能不乱动呢？"

飞燕很骄逸，身体有点小病，就不自己进食，非让皇帝持着羹匙喂她。药有些苦，飞燕非让皇帝用口喂到她口里才喝。

昭仪晚上洗澡，全身皮肤都像发着光，皇帝从帏帐中偷偷看她，侍女就告诉了昭仪。昭仪用浴巾裹住自己，不让皇帝看。皇帝以后就赐侍女黄金让她不要告诉昭仪。此后皇帝总喜欢躲在帏帐中偷窥昭仪洗澡，每次带着黄金，碰到侍女就贿赂。侍女们贪皇帝的黄金，不断出出进进，皇帝没办法，就带很多黄金去贿赂她们。

皇帝一直阳痿，太医用了很多方法都不能医治，就求了奇药，让昭仪受宠幸的时候给皇帝吃。昭仪每次给皇帝一丸，皇帝就兴致大发，云雨一番很是痛快。一天，昭仪喝酒喝醉了，一下子给了皇帝七丸，皇帝抱着昭仪吃吃笑个不停。第二天早上起来，皇帝穿衣服的时候，发现阴精一直流个不停，过了一会儿就昏倒了。昭仪一看，皇帝剩下的精血全涌出来了，沾污在被子上。很快，皇帝就驾崩了。

宫里的人告诉给太后，太后让人问昭仪，昭仪说："我对皇上就像对待婴儿一般爱护，怎么能害他呢？"哭着大呼："皇上你去哪了啊？"就吐血而死。故事到此而止。

《赵飞燕外传》已经完全改变了《汉书》中的情节，不再讲她们姐妹害死两个皇子的事情，而是讲了两个人怎么在皇宫专宠、争风吃醋和淫乱的故事。为了给赵飞燕的淫荡寻找血缘根据，小说对她们的出身进行虚构，说她们是江都中尉赵曼妻子与一个乐工冯万金的私生女。两人进入宫廷之后,又借淖夫人的口说:"此祸水也,灭火必矣!"按照阴阳家"五德终始"的说法,汉朝以火德统治天下,说赵氏姐妹是"祸水",水会灭了汉家的火,成为扰乱后宫、灭亡汉朝的红颜祸水。

《赵飞燕外传》围绕着赵飞燕、赵合德姊妹和汉成帝三人,构成一帝二妃的三角关系,基本内容都是讲物欲和情欲的方面。赵飞燕在入宫前就与射鸟者私通,但在临幸时运用房中术伪装成处女,骗过成帝获得宠爱。后来变本加厉地淫乱,在远条馆私通侍郎、宫奴。在后宫,唯一和赵飞燕争宠的就是妹妹赵合德。赵飞燕在太液池歌舞,"顾我,顾我"为了卖弄风情,"仙乎,仙乎! 去故而就新,宁忘怀乎?"是借机表达自己的满腹醋意和哀怨。赵飞燕因燕赤凤差点和昭仪翻脸,把一肚子妒忌和怨恨都撒在昭仪身上。赵合德似乎更有心计,对成帝都是欲擒故纵,不让皇帝一直抱着她的脚,洗浴时候故意不让皇帝看,想尽很多方法对皇帝进行挑逗,激发、维持成帝的性欲,逗得成帝宁愿老死在她"温柔乡"中。赵合德跟姐姐一方面争宠,一方面又照顾姐姐,在姐姐被人告发与人私通时候维护姐姐,又在两人发生冲突时动之以情晓之以理,化解二人矛盾,并在成帝面前巧妙地掩盖了丑事。

《赵飞燕外传》虽然改变了《汉书》的说法,不是指责她们是灭龙种的罪魁祸首,但却指责她们为祸后宫,还是典型的红颜祸水。明显,小说家不是根据正史来写,而是根据一些野史趣闻来虚构创作的。通过这个创作,为赵氏姐妹新增加了淫娃荡妇的形象。这个形象影响深远,后世出现了小说《赵飞燕别传》。

4.《赵飞燕别传》:小说家的色情想象

宋代秦醇的《赵飞燕别传》开头说,自己家附近有个姓李的年轻人，家里世代都是读书人。不久前他家道中落，秦醇去看他，墙角的破箩筐里有几本古书，其中有一本叫《赵后别传》，虽然书的内页有脱落，但还能看。秦醇就向姓李的青年要了回来，把书页编好顺序，成了一篇别传，现在拿出来给有兴趣的人看。

《别传》说，赵皇后的腰肢特别纤细，走路时总是扭着腰肢，就像柔嫩的柳枝一样，摇摇摆摆，别人想学都学不来。她在阳阿主家时叫做"飞燕"，入宫后又推荐自己的妹妹入宫，得到汉成帝的宠爱，把她妹妹封为昭仪。昭仪特别善于谈笑，她骨架匀称，肌肤光滑润泽。姐妹二人姿色压倒后宫，都可称得上天下第一。当时昭仪住在西宫，太后住在中宫。自从昭仪入宫之后，皇帝就很少去东宫皇后赵飞燕那里了。

赵飞燕日盼夜想要生个儿子，以便巩固自己的地位。于是就经常用小牛车拉年轻人进宫和她通奸。有一天，皇帝只带了三四个人往东宫去，飞燕正在和一个人淫乱。宫女看到皇帝急忙向飞燕报告，飞燕惊慌地出去迎接皇帝。皇帝看她头发散乱，讲话语无伦次，心里就有点怀疑，才坐下没多久，又听到帘子后有人咳嗽，就闷闷不乐离开了。皇帝知道了怎么回事，心生杀死皇后的念头，只是看在昭仪的情分上忍着。

一天，皇帝正在和昭仪饮酒，忽然生气地直瞪着昭仪，怒气冲冲的样子。昭仪急忙站起来离开座位，伏在地上请罪，问："臣妾出身贫穷，没有亲人可以依靠。现在有幸进入后宫侍奉皇上，皇上宠爱我，别的人就会诽谤我。我又不懂礼数，如果冒犯了皇上的威严，就请皇上赐我一死，以便让皇上宽心。"说着就眼泪直流，哭了起来。皇帝拉着昭仪的手臂说："你坐下，你没有罪。不过我告诉你，你的姐姐，我要砍下她的头，斩断她的手脚，把她扔到茅厕里，我才能解恨。"昭仪赶忙问姐姐什么罪，皇帝就说了那天到皇后那里帘子后有人的事。

昭仪说:"臣妾是因为皇后的缘故才能进到后宫,如果皇后死了,那臣妾又怎么能独自活着?再说了,如果皇上无缘无故杀死一个皇后,世上的人会怎么说呢?我情愿被丢下锅烹煮,被刀斧砍杀了,也不愿皇后被杀。"说完号啕大哭,哭得站都站不住,跌倒在地上。皇帝大惊,赶快起身抱住昭仪说:"有你在,我一定不杀皇后,刚才只不过是气闷说说而已。你何苦这样呢!"哭了一会儿,昭仪才重新坐到位置上,问帘子后躲的人是谁。皇帝暗中派人去查,查出来是宿卫陈崇的儿子。皇帝就派人去杀了他,并废除了陈崇的职务。

　　昭仪去见皇后,把皇帝的话全部告诉她,对飞燕说:"姐姐你还记得吗?过去家里穷,你叫我和邻家女孩一起编草鞋换粮食。有一天,才把米带到家,正好遇到风雨,没柴可烧,又饿又冷,睡不着觉,你让我抱住你的背取暖,我哭你也哭,这件事姐姐难道忘了吗?幸好我们现在富贵了,没有人能跟我们比,姐姐却这么不自爱。如果再有什么过错,皇帝再生气起来,事情就没办法挽回了。若果真如此你人已经被杀了,还要被天下人笑话。现在我还能勉强在皇上那里说情救你,可是万一我死了,还有谁来救你呢?"说到这里,流泪不止。飞燕也哭了。此后皇帝已经不再到飞燕那里去了,只恩宠昭仪一人。

　　有一次昭仪在洗澡,皇帝竟然去偷看。侍女就告诉昭仪,昭仪急忙躲到蜡烛后面。皇帝偷窥了昭仪洗澡,格外神魂颠倒。此后昭仪洗澡时,皇帝就悄悄贿赂了侍女们,叫她们不要告诉昭仪,从屏风缝里偷看。只见浴池里兰汤滟滟,昭仪坐在里面,就像清泉之中浸着三尺白玉。皇帝不禁神魂飞荡,不能自主。皇帝经常跟亲近的侍从说:"自古以来,君主没有办法同时立两个皇后,如果有的话,我就立昭仪也当皇后。"赵飞燕知道了,为了重新获得宠爱,就也准备好洗澡水来请皇帝。皇帝来到飞燕皇后宫中,进入浴池,皇后就光着身子,用手捧水去浇皇帝。可是她越亲热,皇帝就越不高兴,最后没有洗完就离开了。皇后哭着说:"皇上只爱昭仪一个人,我又有什么办法呢?"

飞燕过生日,昭仪去祝贺,皇帝也一同去。喝酒喝到大家都有几分醉意,飞燕想感动皇帝,故意哭了起来。皇帝问:"别人都正高兴,你怎么悲伤起来?难道你还有什么不满足吗?"飞燕说:"过去我在阳阿主的府里,皇上御驾他家,我站在阳阿主身后,皇上当时目不转睛地看了我很久。阳阿主知道皇上的心思,就派我侍奉皇上,我有幸能枕席伺候,下身的不洁曾经弄脏了你的衣裳,想替你洗掉,你说:'留着做个纪念吧。'没过多久,我就进了后宫。当时你的齿痕如今依然遗留在我的脖子上。今天想起来,不觉感叹流泪。"皇帝听了,也有点怀旧感伤、怜惜飞燕的心思,望着皇后叹了口气。昭仪知道皇帝想留在飞燕宫中,就故意先告辞离去。皇帝一直到傍晚才离开东宫。

飞燕因为皇帝又跟她同房一次,就想了一个计谋,三个月后就谎称有了身孕,写了一封奏书给皇帝说:"几个月来,臣妾感到子宫充实,月经也停了,不过胃口很好。我知道体内有了皇上的骨血,已经怀了龙种。虹初贯日,这是祥瑞的征兆。我希望能生个龙子,抱着他接受你的教诲。谨此向您报告。"当时皇帝正在昭仪那里,看到皇后的报告,很开心,就回信给皇后说:"子孙的嗣续在国家大事中最为重要。你才刚刚怀孕,要注意保养。有什么要求,不用再写奏书,口头告诉宫女来禀报就可以了。"皇后怀孕的消息一传出,西宫昭仪和中宫太后派来问候的人接踵而至、络绎不绝。

飞燕担心皇帝来时发现她伪装怀孕的事情,就和太监王盛商讨,想办法掩饰自己。王盛对皇后说:"不如就推说,怀孕的人没有办法再亲近男人,亲近男人就会有接触,接触之后就有可能流产。"飞燕就派王盛把这些话上奏皇帝,皇帝果然就不再来见飞燕,只派人来问安。

快到要生产的日子,皇帝下令准备为婴儿洗澡的仪式,飞燕把王盛找来,对王盛说:"你原是个普通的太监,我提拔你们父子都得到富贵。我是为了大家的长远利益考虑,才假装自己怀孕了。现在已经到了要生产的日子,你能替我想个什么办法吗?事情若能成功,你子孙都能得到很大的好处。"王盛说:"我替你弄一个刚出生的民间小孩,带到宫中来做你的儿子。"飞燕同意了。王盛就在都城外花一百两黄金买了个刚生几天的孩子,裹在一个包裹里,带进宫来见皇后。等到打开看时,孩子却死了。飞燕吓了一跳,说:"孩子都已经死了,还有什么用呢?"王盛就要再去找一个,这次要在包裹上挖些洞,让空气流通,小孩就不会死了。王盛就又找了个小孩,想把他带进皇宫,但一靠近皇宫的大门,这小孩就哭得特别厉害,王盛怕别人听见,就不敢进门。过了一会儿,又带着小孩走近宫门,小孩又哭,最后王盛还是没有办法把小孩带进宫。飞燕哭着说:"这怎么办呢?"这时,距离报称怀孕已经十二个月了,皇帝心里觉得很奇怪。不过有人上奏说:"尧的母亲过了十四个月才生尧,皇后所怀的一定是圣人。"飞燕再想不出什么办法,只好派人上奏皇帝说:"过去我怀有龙种,可惜小皇子没有活着生下来。"皇帝听了,也只能叹息惋惜而已。

昭仪知道自己的皇后姐姐在撒谎,就派人告诫姐姐说:"小皇子没生下来,难道是时间未到吗?三岁小孩都骗不了,何况皇帝呢?一旦事情被揭穿,我不知道姐姐会怎么死呢!"

这时,后宫掌茶的宫女朱氏生了个儿子,宦官李守光来报告皇帝。皇帝和昭仪正在吃饭,昭仪生气地对皇帝说:"那一天皇上对我说是从中宫太后那边来,没有接近任何宫女。现在朱氏生的孩子,又是怎么来的呢?"气得扑倒在地上号啕大哭。皇帝赶忙扶起昭仪劝说。昭仪叫来宦官蔡规,对他说:"快把孩子抱来!"蔡规抱来孩子,昭仪竟对他说:"给我杀掉!"蔡规顾虑着,有些迟疑,昭仪怒骂:"我花了很多钱养你,是准备干什么的?你不听我的,就连你一起杀掉。"蔡规就把小孩在宫殿柱子的石基上撞死,扔到井里去了。后来凡是宫女有怀孕的,都被杀死。

皇帝逐渐变得步履蹒跚,精神疲惫,没有办法勃起。有一个道士献上一种大丹丸,这种丹丸要在火里炼一百天才能炼成。用大瓮装满水,把丹放在水里,水马上就沸腾了。然后要把水倒掉,重新换上新水,再放入丹,让水沸腾。这样连续做十天,水不再沸腾之后,药才能服用。皇帝每天吃一颗,就可以和昭仪行房事。有一天晚上,皇帝在太庆殿,昭仪喝醉了酒,一下子喂皇帝吃了十粒这种大丹。前半夜,皇帝在红色的帷帐中拥抱着昭仪,吃吃笑个不停。到半夜时分,皇帝昏昏沉沉的,一会儿躺着,一会儿趴下。昭仪急忙起来,点亮蜡烛一看,只见皇帝的精液像水一样不断流出来,流个不停,不一会儿皇帝就死了。太后马上派人审问昭仪,并且追问皇帝得病的起因,昭仪竟吓得上吊了。

飞燕皇后住在东宫,有一天晚上睡觉在梦里吓得哭了很久,宫女来探视她才醒过来,对宫女说:"我刚才在梦中见到皇帝了,皇帝从云端里赐给我座位。他派人为我端茶,但他手下有人上奏,说自己从前侍奉皇帝时不规矩,没有资格喝茶。心里就很不高兴。飞燕问皇帝昭仪在哪里,皇帝说因为昭仪好几次杀死他的龙子,现在已被罚变成巨鼋,住在北海的阴水洞里,受千年冰寒之苦。所以我才大哭。"

后来听说北边的大月氏王在海上打猎,看到一只巨鼋爬到洞穴外面,头上还插着玉钗,仰望水面,好像对人间还有依恋。大月氏王派使者到中原问梁武帝,梁武帝就把昭仪的事情告诉了他。

以上是《赵飞燕别传》中的故事。《赵飞燕别传》借鉴了不少《赵飞燕外传》中的情节,但不如《外传》中赵合德的故事比重大,而是把重心放在赵飞燕身上。为了避免与《外传》内容上过多的重复,《别传》省略了赵飞燕入宫前的身世经历和与射鸟者的私情。

秦醇充分发挥了自己的想象而进行了虚构,主要的不同大致有四点:其一,详细描述了赵飞燕的一次偷情,且被皇帝发觉,并引起了严重的后果。其二,描写昭仪入浴变得更加形象生动,说"兰汤滟滟,昭仪坐其中,若三尺寒泉浸明玉",非常形象鲜明,暗暗借鉴了《长恨歌传》中描写杨贵妃在华清池入浴的细节"清澜三尺中洗明玉,莲开水上"。其三,增加了赵飞燕假怀孕骗皇帝事件。其四,增加了赵飞燕梦见成帝说昭仪变为巨鼋受千岁水寒之苦的结尾。

学者李剑国指出,秦醇是怀着猎艳的心理来写赵飞燕的宫闱故事的,因此情色成为秦醇改编赵飞燕故事的兴奋点。最艳情的地方当然属成帝偷看昭仪入浴和皇帝服用壮阳丹药。偷看昭仪入浴增加了大量的视觉性的描绘,而壮阳丹药则详细介绍了大丹的服用方法。经过这样的改写,赵氏姐妹的形象更加淫荡、愚蠢。

不管怎么说,小说家编出故事,再次强暴了赵飞燕与赵合德。

5.《昭阳趣史》:小说家淫心无已

明代色情小说发达,出现了题为古杭艳艳生编的《昭阳趣史》。小说共四卷。赵飞燕前生是海外青邱山的一个燕子精,已修行五百余年,赵合德前生为松果山九尾野狐精,修行已达千余年,但都还没有修成正果。为增进功力,减少修练时间,野狐精化为美女,想骗取男子元阳,而燕子精则变成男子,想采阴补阳。二人一见面,两厢情愿,一拍即合,开始交媾时,燕子精道行不敌野狐精,被吸去真阳。燕子精回去非常气愤,就纠集一帮同伙找野狐精报仇。两下开战,打得昏天黑地。正酣战之际,北极佑圣真君经过,收服了二妖,交给玉帝发落。玉帝就罚二妖到凡间投胎转世,变成了姑苏主与冯万金的私生女,分别取名叫宜主、合德。二人长到十五岁,都有绝佳的容貌。冯万金死后,姐妹俩移居长安,生活没有着落,射鸟者帮助她们,她们就和射鸟者苟合。为躲避外人欺侮，两人经人荐入赵临府，被赵临收为义女。汉成帝驾临赵府，非常喜欢飞燕的舞姿，带回宫中倍加宠爱，不久就立为皇后。赵合德随即也进入宫中，汉成帝从她身上得到了更大的满足。飞燕被冷落之后寂寞难耐，就暗地召射鸟者进宫重续旧欢，又和侍郎官奴燕赤凤私通，并选了很多美少年满足其情欲，供其淫乐。汉成帝和合德恣意纵淫，误食了过量春药脱阳而死。群臣哗然，太后下令清查，合德畏罪呕血而亡。赵飞燕先被冷落，后被贬为庶人，不堪忍受自缢而死。飞燕、合德的魂魄重新上天，玉帝谴责二人在凡间淫乱，就要下令罚合德变为巨鼋，到北海阴水间受千载冰寒之苦，罚飞燕为猛虎，在冷清山受千载饥饿之苦。二人惊惶万状，赶忙找如意真人求救。原来，汉成帝乃是如意真人下凡。如意真人想到旧日云雨恩情，就向玉帝求情。玉帝改罚二人在如意真人那里受戒三百年，朝夕修心炼性，以求得正果。

《昭阳趣史》拼凑了《汉书》、《赵飞燕外传》、《赵飞燕别传》等的情节，而演绎成了一段所谓的"旷古奇闻、千秋趣事"。因为是情色小说，书中极力展示赵飞燕、赵合德姐妹的淫荡，对各种性行为描述非常细致，非常夸张，赤裸裸极尽情色之能事。到清代以后，这部小说成为禁毁之书。

因为是色情小说，而赵飞燕、赵合德又是女主角，典型的潘金莲式的角色，作为祸水更是不可避免的了。

6. 从古到今"祸水"不息

以上我们讲述了赵飞燕、赵合德故事的原本情况与后来的发展变化，可以看出，在历史的某个时间内存在的赵飞燕真正发生过什么事情，现在已经没人知道了。赵飞燕、赵合德从古至今从头到尾都是祸水。就连正史如《汉书》也不能尽信。

赵飞燕的事迹在《汉书》的《外戚传》中，而《外戚传》是写"女宠之兴，由至微而体尊，穷富贵而不以功，此固道家所畏，祸福之宗也"。警惕外戚中的女人作为皇朝的祸水而存在。《汉书》的作者班固详细记载了赵飞燕由贫贱而变富贵之后专宠后宫的历史，虽然班固觉得自己是实录，但被郑樵讥讽为"浮华之士也"，因为他从出身、血统、社会等级等方面详细描述赵飞燕的事迹，如自己亲历一般。可以肯定的是，很多事情都是经过他加工的了。

而《赵飞燕外传》塑造了一个淫荡、喜欢妒忌的赵飞燕形象，还借淖夫人之口骂赵氏姐妹为祸水。北宋的司马光在写他的《资治通鉴》时，竟然引用了这篇虚构的小说中淖方成骂赵飞燕姐妹"此祸水也，灭火必矣"的话进入历史的编写。《通鉴》把这些采进历史，直接宣称了赵氏姐妹为红颜祸水。

此后的《赵飞燕别传》、《昭阳趣史》与前边的故事虽然重点有不同的侧重，但思路却是一脉相承：从古到今、从头到尾，赵飞燕、赵合德就是祸水。

读完赵氏姐妹的故事，只能让人有一个感慨：美女，被认为是红颜祸水，历史对她们的随意涂写、随意污蔑是最重要的原因。历史中提供的漏洞与空隙，又让后世小说家有很大的发挥空间，进一步施暴于美女，使她们成为背上千古骂名的红颜祸水。

但是从另一个角度来看，"红颜祸水"的谎言在不断生产，到晚明时期具有新的特点，曲折反映了随着社会经济变化而出现男女性别关系的新动向。像《昭阳趣史》属于"春宫文学"，热衷表现床上男女性爱的细节，充斥着猥亵不堪的描写，被认为缺乏思想和艺术价值而不登大雅之堂。其实从社会学角度来看，这类小说公然暴露男女私处，从生理方面凸显了男女性别的不同，与晚明时期重视"自然"、强调感性的思想潮流是相通的。女人的情欲被表现得更为强烈，房事总占上风,男人不能自拔,又深怀恐惧,这就造成了弥漫在文学作品中"阴盛阳衰"的现象,与妇女在家庭和社会中的作用越来越重要是相一致的。在晚明尤其在长江中下游一带,人口及地区经济的重要性都快速增长,但为朝廷所限定的科举名额并不跟上,这就加剧了仕途的压力。男人既要进取功名也要做生意,而经济领域中的竞争愈益激烈,男性在精神肉体上都不堪负荷,出现男性危机,与此相对,女性担负起更多的社会责任,尤其家庭中扮演的角色越来越重要。

如《金瓶梅词话》中西门庆那样的暴发户家庭,缺乏传统的道德约束,因此会出现像潘金莲那样的角色。两人在床笫方寸之间争胜斗强,最后西门庆被"虎女"置于死地,仿佛象征了男女权利关系的缩影。小说着力表现潘金莲强烈的控制欲,在宋惠莲和李瓶儿之死的事件中,把她刻画成凶手,描写她如何凭藉偷听和窥视的本能,力图把西门府中上上下下置于她的掌控之中。这部小说虚构了一个"红颜祸水"的典型,却充分发掘了一个普通女子"恶"的潜能,为男性敲响警钟。

《金瓶梅词话》之后,"世情小说"在清代蔚为大观,大多在家庭背景中展示了女性的中心角色,虽然目的在于加强传统伦理价值,却塑造了各种女强人,千姿百态前所未有。如《醒世姻缘传》中的素姐和寄姐,都是畸形的泼妇形象,其虐待男主人公的种种手段令人哭笑不得。如《平山冷燕》则刻画了两对才子才女,而给人更深印象的是不让须眉的奇女子。在专制政治和科举仕途的重压下,男人对女人产生更多的要求,像《儿女英雄传》里的十三妹也是一种狂想的产物。对于像安公子来说,既有何玉凤可以安内,又有十三妹可以攘外,对他及其家族的利益是更为理想的。

中国帝制末期的男女关系的变化,虽然包含许多文学想象的成分,但对于我们理解"红颜祸水"的历史再现是有帮助的。

Ⅲ 被史臣魏徵陷害的张丽华

中国历史上的南北朝时期,南朝指宋、齐、梁、陈。张丽华是陈朝最后一个皇帝陈叔宝的妃子。张丽华历来也被看作是红颜祸水。然而,这个女人成为红颜祸水,很大程度上跟唐代著名的大臣魏徵有着密不可分的关系。可以说,张丽华的坏处,是魏徵添油加醋的叙述造成的,一个名臣用语言诋毁了一个弱女子,让她成为历史的罪人。魏徵的时代,距离张丽华被杀已经很久,魏徵是如何让一个死去的女人成为红颜祸水的呢?这还得从张丽华的故事说起。

1. 奢华的宫廷生活

陈叔宝的父皇子嗣很多,生了四十二个儿子,陈叔宝是长子,理所当然被立为皇太子。父皇死后,陈叔宝继位。陈叔宝觉得举世太平,也就没有什么进取心,开始荒淫起来,不是昼夜喝酒,就是到处渔猎美色。陈叔宝的正宫夫人沈皇后端庄安静且清心寡欲,陈叔宝很不惬意,就另纳了姓龚和姓孔的两个妃子。

龚氏有个婢女叫张丽华,原来是低级军官家的女儿,后来家道中落,父亲兄弟以织席为生,不得已把张丽华卖给了龚氏当侍女。张丽华跟着龚氏进宫时,只有十岁。龚、孔两人都有美色,陈叔宝很喜欢她俩。张丽华生得娇小玲珑,经常在陈叔宝、龚氏身边伺候,又很善于观察他们脸色,就很得陈叔宝的欢心。张丽华长到十二三岁,出落得娉娉袅娜,妖艳风流,陈叔宝就想把她弄上床尝尝新鲜。张丽华半推半就,又装作躲避又加以挑逗,把陈叔宝惹得魂魄颠倒。陈叔宝宠幸了张丽华,张丽华生下了一个儿子,取名叫深。张丽华使陈叔宝由爱生宠,视如珍宝。张丽华号称专房,就连龚、孔两人也落张丽华后尘。

　　陈叔宝正式登上皇位之后，册封张丽华为贵妃，封龚、孔为贵嫔，贵妃的位置与皇后只隔一级，贵嫔在贵妃之下。沈皇后本来性格恬淡，就把六宫的事宜都让给贵妃张丽华主持，自己挂个虚名，平常就读读书，诵诵佛经。张贵妃与沈皇后完全不同，她整天百端献媚，与陈叔宝朝夕相处，从不分离。陈叔宝卧病在床时，屏去诸姬，单独留下张贵妃伺候。

　　陈叔宝命人在光照殿前，添建起临春阁、结绮阁、望仙阁，每个都高达数十丈，每层都有几十间，窗户、悬槛等都用沉檀香木制成，配上金玉和珠翠，挂上珠帘，房内设有豪华的宝床，这一切瑰奇珍丽，光怪陆离。微风吹过，香味能飘散到好几里之外。楼阁之下积上假山，开凿了水池，种上奇花异草。陈叔宝自己住在临春阁，张贵妃住在结绮阁，龚、孔二位贵嫔住在望仙阁。三个阁子有走道相通，来往十分方便。

　　陈叔宝喜欢诗词歌赋。陈朝的仆射江总，虽然为宰辅，但并不管理政务，经常与都管尚书孔范、散骑常侍王瑳等十多个人入阁侍宴，称为"狎客"。宫人袁大舍等人，既通翰墨，也能写作诗歌，陈叔宝命她为"女学士"。每一次宴会，妃嫔、女学士和诸多狎客，分别坐在两旁，举杯邀明月，对影吟唱，不亦乐乎。彼此唱酬的无非是些靡靡动人的曼词艳语。陈叔宝又选了一千多名聪慧的女孩子入宫，让她们学习新的歌曲，按照歌来谱写新曲，分多声部合唱、重唱，花样多多。陈叔宝很精通词赋，就写了一些，最著名的歌曲有《玉树后庭花》、《临春乐》等名目。《玉树后庭花》中说：

　　　　丽宇芳林对高阁，新装艳质本倾城。映户凝娇乍不进，出帷含态笑相迎。妖姬脸似花含露，玉树流光照后庭。花开花落不长久，落红满地归寂中。

这首歌曲描述了嫔妃们在宫廷快乐的生活,漂亮娇媚的妖姬们与堪与玉树后庭花争芳斗艳相媲美,但最后一句突然跳出一句"花开花落不长久",带有一种伤逝的哀愁意味,人们都认为是不祥之兆。《临春乐》也是靡靡亡国之音。后代的诗词中都以"歌玉树"或"后庭花"作为亡国之音的借代。如唐代诗人杜牧夜泊秦淮,听到岸上的女子在唱《玉树后庭花》,写了一首诗《秦淮夜泊》:"烟笼寒水月笼沙,夜泊秦淮近酒家。商女不知亡国恨,隔江犹唱后庭花。"

张贵妃的头发长七尺,非常黑亮,脸若朝霞一样绚烂,皮肤如雪一般洁白细腻,目似秋水,眉比远山,偶然一瞥眼,光彩四溢。每次张贵妃站在楼阁上靓妆打扮、亭亭玉立地凭轩远眺的时候,飘飘然像蓬莱仙岛的仙女下临尘世。张贵妃天资聪颖,记性非常好。陈叔宝荒耽酒色,经常不上朝,所有百官的奏折,统统由宦官蔡脱儿、李喜度传递进来。陈叔宝将贵妃抱坐在膝头上,共同看奏章。张贵妃看到的奏章,逐条都能记住。李、蔡两个人不能记起来的,贵妃都一条一条地复述,无一遗漏。这种过目不忘的能力让陈叔宝很赞叹,因此也很相信张贵妃,陈后主每有决策,总要征求她的意见。张贵妃把内侍笼络得很好,无论是太监还是宫女,都盛称贵妃的品德贤惠,张贵妃芳名鹊起,更加让陈叔宝高兴。

美人的温柔无边无际,但是欢乐的日子却总是短暂,特别是在乱世的南北朝。

2. 骄侈无知的陈后主

陈叔宝不仅荒淫无度,而且还骄侈自大,挑衅强邻。当时隋朝在北方已经建立起来。隋朝国君杨坚写给陈叔宝的国书中自称自己姓名,最后写着"顿首"等等。陈叔宝觉得杨坚是害怕自己,回答国书时用了很多口气狂妄的词语。隋主杨坚一看回信非常愤怒,把国书在朝廷上出示给诸位大臣看。大臣一致同意讨伐陈国。隋主杨坚因为刚建好新都城,并且因为北方突厥为患,还不能留意南方,就暂时没有打陈国。

不久杨坚打败了突厥,平定了西北,就开始规划进攻东南,正好梁国挑衅,杨坚就顺势灭了梁,接着开始准备进攻陈国。

隋主杨坚问大臣高颎有何计策,高颎说:"江北的地寒,我们收成较晚,而江南的水田早熟,我们乘陈国收获的时候,派人鼓吹要征兵偷袭陈国,陈国必定会屯兵防御,这样会耽误他们的农时。等他们聚兵起来,我们就解甲,宣称不进攻了。这样反复多次,陈国必定会认为我们是虚张声势,不足为虑。此时我们挥师渡江,直指建康,他们已经疲惫而我军正兴奋,一定可以取胜。并且江南的土薄,到处种有很多茅竹,他们所有的粮食储积,都不是存放在地窖中。我们派人秘密纵火,烧毁他们的粮食,他们的军备松弛,粮食被我们毁掉,一定会被我们所灭。"隋主杨坚连连称赞这个计策好。按照这个方法,陈国果然受骗,这样一来二去陈国军队相当疲惫不堪。

陈叔宝这时却深居高阁,整天花天酒地,对外边的事情不闻不问。中书舍人傅縡进宫直谏结果被他杀了,江总、孔范等人阿谀奉承反而加官进禄。又有人上报朝廷说天降甘露,生出很多灵芝,拿来进贡给皇上,陈叔宝非常高兴。国内发生了地震,媚臣的臣子说这是阳气振动万汇昭苏的吉兆。太子胤在太学中学习《孝经》,想身体力行,就经常派人入宫向母后沈皇后问安问暖。母后就回谕安慰东宫太子胤。张贵妃密谋夺嫡,就秘密串通孔贵嫔,逸构皇后和太子,说他们秘密来往,恐怕是有异心图谋。结果太子无辜被废,降为吴兴王。而张贵妃自己生的儿子深,被立为太子。

这时候出现很多稀奇古怪的事情:郢州的水突然变黑;淮河暴涨,有大群老鼠集体渡过淮河入长江,被淹死无数;蔓草久塞的临平湖突然无缘无故地草死波流。朝野都很惊讶这些奇事,到处哗传。陈叔宝听说了心里也很惊异,就说自己愿意卖身到佛寺,甘愿为奴,让佛祖保佑。张贵妃本来也信佛,就蛊惑陈叔宝在宫中开设祭祀祈福禳灾。陈叔宝敕建大皇寺,在其中造七级浮屠,工程尚未竣工,竟被大火焚毁,无数百姓的血汗钱就这样被大肆挥霍。大市令章华上书极谏,陈叔宝大怒,令人将其立即斩首。

陈国朝廷听说隋国将大举进攻,就派常侍许善心去到隋国修和。隋主杨坚就把许善心留在客馆内,不让他回去。杨坚令韩擒虎等将领受晋王杨广节度,授左仆射高颎为晋王元帅府的长史,右仆射王韶为司马,二人参与决议军事,大军进发。

陈叔宝赶紧朝会群臣,结果朝廷中大雾弥漫,殿中都变得像黑天一样,陈叔宝不觉得奇怪。退朝以后,张贵妃就请陈叔宝开筵欢饮,喝得烂醉如泥,一直睡到黄昏才醒过来。外边来报:长江天险大多已失守了!陈叔宝才惊慌起来,马上召公卿入宫讨论军情,命令将士招募兵士,连僧尼道士都要服兵役。

这样临时抱佛脚,恐怕已经来不及了。陈国正调兵遣将陆续出发,隋国那边已乘风破浪前来。韩擒虎从北道进兵,势如破竹,如入无人之境。陈国不少将领很害怕,相继投降。陈叔宝向来只顾着淫逸,不懂军事,现在燃眉之急才觉得应该早担忧这些事情,自己束手无策,昼夜哭个不停。

大将萧摩诃多次请求出战,陈叔宝一直很犹豫。这时又踌躇了一夜,忽然出殿说:"两军已经相持很久,还未分出胜负,朕已经厌烦得很,可令萧郎出战。"答应让萧摩诃带上最后的精锐兵力出战。萧摩诃说:"出兵打仗,无非是为国为身,今日出战,请皇上照顾好我的妻子。"陈叔宝很兴奋,说:"你能为我退敌,我愿与你的家人共同休戚。"萧摩诃拜谢后整顿兵士,让自己的妻子入宫候命,自己前去迎敌。原来这个萧摩诃的前妻早已经死了,娶了一个继室,是个绝妙佳人,貌可倾城。萧摩诃妻艳妆入宫,拜见陈叔宝。陈叔宝一看见这样的美色不由心动,把国家大事早置于脑后,令宫人设宴相待,与萧摩诃之妻调情纵乐。晚上陈叔宝就留她在宫中。萧摩诃之妻被陈叔宝引上龙床,勉承雨露。

萧摩诃配合部队正准备发兵两边夹攻隋军,忽然听到家报传到,说自己的妻子被宫中留住,和皇上在一起已经有好几天,就知道事情是怎么样了,心里暗暗咒骂这个昏君。本来萧摩诃已经与其他部队形成两边夹攻之势,这时却观望不前,很快就战败被俘了。

这陈叔宝真是色欲熏心,前线大将军的夫人都敢这样对待,破国身死是不可避免了的。

3. 胭脂井中的风流

隋军攻向都城,陈国朝廷之中的文武百官都一哄而散。只有尚书仆射袁宪留在殿中。陈叔宝看到殿中空空荡荡,不禁感叹,哭着说:"我向来待卿都比不上对其他人,如今只有你一个人留在这里,我不胜追愧。现在江东气数已经垂尽了。"说完就匆匆进入内宫,想找地方躲避。袁宪脸色严肃地说:"北兵打入我都城,按理不会侵犯宫殿,事已至此,陛下想去做什么?不如正衣冠,御正殿,陛下堂堂一国之君,敌军不会怎么样的。陛下应该学习梁武帝见侯景的故事。"原来当年侯景攻下台城,攻入宫中去找梁武帝,面对着八十多岁的梁武帝,犹觉天威难犯,背上冷汗涔涔而下,惊惶不已。但是陈叔宝不等他说完,就摇头说:"兵锋我怎么能轻易相试?我自有计策。"说完立即跑了。

这时国都已经没有守兵了,隋军轻易进入。隋将韩擒虎到了殿中,令部将搜寻陈叔宝,将士们把内宫翻了个底朝天,就是找不到。

只剩下后园中的景阳井了,士兵们看到井边有绳子系着,好像下边有人,就趴到井口往下看,什么也看不到。士兵们大呼小叫,但井中没有一点声音,有人建议用大石头投入井中,这时井中忽然传来讨饶的声音。隋军就放下绳子,让下边的人上来。隋军拉起绳子感觉很重,好几个人一起将绳子提起,才看到原来不是一个人,而是一男二女。这男子就是陈叔宝,两个女的一个是张贵妃,一个是孔贵嫔。快要拉出井的时候,张丽华嘴上的胭脂擦在了井口壁上,霎时这口井竟然像有了灵魂一样,如此地吸引人。后人称这口井叫"胭脂井"。隋军一看是陈叔宝很高兴,就送到韩擒虎那里,等着听候发落。

太子深这时才十五岁,在宫中静静坐着,等隋军涌入东宫,从容地问兵士:"将士们在戎旅,很辛苦吧?"隋军看他脸色自若,就向他致敬,不敢侵犯。

隋将若弼听说韩擒虎已经找到了陈叔宝,就呼令陈叔宝相见。陈叔宝惶惧异常,向若弼拜了两拜。其实,陈叔宝作为一国之君,根本不用向隋国的臣子拜,更不用拜两拜了。若弼跟他说:"小国的君主,也只当是大国的上卿,你拜我也算得上是常礼吧。等入朝后,隋主会封你为归命侯,你何必这么害怕呢?"

这时高颎到建康,料理善后事宜。晋王杨广让高颎的儿子来传述杨广的命令,让高颎留着张丽华。高颎勃然大怒,说:"以前姜太公灭纣,就让人蒙面斩了妲己,这样的妖妃,岂能留得?"说着就令兵士带张贵妃出来,一刀斩首。

晋王杨广随后就到,要来找张丽华,途中就听说了张丽华已经被斩,禁不住有些愤懑,不由说:"我以后一定会回报高公的。"言语之间仍恨恨不已。后来杨广做了隋朝的皇帝,即隋炀帝,隋炀帝在位的时候,高颎被杀。这是后话,暂且不提。

《烟花记》中记载,张丽华所住的结绮阁别名"桂宫",陈叔宝让张丽华驯养了一只白兔,张丽华穿着素淡的衣服,梳着凌云髻,插上白通草,脚上穿上玉华飞头履,在桂宫中独步,远远望去,犹如月宫嫦娥一般。陈叔宝每次宴乐,都称张丽华为张嫦娥。张丽华美如月宫中的"嫦娥仙子"。但自此,国破家亡,"桂宫"被隋军占领,美丽的一代红颜却不能如"嫦娥仙子"一样永世逍遥于月宫之中,只落得香销玉殒的下场。

4. 张丽华被何人所杀?

张丽华被视为红颜祸水,正史《隋书》中就记载高颎以"武王灭殷,戮妲己"为理由斩杀了张丽华。蔡东藩的《南北史演义》也说:"张丽华为江南尤物,与邺下之冯小怜相似,小怜亡齐,丽华亡陈,乃知尤物之贻祸国家,无古今中外一也。"蔡东藩认为张丽华是江南尤物,与冯小怜一样,冯小怜让齐国灭亡,张丽华让陈国灭亡,尤物贻祸国家,所以是红颜祸水。《南北史演义》中借高颎之口,把张丽华比作妲己,说她跟妲己一样是"妖妃",因此必须被杀掉。

然而,张丽华到底是谁下令杀的呢?学者韩隆福指出,张丽华之死在史料中的记载多有出入,说法不一,因此有必要探讨一番。

《隋书·高颎传》中提到,隋军攻下建康后,晋王想纳陈主的宠妃张丽华,隋军率先进城的高颎说:"武王灭殷,戮妲己,今平陈国,不宜娶丽华,乃命斩之。"高颎借鉴周武王灭殷商后戮杀妲己的历史教训,斩了张丽华。所以,按《隋书》的这个说法,张丽华是被高颎下令杀死的,还导致了杨广不高兴。

与《隋书》的记载不同,同样是唐初修订的《陈书》和《南史》却明确记载,下令杀张丽华的是杨广而不是高颎。《陈书》说:"晋王广命斩贵妃,榜于青溪中桥。"《南史》也说:"晋王广命斩之于青溪。"张丽华都是被斩于青溪,但下令之人不同。

同样是《隋书》,《隋书·五行志》与《隋书·高颎传》的说法不同。《隋书·五行志》是后来修订过的,显然《五行志》的撰写者已经发现了《隋书·高颎传》与《陈书》和《南史》的记载有矛盾,为了使同一部历史著作不自相抵牾,就写成是"隋师执张贵妃而戮之",这样问题就被巧妙地避开了,因为说是"隋师",可以是高颎下的命令,也可以是杨广下的命令。

北宋的司马光编修的《资治通鉴》,采用了《隋书·高颎传》的说法,说高颎违抗杨广命令斩杀了张丽华而使杨广由此生恨,继承了贬低杨广的说法。南宋郑樵撰写的《通志》则采用了《南史》、《陈书》的说法,认为是晋王杨广下令斩杀的张丽华。

5. 哪种说法更可靠?

历史中出现了这两种不同的说法,哪种更可靠一点呢?这要从《隋书》的编写说起。

唐代初年皇帝和大臣们都很重视史学的功能,力图通过对隋炀帝杨广的否定,以证明李唐江山的合法性。所以在历史材料的取舍上就有很强的政治化倾向。试想一下,如果不是杨广荒淫好色,隋朝又怎么会很快灭亡呢?如果隋朝不是这样迅速灭亡,又怎么会有大唐的江山社稷呢?如果不是天意要灭杨广,李世民又怎么能顺应天意君临天下?

据韩隆福的研究,杨广被杨坚派去做元帅,带领五十一万大军灭掉陈国的时候,仅仅二十岁。这是一个风华正茂、前程似锦的年龄,当时的他还并没有被立为皇太子,不是预备的皇帝,因此他正在韬光养晦、积蓄实力。杨广明白杨坚不准儿子们奢侈贪色,因此他怎么可能想私自留下陈朝著名的美人张丽华纳为妃子呢?如果他这样做了,根本不可能掩人耳目,那他的军功、他的多年隐忍岂不是付诸东流？杨广这么一个野心勃勃的人会因小失大吗？当然不太可能。杨广也不是这样的人，如果他是的话，杨坚不会对他委以灭陈的重任。因此，说杨广下令高颎留下张丽华，纯粹是唐朝的历史学家为了贬低隋炀帝杨广而泼上的脏水。

至于说到高颎因为抗令而斩了张丽华，因此导致杨广忌恨，后来借故报复杀了高颎，这又是张冠李戴。隋文帝杨坚的时候，高颎因遭受谗言被削官为民。杨广如果想除掉高颎，肯定没有人关心，更没有人会在乎。但事实是，杨广做上了皇帝之后，很快把高颎找回来重新启用，拜为太常。后来，高颎因为反对隋炀帝杨广的少数民族政策，批评朝廷混乱没有纲纪，结果以诽谤朝政的罪名被杀。这时候与杀张丽华的事情已经相隔了十八年！若杨广因为得不到张丽华而想报复他，也不会等了十八年才动手。

所以说，是高颎下的令杀了张丽华，这个应该是历史事实。高颎把红颜当作误国的祸水，这和他一贯的态度有关。隋文帝时，高颎的妻子死了，隋文帝就劝他再娶一个，高颖痛哭流涕地谢绝了，说："臣如今已经来了，退朝之后，也就在书斋中读读佛经罢了。"高颖在对待女人的态度上显然是严肃的正统保守思想。

唐初编撰的《隋书》，在写《高颎传》时，故意增加了情节，说杨广传令让高颎留下张丽华，显然是为了整体上的需要，把隋炀帝描述成一个重色的人，最后导致了隋朝的灭亡。唐代要以隋为鉴，历史又是受一帮史家所操控，自然可以增加细节，可以褒贬人物。

而司马光主持编修的《资治通鉴》本来就是为了给宋代的皇帝提供王朝治理的历史借鉴，所以才叫"资治通鉴"。因而《资治通鉴》中不用《南史》和《陈书》中的杨广下令将张丽华杀了，而沿用的《隋书》的说法，君王不能沉迷美色，这正好是帝王应该吸取的教训，正好是历史的镜子，可以借鉴。

可见,历史在某种程度上是没有那么确切的,撰写历史的史家在写作的过程中因为某种需要、或者某种个人的见解,对于相同的人物的描述,对于人物所做的判断、所给予的评价可能完全不同。

既然史书中所写到的杨广想纳张丽华为妃,而派人传令让高颎留下张丽华,是一件子虚乌有的事情,这也让我们怀疑:把张丽华说成是红颜祸水,是否也是历史泼在她身上的污水?历史的讲述令人怀疑,把张丽华说成是祸水也就值得怀疑了。

6. 魏徵罗织史笔

《陈书》在列传中写到张丽华的正文只有一小段,说张贵妃丽华是兵家之女,家中贫穷,父亲和哥哥都以织席为生。陈后主还是太子的时候,选龚贵嫔为良娣,张丽华那时候才十岁,跟着入宫。陈后主看到了张丽华很喜欢,就宠幸了她,生下了太子深。陈后主即位后,将她封为贵妃。张丽华很聪慧,所以就很被宠爱。陈后主每次带张贵妃和宾客们游宴,张贵妃就推荐宫女们参加,所以后宫的人都觉得她的德行很好,都称赞她,因此张贵妃在后宫中备受推崇。张丽华喜好"厌魅之术",借着鬼神之类的东西迷惑陈后主,在宫中设置了"淫祀",聚集了很多巫师之类的人跳大神。张贵妃也积极参访外边的事情,外间有什么事情,张贵妃都必定先知道,然后才告诉陈后主。张贵妃的内外宗族,大多都被封官加爵。后来隋军攻陷台城,张贵妃和陈后主都躲到井中,隋军把他们拉了出来,晋王杨广命人斩了张贵妃,榜于青溪中桥。

史书中正式的记载只有这一小段,从这一小段中间,我们能看出,张贵妃算是一个很不错的女子:她聪明伶俐,还给皇帝生了儿子;她参加高级宴会,不忘了身边的姐姐妹妹们,带领其他宫女一起参加;陈后主荒于政事,她积极打探外边的事情,给陈后主出谋划策帮助这个无能的皇帝。直接能表明张丽华不好的情节只有一个,就是她喜好"厌魅之术",在宫中跳跳大神、搞搞封建迷信。至于她的内外宗族大多都被封官加爵,这是皇帝做的,算不上她的恶处。

然而,关于张丽华,《陈书》没有就此打住,还增加了一段关于她的事情。不过,这些事情是通过"史臣侍中郑国公魏徵",即唐代著名的谏臣魏徵,"考览记书,参详故老"之后说的:陈后主建起来临春、结绮、望仙三阁,极尽奢华之能事。陈后主游宴宾客,让贵人、女学士与狎客共赋新诗,互相赠答,制作了《玉树后庭花》、《临春乐》等曲。张贵妃头发长七尺,靓妆站在阁楼上,飘若神仙。张贵妃博闻强记,陈后主就让张贵妃坐在他腿上共同决断朝廷中的事情。后宫的人及其家人,有犯了法的,只要找贵妃来哀求,贵妃就劝说皇帝不去追究。张贵妃的势力变大,大臣执政的时候也听从张贵妃的意思"从风而靡"。这时宦官和奸佞之徒,内外勾结,赏罚没有尺度,朝纲就乱了。

可以看出,魏徵在这里增加了很多张丽华的恶事,其中包括:她坐在皇帝大腿上跟皇帝一起决策朝政;她经常替别人在皇帝那里求情;大臣执政听从张贵妃的意思;宦官和奸佞勾结导致朝纲混乱。不过我们仔细想想,皇帝看她的记忆力比较好让她坐在大腿上帮忙,她能拒绝吗?大臣趋炎附势听从她的话,宦官和奸佞勾结,和她有必然、直接的关系吗?如果说张丽华实在可恶,最多只能数她在皇帝那里替别人求情这一件事。魏徵增加的这些事情,最终都可以归结为一:张丽华与朝政有牵连。对于史官来说,女人参与朝政,这正是一位所谓的名臣所不能容忍的。因与朝政有关涉,张丽华自然就变成了红颜祸水。

并且,魏徵讲的这些故事不是史书中直接叙述的,而是转引的话,而魏徵又把鲜明的褒贬色彩加在张丽华身上,很多事情的可靠性就值得怀疑了。

7. 陷于历史文网的红颜

到了《南史》就跟《陈书》有所不同。《南史》是在《宋书》、《南齐书》、《梁书》、《陈书》的基础上改写的,关于张丽华基本采用了《陈书》的说法,并且把"魏徵考览记书,参详故老"去掉了,把魏徵所讲的那些故事变成了直接的正文叙述。

直接的正文叙述,就让所有的故事都成了张丽华的真实故事,确凿性增加了,正义性也跟着增加了。张丽华彻彻底底变成了红颜祸水。所以《南史》的"论曰"就讲,饮食男女,是人的自然欲望,所以就算是圣人也顺乎人情而有节度。后妃每天都对着君王,应该"配以德升",道德第一。那些美姬靓嫱,"进非色幸",不要凭着美色取得宠幸。就算君王专情宠爱,也要内心专贞,不能妖蛊君王,这样才能"辅兴君德,燮理阴政"。说了一大堆,无非就是说,张丽华都不符合这些美德,做的事情都不符合后宫的道德规范,红颜典型是祸水。

张丽华典型被历史害了,历史通过自己的叙述,加上转述魏徵的话,将她定位成一个红颜祸水的形象,后来的史书自然沿着这个角度对待张丽华。事实上,魏徵也承认陈朝的灭亡主要在于陈后主。魏徵说陈后主"生深宫之中,长妇人之手,既属邦国殄瘁,不知稼穑艰难。初惧贴危,屡有哀矜之诏,后稍安集,复溺淫佚之风"。从小在深宫之中,不知道天大地大,不知道百姓生活艰难,只知道奢侈淫荡。"宾礼诸公,惟寄情于文酒,昵近群小,皆委之以衡轴。谋谟所及,遂无骨鲠之臣,权要所在,莫非侵渔之吏。"只知道和诸位王公大臣饮酒作乐,写写诗、做做赋,眼前都是小人拍马屁,再没有耿直的大臣。这样政事、刑法就日渐紊乱,大臣们都尸位素餐,苟且偷生,最后灭国,被天下人耻笑。魏徵指明,陈后主这样的人就该灭国。但魏徵顺便拉上了张丽华,作为"史臣侍中郑国公",他有权力不管三七二十一就把张丽华涂抹成一个祸国殃民的女人。

这一涂抹就把张丽华盖棺定论了,清代的蔡东藩说陈后主"宠艳妃,嬖狎客,杀谏臣",有这样一条就可能亡国,何况陈后主占了三条呢?蔡东藩讲:"张贵妃且难免刀头之阸,红颜白骨,作孽难逃,观于此而世之为妃妾者,可以返矣;世之为人主者,亦可以戒矣。"张丽华最后被斩杀,红颜变为白骨,这是"作孽难逃",蔡东藩从道义上谴责了这位贵妃,并要为"而世之为妃妾者"树立一个教训,让大家不要这样了。而为人主的君王呢,"亦可以戒矣"。这也对应了唐代编写的这些正史的目的:把陈叔宝、张丽华写成这样的误国君王与红颜祸水,给堂堂大唐帝王提供一个触目惊心的反面形象。

Ⅳ 历史随意解释的李夫人

李夫人是汉武帝最爱的嫔妃,是著名乐师李延年的妹妹。李夫人的事迹记载在班固所著的《汉书》中。李夫人是个"绝世而独立,一顾倾人城,再顾倾人国"的美女,绝对是"红颜"。李夫人死时托付汉武帝照顾自己的兄弟和儿子,但结果兄弟或作乱后宫或投降匈奴,结果李氏全族被灭。李夫人又看似是"祸水"。但是,正史中的记载,并没有说李夫人是红颜祸水,后代的人也没有将李夫人演绎成这样一个祸水之人。不过,有人却从正史中看到了史官班固其实已经暗暗贬斥了她。我们正好从班固的贬低之中去观察历史如何塑造一个女人。

1. 原本没有祸水的故事

李夫人的故事很简单。本来因为唱歌才当上官的李延年,"性知音,善歌舞",汉武帝很喜欢他。李延年经常做"新声变曲",听了他写的、唱的歌的人都很感动。

一次他在武帝面前唱了一首歌:"北方有佳人,绝世而独立,一顾倾人城,再顾倾人国。宁不知倾城与倾国,佳人难再得!"武帝听完被迷倒了,叹息说:"真好!但是,世界上有这样的人吗?"武帝的姐姐平阳公主正好在场,就告诉武帝说李延年的妹妹就这样。

武帝就召见李延年的妹妹,一看不仅艳丽无比,而且"妙丽善舞",唱歌和跳舞都非常擅长。汉武帝宠幸了李夫人,李夫人之后生了个儿子,即昌邑哀王。

李夫人年纪不大就去世了,武帝既怜悯又思念,就在甘泉宫画了李夫人的像。武帝崩后,大将军霍光成全皇上雅意,把李夫人与武帝配享祭祀,追称为孝武皇后。

李夫人的生平就这么简单,李夫人的履历到这里也该结束。此时,李夫人这个漂亮的女人和祸水没有任何关系。但是故事讲到这里还远没完结。班固又追述往事,讲了几件小事。

其一,李夫人病重,武帝亲自去看她。李夫人把被子蒙上,辞谢说:"我病的时间很长,容貌毁坏,不可以见皇上。我只希望将儿子和兄弟托付给陛下关照。"武帝说:"夫人病这么重,恐怕难以医好了,你让我看一眼,看着我托付自己的儿子和兄弟,岂不是更好?"李夫人说:"妇人不修饰容貌,不能见君王和父亲。妾不敢这样就见皇上。"武帝说:"夫人只让我看一眼,我就加赐千金,并且给你兄弟加官。"李夫人说:"加官晋爵在于陛下,而不在看不看我一眼。"武帝又反复说很想看她,李夫人就叹着气脸朝向里边不再说话。武帝有点不高兴,就走了。

李夫人的姊妹责备她说:"你为什么独独不能让皇上看一眼,这样来托付儿子和兄弟呢?为什么这样'恨'皇上?"李夫人说:"之所以不想见皇帝的原因,就是因为想好好托付儿子和兄弟。我凭借着娇好的容貌,才以微贱的身份得到皇上的宠爱。凡以美色来侍奉人的,失去了美色,男人的爱就淡薄了,爱淡薄了恩义就断绝了。皇上之所以对我念念不忘,是因为我平生的容貌。现在如果看到我容貌毁坏,不是以前的样子,必定从心里害怕、讨厌而厌弃我,怎么还会想到以前的思念和爱悯而关照我的兄弟呢!"

李夫人死了,武帝以皇后的礼制厚葬李夫人。武帝任命李夫人的哥哥李广利为贰师将军,封海西侯,任命李延年为协律都尉。

其二,武帝思念李夫人不已,这时有个方士——齐人少翁,说能请到李夫人的神灵。于是夜里张起灯烛,设帷帐,陈列酒肉,让皇帝在别的帷帐坐着。武帝果然远远望见一个娇艳的女子,很像李夫人的样子,走进帷帐坐下,又起来走动。武帝却不能走过去进入去看,就愈加相思和悲伤,作了一首诗:"是邪,非邪?立而望之,偏何姗姗其来迟!"武帝令乐府诸位音乐家配上曲子唱。

其三,武帝写了一篇四百多字的赋:"美连娟以修嫭兮,命樔绝而不长,饰新宫以延贮兮,泯不归乎故乡。惨郁郁其芜秽兮,隐处幽而怀伤,释舆马于山椒兮,奄修夜之不阳……"以伤悼李夫人。

在李夫人传记的最后一句,班固交代其后李夫人的弟弟作奸犯科扰乱后宫,李夫人的哥哥李广利投降了匈奴,家族都被灭了。李夫人的兄弟都没有好的下场。

就像学者宇文所安所说的,作为一则人物传记,这是一篇十分独特的作品,因为它的大部分篇幅被期待、尾声、重重叠叠的后果所占据。李夫人的真正生平其实只有寥寥几行而已:献身,得宠,生子,死亡。但是,正是有了几件小事的追述,故事变得不一样了。追述不单使有关李夫人的事迹更加丰富和细节化,更让李夫人故事的本身产生了丰富的、模糊的东西。不过,说到底,故事中似乎没有什么李夫人直接导致的祸水事件。

2."祸水"解读之一:"不见"皇帝的心计

不过,学者宇文所安通过详细的解读,发现了班固对李夫人的贬斥。

宇文所安说,在《汉书·李夫人传》里,被延宕的视觉效果和各种各样的表演交织在一起。在众多场景的幕后,是谨守儒家道德的史官。班固罗织种种资料,期望做到"大义微言"。班固十分小心地控制笔下的文字,以求控制读者的理解和反映——而这正是他指责于李夫人的地方。李夫人本意想让皇帝照顾她的家人,但不让皇帝见她一面,故意放弃了她的家人,事实效果却是通过这种办法实现了她的目的。她表面上是以直言冒犯龙颜,这种冒犯会被看作是道德的典范,但是班固认为这举动别有心计,所以一定要揭破它,班固想告诉我们:这只不过是伪装。

儒家史官最基本的责任是"正名"。班固开头就说"孝武李夫人",称她为"夫人",虽然霍光已经追称李夫人为孝武皇后,但班固拒绝把她看作皇后。李夫人"本以倡进","倡"即歌伎,在道德上也相当可疑,而且暗示了卑微的出身。在"倡"与"孝武李夫人"之间,横亘着一道文化鸿沟,存在着隐隐的道德张力。

宇文所安提醒读者:难道班固不正像一个心怀恶意的进谗者吗?班固对于李夫人临死前一幕的记述,尤其是关于李夫人和她姊妹的对话那一段描写,除了宫廷流言,很难想象其资料来源。班固补写的李夫人姊妹之间的私人对话是多么有摧毁力!它暴露了李夫人潜藏的动机是:有意控制皇帝的情感,从而达到她个人的目的。这个故事讲述的结构本身就告诉读者,史官班固坚信李夫人最美的面庞背后其实掩藏着不可告人的秘密。

李夫人从未做过任何事情来邀宠,或试图巩固自己的地位,临死之前，她确实表示希望皇帝照顾她的儿子和兄弟，不过没有任何迹象表现她曾阴谋陷害其他嫔妃，或者企图立自己的儿子为太子。李夫人既没有功德，也没有恶行。所以史官班固不能指责她道德败坏，他想了一个办法，他要把幻象揭破给读者观看。

在班固的解剖中，李夫人只不过是一个被动的工具而已。班固为了揭露李夫人，说得好听些是在对后世人传播流言，说得难听一些，就完全是在编故事。

宇文所安说，在这篇传记作品中，班固成了君主欲望的解剖师。李夫人的哥哥李延年的"新声变曲"就不是所谓得性情之正的雅乐，然而武帝喜欢听。当君王分享普通人的情感的时候，朝纲就要开始紊乱了。

李延年的歌描摹了一个神话般的佳人，激起了武帝的欲望。"北方有佳人"来自《诗经》"哲夫成城，哲妇倾城"，汉武帝对于《诗经》典故及典故的道德意义置若罔闻。当皇帝不过是一个普通的音乐爱好者时，秩序与等级崩塌毁坏。

李夫人病重时，引被蒙面不肯见武帝。武帝三次恳求一见，被她三次拒绝，这时的武帝似乎失去了迫使她服从的权力。如果他利用帝王的权力强迫一见李夫人，那么，他就等于放弃了他所恋恋不舍的普通人的情感。李夫人深谙控制皇帝心理之道，只有凭借掩藏，她才能保持皇帝心目中她的"平生容貌"。

3. "祸水"解读之二：家族灭亡的讽刺

宇文所安做了个假设，假设在李夫人和皇帝的对答与她的葬礼之间，去掉她和姊妹的私语，而补上一段叙述皇帝如何被她临死前的言行德操所感动，就会取得完全不同的意义。但是，史官班固控制了意义，不容许读者这样来解读李夫人。

在招魂过程中，皇帝最大的欲望不是要触摸或者拥抱，而是要见李夫人一面。当初他不能强迫李夫人拉开蒙面的被子，如今他也不能破坏招魂术的规则而走进帐篷去看。从班固的角度看，少翁显然是一个骗子，利用皇帝的悲伤和轻信上演了一幕招魂闹剧，皇帝则完全忘记了君主应有的威严传统。

宇文所安认为，班固插入李夫人与姊妹的私语，令我们在读到武帝表示要照顾李夫人的儿子与兄弟时发出讽刺性的微笑：李夫人的计谋果然起作用了。但班固在传记的结尾，一句简练的"其后李延年弟季坐奸乱后宫，广利降匈奴，家族灭矣"突转，给批判带来了力量，从而证明了班固对李夫人所下判断的正确性。

班固为什么一定要揭破李夫人？宇文所安认为，如果在传统文化中，美女和朝臣之间的对等关系如此突出，那么也许会有交叉。入宫受宠的女子会被朝臣所嫉妒——被视为道德导师的史官所怨恨。在《李夫人传》里，班固显示出他作为一个道德家最尖锐也最有效的一面。班固和李夫人都对权力深感兴趣，都对臣下调控和操纵皇权的能力深感兴趣。对班固来说，李夫人代表了一个能够与儒士争宠的群体：外戚。外戚与儒士的不同之处在于，他们通过激起皇帝的欲望与维持其欲望来获得权力和改变身份、地位。

如此讲来，李夫人就是一个工于心计、利用皇帝达到某种目的人。而班固告诉我们，她的如意算盘打错了，她让皇帝给她的哥哥们加官晋爵，但最后都不得善终，甚至家族被灭。李夫人对于皇帝不算是祸水，但对于李氏的家族，绝对是祸水。

这样，李夫人就被解读成了一个红颜祸水。

4. 反"祸水"解读之一：音乐性与抒情性

宇文所安敏锐地抓住了这篇传记的文字所表现出的一个重要色

彩,即视觉性。在李夫人的传记中,新与旧的传统交织在一起:我们看到《楚辞》遗留下来的影子,它的神女飘逸迷人,无法亲近,难以捉摸;我们也看到倡——职业歌手——的世界,她以贩卖欲望的意象为生。

的确,视觉效果、表演和意象确实是这篇传记的显著特色。

但是,我们在重视"北方有佳人,绝世而独立,一顾倾人城,再顾倾人国。宁不知倾城与倾国,佳人难再得"这样的歌曲描述的视觉效果外,更应该重视此歌曲的本身——音乐性。毕竟,歌曲是唱的。

同样,皇帝看完少翁招魂之后的"是邪,非邪?立而望之,偏何姗姗其来迟!"也让乐府的音乐家配上曲子唱,这也是音乐性。

《李夫人传》在不长的篇幅里边用了两首诗歌和一篇辞赋。一篇小小的传记中,出现占分量这么大的部分,诗歌和辞赋很强的抒情性就体现在其中。这些都不能不让我们重视李夫人故事中明显的音乐性和浓郁的抒情成分。

《李夫人传》中强烈的音乐性和浓郁的抒情成分能不能让我们推测:班固是否只是记录了一个关于李夫人和皇帝浪漫的爱情故事呢?既然可以把汉武帝解释为因受李夫人刺激而滥情,为何不可以把此故事解释为一个爱情的故事呢?

班固要给所有重要的外戚们做传,这样才可能体现了史家的"实录"精神。但不是所有的外戚都有精彩的故事可言。所以在有的外戚的传中,要么简单几句就掠过,如孝景薄皇后的传;要么几乎没讲这位外戚本人,而是讲她周围的人怎么样,如孝武陈皇后的传,几乎都是讲皇帝对她的愤怒。现在,班固遇到了李夫人这个"有故事的人",能轻易放过吗?当然不能。李夫人什么故事最精彩?当然是皇帝对她的爱恋。她对皇帝爱恋吗?班固没有直接说出。不过,皇帝和妃子说到底还是人,对于普通的人而言,感情的付出应该是双方的,可以猜想,李夫人对皇帝也是有感情的。

爱情故事本来就是曲折起伏、多姿多彩、具有传奇性的,何况是发生在后宫这种不常有真情的地方的真情故事呢?班固找出了李夫人可以被记录的亮点,终于怀着同情记录了这个美丽女子的爱与维持自己的爱而进行的努力。

"孝武李夫人,本以倡进。"为何不称"皇后"而称"夫人"?因为李夫人在生前没有"皇后"的位置,而只有"夫人"的位置。这个"孝武皇后"的称号是大将军霍光弄出来的。班固做传,记录其他外戚都是根据生前的位置和称号,记录李夫人也不应该例外。何况"皇后"这个封号不是后来的帝王追加,而是大将军追加的呢。李夫人只能按生前的位置称"夫人",这大略是班固心目中做传的一个原则。"本以倡进",开头点出"倡"的身份,反而更能反衬其与皇帝的感情,地位低下的"倡"却与皇帝发生了这样深厚的爱意,难道不是一种值得称赞和记录的事情吗?这里的"倡"也流露出班固的同情之心。唐传奇《李娃传》模仿了这一开头——"汧国夫人李娃,长安之倡女也。"李娃虽然出身娼妓,其实作者最后肯定了李娃的所作所为。从这里,也可以看出班固对李夫人的肯定。

接着,班固该让李夫人出场了,但是,班固不直接写李夫人,而是先从李延年的歌声写起,这种写作手法在后世被屡屡用到——不见其人,先闻其声。不过,这里并不是李夫人的声,而是其兄李延年的声,本就是侧面描写,这里成了侧面的侧面。这样写的好处是,不仅让文本的内容和含义更丰富,更能勾起读者的想象,视觉的和听觉的。"北方有佳人,绝世而独立,一顾倾人城,再顾倾人国。宁不知倾城与倾国,佳人难再得!"让我们一下子想到"蒹葭苍苍,白露为霜。所谓伊人,在水一方"这样的诗。无疑,这是一首情诗。正是李延年唱出的情诗引发了武帝的感情。武帝还没见到李夫人时已产生了情,何况见到李夫人"妙丽善舞"呢?所以接着就用例证证明了武帝对李夫人的爱:李夫人早卒,皇帝画出她的画像挂在甘泉宫。大将军霍光可能也赞美这样的感情,武帝死后就让李夫人和武帝同享祭祀。

5. 反"祸水"解读之二:为何"不见"皇帝？

在传记的第一部分,除了简要记录李夫人生平外,就是描述皇帝对李夫人的爱,当然是通过正面的和侧面的描写。李夫人的事情的确不多,传记的第一部分简要几句就叙述完了。李夫人应该记载的是什么？当然是她对皇帝的爱恋,所以接着的部分,就补充了几件小事,补写李夫人对皇帝的爱情。到底怎么写？当然还要选取表现爱情的典型事件来写。班固就选取了最能代表李夫人对皇帝的爱的事件——因容貌损毁而"不见",以求在恋人心中留下永久的美好形象。

李夫人病重,皇帝去看她。她蒙着被子,说"形貌毁坏,不可以见帝"。这最先说出的不见皇帝的原因,恐怕是最直接、也最根本的原因。女人总喜欢在心爱的男人心目中留下最美好的形象,这是相爱的人之间自然而然会发生的事情。如果有人要反驳说,两个人相爱至深时就会不在乎对方容貌,或者病重时最在乎关怀而不在乎容貌,那只能说这种爱情,或许已经变为亲情,或许是不够浪漫,而班固要记录的却是值得书写的最"浪漫"的爱情!

李夫人在说"不可以见帝"后,就向皇帝托付自己的儿子和兄弟,临死托付是人之常情,没什么值得惊讶的。皇帝看李夫人不见他,就顺水推舟地说,只要见了我就可以托付子兄。皇帝提出了条件,李夫人能答应吗？当然不能！李夫人已经决心在皇帝心中留下自己曾经美好的面容了。皇帝既然这样没明白自己的用心,她就只能再找借口来推辞,于是拿出心思之外的东西——礼节——来推辞皇帝,李夫人说,不化妆见是无礼的,所以不见。李夫人其实在这里退了一步,当皇帝不能理解她不见的真正心思时,她只能拿外部制度的威严——礼节——来推辞。

既然提到外部制度，皇帝又想顺藤摸瓜，于是提出，只要见了就加赐千金，给她儿子兄弟加官。既然已经完全扯到外部制度方面了，李夫人可能就生气了，有些埋怨皇帝，于是只简短地说"尊官在帝，不在一见"，加官不加官那是你的事，和见我有什么关系！这明显是赌气的话，这种赌气的话一般和最亲近的人才会这样说。

此时，李夫人明白了皇帝可能真的不能明白自己的真实心思，所以"上复言欲必见之"，李夫人"遂转向歔欷而不复言"，叹着气不吭声了。于是皇帝"不悦而起"，其实，皇帝不悦，也正表明了皇帝对李夫人的眷爱。

6. 反"祸水"解读之三：私语的重新认识

接着就是宇文所安最在意的班固插入的李夫人姊妹的私语了。他认为班固补写李夫人姊妹之间的私语有致命的摧毁力，因为它暴露了李夫人的潜藏动机是有意控制皇帝的情感，从而达到她个人的目的。宇文所安认为，史官班固坚信后宫最美的面庞其实掩藏着不可告人的秘密。

但是，我们要注意，李夫人的姊妹是以什么口气和李夫人讲话的。"夫人姊妹让之曰"中的"让"，是一种责备。可以设想，当姊妹得知李夫人不见皇帝造成皇帝不悦后，肯定会埋怨李夫人，自然就会责备李夫人不考虑儿子兄弟。

按我们上面所分析的，此时，李夫人却是另一种想法：连自己的恋人都不理解自己不见的心思，别的人能理解吗？既然大家不明白，既然你们想让我托付皇帝关照儿子兄弟，那索性就给你们一种明白的解释好了。李夫人就说：不见正是为了兄弟。

我想李夫人肯定也是一个聪明伶俐的人，她很容易地为自己不见皇帝找到了外在的、"求仁得仁"的理由。李夫人肯定心想：我这样说，大家都满意了吧？

拒绝告诉别人自己真正的目的，是因为根本没有人理解自己不见皇帝是想让自己美丽的形象永远留在爱人心中，这样私密性的、个人化的、浪漫的情感。对于功利的宫廷官僚社会来说，这种感情是不可被理解、不能被理喻的。李夫人不得已为自己的内心找到了一种外部的托词。现在，若是李夫人的情感由激愤转入平静而说出这段托词来，其中有一层无限的悲凉意味。

班固紧接着叙述：李夫人死后，其兄弟都得到了高官。现在，李夫人所说的不见皇帝的外部理由有了实际效果、占了上风，那么内心的因素更无人理解了。我们不能确定班固此时对李夫人到底有没有同情，因为班固把自己的感情隐含在了叙述之下。我们只知道，即便班固对李夫人真心得不到大家理解有种同情，他也不能直接说出，因为他是儒家的史官，他不能对在正统中不占地位的女人、一个有着细腻深情的女人、皇帝的妃子流露出什么同情的态度。

7. 反"祸水"解读之四：皇帝的深情

既然不能写李夫人的深情，班固可以明目张胆地写情感的另一方——皇帝的深情。

班固开始写皇帝对李夫人的极其思念的细节——招魂行动。皇帝在思念李夫人不能自已时，才有这场招魂的事情。招魂时皇帝不能走近了看，正如他当初不能强迫李夫人拉开被子一见，现在也不能破坏招魂术的规则。如果他利用帝王的权力强迫李夫人一见或者强迫要走进帐中看，那么他就等于放弃了他所恋恋不舍的普通的人间感情。皇帝既然作为爱恋感情的一方，他必须作为普通人。若作为皇帝，以这样的身份他就不该有普通人的情感。

武帝作诗"是邪,非邪?立而望之,偏何姗姗其来迟!"并让乐府谱曲歌唱。随口赋诗,可见武帝的感情很浓厚、很郁结。武帝的深情还是不能抑止,就又做了一篇赋,在赋里更倾诉了对李夫人的深情。武帝在赋中回忆、留恋对李夫人的爱意,表示要照顾李夫人的儿子与兄弟。这是人之常情,不管是帝王还是普通人。

所以,从写作的顺序上来看,班固是花了心思的。先直接正面写武帝对李夫人的爱恋,接着曲笔描述李夫人对武帝的深情,由于没有办法直接描摹李夫人的深情,所以又重新用细节描写记述了武帝对李夫人的留恋。整个故事描述了情感双方的各种表现。

至于最后一句"其后李延年弟季坐奸乱后宫,广利降匈奴,家族灭矣",也只能说,班固用事实进一步证明了不仅李夫人的姊妹不理解她的深情,她的兄弟也不理解。奸乱后宫、骄横跋扈,最终以家族灭亡的行动,变成了对李夫人深情的讽刺和嘲笑,可见世人真的不理解李夫人的心!班固记录了这段深情,却也憎恨这种对深情的不理解和讽刺嘲笑。所以最后一句简练的突转,像宇文所安说的"给班固的批判带来了力量",但不是他说的"从而证明了他对李夫人所下判断的正确性",而是班固对世人不理解真情的批判。

8. 历史的陷阱

同一个事情,相同的文字,由一个人所写,然而解读的差异却这么大。什么原因呢?因为古代的正史记载都非常简略,在大量的情节描述时留下了很多漏洞,这些漏洞同时也给后人留下了很多的阐释空间。所以,即便是正史,也不能百分之百相信。如果按宇文所安的前面的一种看法,李夫人绝对是红颜祸水。如果按照后来的一种看法,史书中只是记载了一个浪漫的爱情故事而已。

红颜是否是祸水,要留心历史的歪曲。

第三章　被叙述的红颜祸水

以上两章分别讲述了"红颜祸水"的形成，一是被男人有意无意泼脏水，被玷污，一是被历史涂抹、祸害。这两种情况揭开了"红颜祸水"的秘密根源。越是远古的红颜，越是缺少文献材料与文字记述，所以更容易被后世随意歪曲、涂写，文学家、小说家、史家凭借自己手中控制的文字力量去叙述她们，让她们在历史车轮的前行中慢慢具有了清晰的面貌，也渐渐变成了"祸水"的形象。本章所讲的妹喜、妲己、褒姒就是这样的女子。

Ⅰ　妹喜故事的多个版本

讲历史上的红颜祸水故事，当然要从妹喜说起。妹喜(妹音 mò)又作末喜、末嬉、有施氏女。妹喜的事情跟夏桀有关。夏桀，名履癸。桀，是品质恶劣且杀人多的意思，显然是商朝给他的谥号。帝桀是夏朝第十七代君主，也是夏代最后一位君主。妹喜是后世所讲的红颜祸水第一人。有人说妹喜是千古第一狐狸精，有人说她是中国有历史记载以来的第一个亡国之妖后。

1. 好战好色的夏桀履癸

夏朝传到夏桀的曾祖父孔甲时，君主的威信已经慢慢失落。孔甲喜欢方术鬼神,生活淫乱。诸侯开始不满,就不来朝贡,但还相安无事。

到了夏桀,也就是履癸,情况开始变得不同。夏桀为人心狠手辣,性情荡淫,脾气暴躁,总之是个品质和性格都不好的人。据说他力气很大,能举三百斤重的大铁钩,能用手将铁钩拉直,拉直的铁钩长二丈,夏桀就把它作为自己的兵器。夏桀二十岁的时候,能徒手与大象、犀牛搏斗。

履癸二十五岁时得了帝位,血气方刚,如鱼得水。群臣见他都有点害怕,都不敢仰视他。履癸心里畅快,坐在朝堂上得意洋洋。履癸厉声问大臣:"为何天下诸侯不来朝拜我?这些人应该兴兵剿灭!"大臣们很吃惊,都连忙说不应该轻易言兵。履癸很不高兴。在朝的一个贤臣关龙逄苦心劝告,但他不听,关龙逄愤而退朝。朝中有个叫赵良的小人,知道履癸主意已定,赶紧进谗言说:"当今君王如此有神力,用武力制服天下简直是易如反掌。"履癸听了很高兴。赵良趁机说,有些人反对君王,是因为他们也对君王不服从,建议履癸重者削爵夺禄,轻者发遣还国。履癸大喜,听了赵良的话。结果朝中不少大臣遭了殃。

履癸开始武力讨伐不来觐见的诸侯,手持长铁钩,浩浩荡荡杀向各个诸侯国。

商侯觉得履癸这样做有问题,想找个贤人来辅佐履癸,就到有莘之野找到了一个农夫,叫伊尹。这个人有学问有见识,说话像鹤鸣九霄。

夏桀打了胜仗,天天享乐,但还嫌不足。为什么呢?夏桀父亲在的时候,命桀娶了有洛氏的女儿。洛元妃很貌美,但是性格是比较严肃的那种,典型的国母型贤后妃。有一次桀巡狩回来,带回不少美女,在内院设宴,让元妃过来一起坐。美女们唱歌跳舞,桀指着其中一个漂亮的对元妃说:"这个美女,漂亮程度不下于你。"元妃马上起身避席,说:"我听说侍奉君王是以德为准,没听说以色相来侍奉君王的。"桀没有吭声,但很不高兴。

又一年春天,内苑百花灿烂,桀携带元妃在花间游春。看见两只蝴蝶翩翩飞舞着正在交配,桀就有点下流地跟元妃说:"蝴蝶都有人情,两两相媚,为什么我跟你不这样呢?"元妃正色说:"君王是万方之主,要作为万国的仪型。如果亵狎不检,自身失正,那就会家淫国乱天下背叛!"桀说:"这是后花园,有谁能看见?"元妃说:"君主的所说所做,无论多微小的事情,都会传到外边的。所以以前的帝王,在宫闱之内的细微之处也都很谨慎。"桀又不高兴,但也没什么话说。

对好色的夏桀来说,元妃自然是满足不了他的了,于是美女妹喜姗姗出场。

2. 美女妹喜

桀有两个宠幸的臣子,这两个人巧言令色、满口谎话,元妃很讨厌他们,经常骂这二人,让她们滚出宫去。

夏桀却很喜欢这两个人。夏桀跟这两个人商议,怎么搞到一个才色俱佳的女子来凑个偏妃。这两人推荐一个佞臣于莘,于莘偷偷对夏桀说:"听说蒙山国有施氏的女儿,容貌美过月宫里的嫦娥,仪态妙过姑射中的仙女,琴棋书画无所不通,简直是我主的绝配啊。"夏桀一听大喜,召赵良等人商议。赵良说:"蒙山国比较远,在东海,并且兵强马壮,未必肯奉命把女儿献出来。"于莘说:"不如不去跟他们商量,就看看他们有什么过错,找个借口讨伐他们。然后一面派人去游说,一面以兵去威胁,一定可以搞到手。"

欲加之罪,何患无辞。很快就找到了有施氏的错:有施的王宫房子用的是琉璃瓦,这是他宫房擅用天子的礼仪;有施的王宫有三妃九嫔,这是他妻妾擅用天子的数量;有施使用珠盖玉杯,这是物品擅用天子的器物。

施独和夫人屈和氏,只生了一个女儿,名叫妹喜。妹喜有闭月羞花之貌,沉鱼落雁之容,巧笑则林下风生,轻语如黄鹂妙啭。可以说,极人间之美不能来形容。

于莘奉命来到蒙山国,先送了礼物说明来意。施独当然不肯把女儿献出,说:"我就这一个女儿,要留着以后选个好女婿来养老,到时候立他们的儿子继任国君,怎么能献给君王做宫人呢?再说,你们君王弃道好色,恐怕不能长久。"

于莘进蒙山国的时候,夏桀一早就带兵把蒙山国团团围住。施独问:"大王你设计想要我女儿我不想给你,但你起兵围住我们国,有什么道理?"夏桀就指责施独僭用王者宫室、妃嫔、器用。施独大怒,一面令大将出城迎战,一面令狱官将于莘囚禁了。但是不久城外急报,说夏桀神勇,持长大铁钩乘大车出阵,每一钩能杀数人,派出的大将抵挡不住,已经被夏桀一钩穿心挑起了。施独大惊。臣子雍和说:"国君不要因为爱自己的女儿而让国家灭亡啊,再说如果国亡了,女儿又有何处去呢?不如献上女儿。"施独没有办法,只有让夫人去问妹喜。

施独的夫人问妹喜:"你知道外边发生什么事情了么?"妹喜说:"我听到外边的战鼓声,心里很担忧,怎么能不知道是为了什么呢。"夫人说:"我和你父亲极其爱你,耽误你到现在还没嫁人,不想却惹下这个大祸。唉,答应了夏王,恐你进宫受一生凄凉;但不答应他,大兵压城,危亡在旦夕啊。除了你,没人能救父母和城中数万人性命!"说完涕泪俱下。妹喜跪下来哭着说:"女儿身是父母所生,因为女儿之身,反给父母带来灾祸。如果死在父母面前可以免祸,我也甘心!如果不能免难,只好听父母主张了。"

施独就把于莘请到庭上赔礼谢罪,说愿送女儿求和。

夏桀见于莘回来,知道施独肯以女儿求和,十分欢喜。于是派于莘带着珠宝、布帛、牛羊、酒果等礼物进城,即日就要娶妺喜。施独觉得有点仓促。于莘说:"我王性急,你最好不要推迟日期。"施独与夫人无计可施,只得来问妺喜。妺喜说:"这有什么难的?父亲在堂中垂帘,叫他的使臣到帘外,我自有办法。"

施独这样办了,请于莘过来。于莘只听见环珮铿然,帘内的妺喜说:"君王的使者,在帘外听命。君王既然聘了我,我就是你的主人。"于莘听了这话大惊,赶紧隔着帘子拜了。妺喜在帘中受拜,礼毕,妺喜命于莘站着听命。妺喜问:"天子命你来问罪的,还是行礼的?"于莘回答:"君王听说您的淑仪,特派下臣来行礼,聘您为妃,没有别的意思。"妺喜说:"既然是行礼,礼嘛,是吉祥的,如果动兵的话,是凶兆。如今大兵围城,我就不理解君王的意思了,当日就要娶我,这好像是威胁吧!能说是礼?君王要娶我,难道不愿得福而愿意从凶?我是国君之女,上嫁于君王却不择吉日,这不是国君和我没有脸面,实在是君王没有脸面啊。请你告诉君王,要等三五日,我要与父母告别。如果不允许的话,我也只好一死了之,不用君王来什么命令了。家国灭亡,实在是有负君王之心,也枉劳了你这个贤使!"说完就走了。只听得娇喉宛转,妙舌轻调,呜呜嘤嘤,如泣如诉之声,犹在帘际。于莘听了,魂魄俱飞,伏地而拜,送妺喜走进内堂。

于莘回去复命,详尽说了妺喜所言之情,又极夸妺喜的言行,说是宛转清澈、妙才雅致等等。夏桀听了很高兴,等就等吧,于是退兵三十里。

夏桀放纵军士劫掠蒙山地方周围的百姓人家,吃了百姓的鸡鸭,奸淫百姓妻女。施独说:"不如早打发女儿去吧。"施独夫妻送妺喜艳装出城,夏桀想立即直接留妺喜在营中圆房。妺喜却令人告诉夏桀:

"天子至尊,哪能在路边野宿?请你发部队护臣妾先行,君王安排好诸侯回国。臣妾愿意在国门之外翘首以待。"

夏桀见妹喜妩媚娇娆,心神已昏,又听奏说宛转真情,就答应了。

此时的妹喜是一个聪明伶俐、机智勇敢的人,为了挽救国家、百姓命运牺牲了自己。夏桀多次无礼的行动都被她一一驳斥回去,既保全了家国,又维持了自己的尊严,这样的少女多么令人赞叹!但入了宫的妹喜还能在钩心斗角中出淤泥而不染吗?

3. 宫廷斗争

回到京城,夏桀命人在别宫设宴,立妹喜为妃。妹喜说:"君王不斩臣妾,使臣妾得蒙甘露,能长侍君王之侧。君王应该令我朝见元妃,以明妻妾的名分。"夏桀一听,这样善解人意,当然喜不自胜,拉着妹喜,肆意抚摸,然后携妹喜走入锦帐。妹喜娇羞怯让,脱衣卸妆,嫣然一枝如昆山片玉。夏桀把妹喜轻轻偎抱着,哪还知道世间有什么更紧要的事情。

第二天中午才起床,妹喜化妆完,夏桀就开宴,一边欣赏歌舞。但是夏桀看不上众姬的歌舞,妹喜就自己起身亲自为夏桀起舞。妹喜果然不简单,一开歌喉,就使人觉得天下再没别人能比上她的清声妙音,一举舞袖,就让人觉得天下再无人能比上其娇姿容颜。简直是"一天春雨度春风,带日舞风上玉楼","嫩柳啼莺声款款,落花随水恨悠悠"。

从此,夏桀与妹喜昼夜行乐,不知白天黑夜。直到半月之后,听到庭外奏事的击鼓很多。原来夏桀一向让赵良摄理国事,现在众人不服,积怨越来越多,拼了命都来击鼓,想见夏桀,赵良想制止都制止不了。夏桀没办法,就设朝。下边的臣民,奏起事情,各个都是奇冤异枉。不料,夏桀却没心思听,大怒:"有什么要紧的事情,竟然击鼓惊动宫中!"命武士将告奇冤异柱的人都斩了,仍将田赋兵车之类的事交给太师赵良处理。又让左右守卫将大鼓砍破了,以后不许设鼓。从此以后,再没有人来惊动他了。

再说商侯推荐伊尹辅佐夏桀,伊尹觉得夏桀已经无法被劝说,但在商侯请求之下还是到了王都,能做多少就做多少。夏桀班师回朝之后,国中的大臣百姓才知道夏桀原来是为了一个女子而讨伐有施。关龙逄想去进谏,但是夏桀入宫之后,半月都没出来过。伊尹也等待着夏王出朝,等了一天又一天,还没出来。那天夏王忽然临朝。关龙逄等进朝,还没来得及进谏,结果桀已经盛怒,杀了不少百姓。伊尹感叹:"美色迷心,再没有好德的想法了,不如趁早离开。"

伊尹回到商,商侯又得了几个贤人,修德行仁,治理国家。百姓都很高兴,家家欢天喜地。商强盛起来。过了两年,忽然听说夏王要临朝,商侯就还请伊尹同行,说这次亲自推荐他给夏王。

再说夏桀答应妹喜去见元妃,一直没有行动。一天桀的乳母来看望桀,吃饭时问桀为何元妃不一起来。桀不好应声。妹喜怕有外人议论,就求夏桀让自己去见元妃。桀就让乳母带妹喜往正宫朝元妃洛氏。乳母进去禀报,洛氏留她在寝宫里边,却命宫娥将寝门关上。妹喜到了正室看不到乳母,就与随从的彩娥站在那里等候。洛氏又命人将外边的宫门也关了。妹喜想进内室求见,没人理,想要出门回去,又出不去。只能在正室中站着。从中午一直站到下午,又饿又困,站不起来就坐在地上。桀那边等急了,派人来问,洛氏才让乳母出来,告诉妹喜说,自己有点小病,不能勉强起来见她。这时才开了外面的门,让乳母带妹喜回去。桀一听妹喜回来了,起身迎接,却见妹喜满面哀容,悲伤地哭起来,拜伏在地上不能起来,伤心得说不出话来。桀很奇怪,抱妹喜在怀里,一边帮妹喜擦眼泪一边问发生了什么事情。妹喜哭哭啼啼,说自己死了算了。夏桀问乳母,乳母遮遮掩掩不说,就问同去的彩娥。那些彩娥和妹喜一样受了一下午的苦,就纷纷说起妹喜多惨,又添油加醋说了元妃高傲心狠的地方。夏桀大怒,要派人杀元妃。妹喜又抱着桀的腿说:"君王为贱妾要杀元妃,天下人都会不服,朝臣也会议论纷纷。还是赐我一死一了百了。"说完又哭个不停。

夏桀召见于莘,说:"这洛氏,以前总是不顺从我,你们都知道。现在又嫉妒我的新妃,想害死她,那就是想害死我。你说怎么办?"于莘建议桀赐元妃死,立妹喜为正妃。

有人告诉了关龙逄这事,关龙逄大惊,杀元妃是杀一国之母啊,赶紧去见赵良。这赵良虽是奸臣,但也觉得这是大事,就劝桀不要杀元妃。桀还是很愤怒,下令削去元妃之号,贬回原籍。

妹喜从一个心底单纯的少女一下子进入复杂的宫廷,受到君王专宠,能受到专宠是多少妃子梦寐以求的啊!妹喜如此夺人风头,受人迫害是必然的了。宫廷的斗争让这个少女也慢慢变得恶毒起来。

4."最毒妇人心"?

元妃带上自己所生的三岁太子走了。夏桀当日就在内庭册立妹喜为元妃。

夏桀带妹喜拜祭祖庙,妹喜正要下拜时,忽然刮起一阵厉风,将祭祀的东西刮到了门外,妹喜也晕了过去。桀心里不高兴,带着妹喜回宫了。从此新人专宠,夜夜笙歌夜夜舞,尽日追欢,费用愈来愈奢侈。民不聊生,国事废弛。

冬至那天,桀又带妹喜穿戴华冠盛服拜天帝。像拜祖庙时一样,一阵怪异的旋风从坛间卷起俎豆等物品,在半空中盘旋很久,掉下来倒插在地上。妹喜被刮得昏眩。关龙逄等人一齐拦驾,进谏说:"古代圣王选择配偶,都是以德而不以色。现在因为一个俘虏的美色,而放逐了端淑的元妃,把妖姬立成正配。祭祀祖庙祖宗愤怒,祭祀天地鬼神厉气。希望大王明察啊!"桀虽然凶顽,看见天风怪作,也有点害怕。关龙逄这样流涕陈言,也不便发怒,就带妹喜回宫了。

妹喜回来后,对大臣那些说法就有点记恨,慢慢变得阴毒起来,对桀说:"有些人是旧妃的同党,这些人计谋很多,想害死臣妾啊。君王为何不派心腹去探听一下旧妃现在在做什么?"桀同意了。妹喜就召内臣来办理这件事。

一个名叫阿离的人,从小跟着桀,也帮元妃办事,心想,这一定是派人去杀害元妃的。若我不去,元妃就死定了,就自告奋勇去。妹喜将他叫到密室,让他假称王命,赐毒酒给元妃。却在桀面前叮嘱阿离说,好好看看旧妃和太子过得怎么样了。

阿离到洛国,见了元妃。元妃哭着说:"我知道派人来是想杀死我的,我死不足惜,只是君王的血脉在此,不能放心啊。"阿离也哭了,就只求了一枚玉扣回去交差。

阿离将玉扣给了妹喜说已经杀了,这是元妃身上的东西,并叮嘱妹喜说:"不能在君王面前说元妃死了,要不君王会想起太子的。只能说他们很平安。"妹喜一听,这样很好。阿离见了桀,哭着回禀,说元妃过得不怎么好,不过和太子还算安乐。桀想到了以前的事情,有点动情,不过碍于妹喜在,打断阿离,说:"她既然生活辛苦,就不杀她了,让她自生自灭吧。"阿离就请求夏桀保证太子母子的平安。桀就给了一个玉玦、一个金环,说凭这个戴在身上保证他们性命。

妹喜背地里质问阿离,阿离说:"如果不这样说,君王不信,万一去查就不好了。"妹喜很高兴,就加赏了阿离。阿离又到洛国,安慰了元妃、太子,派洛人护卫,警告洛人,以后如果不是他来,有人擅称王命,格杀勿论。

妹喜是变得恶毒了。但到底谁是"最毒妇人心"?真的很难说,撇开正统、道德因素来说,元妃开始时那样侮辱妹喜,不也是非常狠毒的吗?一个女人的恶毒战胜了另一个女人的恶毒,她就可以逍遥自在了。

5. 长夜宫与倾宫

妹喜这下放心了,只一味魅惑夏桀,求专宠于一身。

妹喜说:"我想到了一个能缩减时间的方法。可以月为日,以年为月。"桀很高兴,按照妹喜的方法,下令用数万民夫,开凿一条隧道,长约四五里。用砖石卷成一个巷子,巷中不见天日,只能听到人声,取名叫"聆隧"。从聆隧进入,建造一个占地二十里的宫殿,名叫"长夜宫"。

长夜宫中用品样样俱美,宫门上悬很大的蜡烛,合抱那么粗。点燃了就算白昼,熄灭了就算黑夜。进入此宫之后,五天算一个白昼,五天算一个黑夜,这样十天算一天。

长夜宫中的欢乐,是另一个世界。夏天开凿有幽巷,可以引地风进入,所以不热;冬天周围用炭火取暖,所以不冷。里边的歌舞鼓吹,外边听不到。外边发生什么事情,里边也听不到。里边的间间阁阁,都灯火通明。桀带着妹喜,在里边纵欲成欢。

夏桀造这长夜宫,费了半年才成,累死了一千多人。贤臣黄图披散着头发抬着棺材,一直在外边等着,等到桀一出,就大哭着劝谏:"呜呼!夏国将要灭亡啊!"桀大怒,就命人把黄图装进棺材烧死了。关龙逄想救黄图。夏桀认为他是黄图同党,也咔嚓杀了。

夏桀又开始大役民夫,因为长夜宫要造一个池子,这也是妹喜想到的。

这项浩大的工程开凿了一个二十里长的池子,四围堆土,把亭台楼阁建到池上,池周围植上树木,宫室交错。池子四周又搞一些圆池,都有三里那么大小,通到原来的池子。将酿好的酒注入池里,叫做酒池。池子里放上十多个小艇。又在池子上建了个肉林,将树木上挂上熟肉。造酒池肉林花费半年,又累死民夫千余人。

夏桀命人在亭榭之中设立鼓乐,少男少女三千多人摇舟泛酒,咿咿哑哑唱着歌曲,穿着各种彩衣,周游在池中间。夏桀和妹喜在这里任意设筵,等喝到酒酣,就命少男少女们都脱光衣服,爬在池子周围,双手插入池中,用口吸酒。敲一声鼓,三千人一同牛饮,酒池才浅下去一点。妹喜大笑,男女都喝醉了,就命众人下池,在池中相逐捉摸,醉中戏舞欢合,美其名曰"醉淫"。桀很高兴,也解衣与众少女狎玩,叫做"醉狂"。妹喜很兴奋,扭动身子而舞,叫做"醉舞"。这时整个池中无限云雨,极尽淫荡之能事。

这时,商国逐渐发展壮大起来。夏桀怕出事,就将商侯在夏台囚禁起来。商侯被囚禁在夏台,夏台风调雨顺。然而,王都却频频出事,先是旱灾不断,等到十月,经常雷电风雨大作。朝中与王城之外的原野,烟雾异常。百姓的麦子都死了,禾黍也不能生长,很多人饿死。这时,一个童谣唱出来了:"天上水,何汪汪?地下水,何洋洋?黑黑天,无青黄。万姓嗷嗷无食场,东西南北走忙忙。南北东西路渺茫,云雾迷天无日光。时日曷丧?予及尔皆亡!"也就是打着比方说:夏桀你就是这太阳,我愿意与你共同灭亡!

伊尹趁机对夏桀说:"商侯是圣人啊,他到哪里哪里天气就会转好。"夏桀命人把商侯带到王都。王都忽然天气晴朗起来,阴翳了许久的天豁然开朗。桀王大喜,说商侯果然有点神,就放了他。

又过了两年,按夏制应该巡狩,但是妹喜不想让夏桀出去巡狩。大臣们都有意见。妹喜又献巧,对桀说:"可以起一层楼,楼阁上接青霄,每天登眺,远近都看遍,烽烟也可以看见。这样就算不巡狩,也知道四方的动静。"夏桀就觉得这是个天才的想法,很高兴,就又役使数万民夫采木头,建造宫殿。这宫殿万楹千楣,四面八方都有门,高翔入云霄,乘风飘飘若倾,故名"倾宫"。从上乘高望下,居民都跟蚂蚁一样。桀与妹喜凭栏俯瞰,叫做"倾游"。游玩之后有飞观之宴,叫做"倾宴"。淫乐大奏,响彻云霄,叫做"倾乐"。酒酣之后妹喜乘兴起舞,叫做"倾歌"。

建造这倾宫,费了一年时间,又累死民夫数千人,民怨越来越深。

桀和妹喜在楼台高处往下看,见到城中人家只要有好男女、好器玩,都马上搜刮进去。如果不交出来,马上杀头。

后来的历史一直证明了一个道理:奢华堕落是不会长治久安的。夏桀和妹喜很快就知道了这一点。

6. 昏君美女同归于尽

众人都很失望,诸侯应当来朝的时候,多半都不来。有缗国见桀这样,没有拜见。赵良出主意让桀教训他们。桀派兵征讨,抢了全部的财货,掳走人家子女。

妹喜很喜欢享受,派人往四方诸侯要东西。禽兽、谷粟、果菜、鱼鳖、虾蟹、茧丝、布帛、金银、珠玉、象牙等,上千车的东西浩浩荡荡搜刮而来。被逼得没办法,大国向小国征收,小国没办法,只能向民家搜刮。小国收的不够数,又被大国杀伐。如此一来,诸侯大夫掠夺人民,君卿大夫相争相杀。国家乱起来了。

长夜宫之内,堆积着从天下搜刮而来的财货,桀和妹喜居住大屋子,自床至地铺满了珍宝。他们高兴了就解衣寻欢,疲倦了就睡觉,吃喝随意,还令三千男女群交。

妹喜喜欢广收美男。夏桀有个儿子叫淳维,慢慢长大了,妹喜就与他一起淫乐。夏桀出去打仗,淳维就同妹喜在宫中颠倒酣饮。伊尹听说了,叹息道:"这是灭绝人道了!"

各国诸侯开始起兵造反,相互攻击。伊尹等人力劝商侯起兵,救万民于水火之中。商侯一直施行仁政,不少诸侯都归附了商侯。

桀一向在宫中取乐,昏昏梦梦,一般臣子也不敢告诉他,最后大臣牟卢忍不住告诉夏桀,夏桀大怒就派牟卢征讨。牟卢出师就被擒获。

桀召集诸侯,诸侯都不来,只好自己带兵出征。两军对阵,桀的部队却发生了哗变,将士不愿为夏桀卖命,四散逃走。

夏桀带兵出城的时候,商侯暗地派人攻城。淳维还在与妹喜嬉戏,商师已经到了楼下。淳维关上门大叫:"你们是什么人?要干什么?"商将旬范说:"妹喜惑乱夏王,杀害百姓,我们要斩了她!"淳维回头对妹喜说:"父王如果不专宠你一个人,也不会有今日。商师说要斩你。"妹喜跪下抱淳维的腿,宛转悲啼。淳维自己都顾不过来了,咔咔,把妹喜斩了,将头扔到楼下。旬范下令将淳维擒住了。

夏桀领兵出城,没想到军队溃败,孤身逃回夏城,城却已经被商军占领,绕着城墙进不去。旬范在城门大呼:"你还是舍不得妹喜吗?你儿子已杀了她!"将妹喜的头给他看,夏桀看了哭得泪如雨下。商军抓到了夏桀,将他放逐到南巢。夏桀伤心愤恨,叹息:"我真后悔在夏台没杀了商侯才有今天。"

夏桀抑郁愤懑,忧苦痛恨,三年后死了。商王命人将他埋在南巢,谥号"桀"。近五百年的夏王朝随着夏桀的倒台而结束。

7. 细看一个故事的讲述

如此看来,妹喜被看作红颜祸水一点都不错。一个美丽的红颜,耽误了一个历史长远的帝国。帝国在妹喜的奢华享受与淫荡笑声中倾塌。

不过,前边所讲的故事只是《有夏志传》中的情节。《有夏志传》,

明代小说,余季岳刊于崇祯年间,题为"景陵钟惺景伯父编辑,古吴冯梦龙犹龙父鉴定",应该是伪托。

朝中有一个妖冶的女子。夏王朝灭亡了。这是两个事实。

小说家却善于把两个事实联系在一起,并让两个事实之间生成一种因果关系。于是,夏王朝灭亡的原因就在妹喜的身上。

我们看小说家如何塑造妹喜的"祸水"形象。

据学者彭丽芝的分析,开始,妹喜为蒙山国有施氏女,默默无闻,但被奸臣推荐给夏桀,妹喜因为美貌而成为夏桀觊觎的对象。小说渲染出妹喜的美丽,说她比月宫中的嫦娥还美,姿态妙过姑射的仙女。到夏桀派去的于莘隔着帘子影影绰绰看到她时,说:"真是闭月羞花之貌,沉鱼落雁之容,巧笑则林下生风,轻语则黄鹂妙啭,人间之美不可形容。"

小说接着讲,妹喜很美,并且也很孝顺。当她知道因她而起战争,也因她才能解救父母与城中百姓时,她毅然答应嫁给夏桀。当父母被胁迫当日就要把女儿送出时,妹喜展现出了她的智慧与胆识,她让于莘站在帘子外边,说:"君王既然聘我,我就是主人。"在气势上镇住作为大臣的于莘,于莘大惊。妹喜又质问于莘是来问罪的还是来加礼的,将夏桀的威逼行为击回到礼法的界线,想娶亲而又派兵威胁不是礼节,是不吉的。于莘听完,魂魄俱飞,心志尽丧。妹喜表示,如果夏桀再威逼,自己只有一死,这样既维护了自己的尊严,也让于莘答应三日之后再迎娶。当妹喜被送达夏桀营中,夏桀当晚就想占有妹喜,妹喜又说天子至尊怎么能在野外露宿?逼夏桀回宫之后再说,又一次维护了自身的尊严。总之,作为有施国国君之女的妹喜既美艳动人、孝顺,又才思敏锐、胆识出众。

入宫之初,妹喜也谨守礼法,请求朝见正宫元妃。不过夏桀迟迟没表示。然而,宫禁斗争的残酷是妹喜始料不及的,妹喜去拜见元妃,却遭到了羞辱。夏桀欲杀元妃,妺喜又劝谏。最后,虽然夏桀与于莘等人设法废了元妃,但妺喜经过了后宫争斗的磨炼,又听到了朝臣对自己的诟骂,开始"渐发阴毒"。

这种阴毒,表现之一就是要报复元妃,设计派人害杀元妃与太子。此后,妺喜展现出其喜好享乐的一面,说服夏桀建聆隧、建长夜宫、设酒池肉林、做倾宫,与夏桀和夏桀之子淳维淫乐。

小说家描绘了妺喜性格的发展变化过程,由一个美丽动人、智勇双全的可人少女一步步逐渐变为"亡国"的祸水,最后被杀。小说家为了衬托妺喜的"坏",设置了正面角色元妃,夏桀想与元妃取乐,元妃总是根据礼仪义正词严拒绝。因此,元妃被称作万国母仪。

8. 如何被添油加醋地讲述

妺喜当真是纵情淫乐的罪魁祸首吗?妺喜果然是红颜的祸水吗?

有人会马上回答:是!有人会回答:不是,不能把罪过都推到女人身上!

其实,问题不是你回答"是"或者"不是"那么随意,也不仅仅是男人之罪或者女人之过那样简单。

阅读正史、野史、小说、笔记,我们便可以发现,这个红颜祸水的故事往往是在史家、小说家的叙述之下一步一步而形成的。

妺喜的事迹最早见于《国语·晋语》,记载非常简单。只说:"昔夏桀伐有施,有施人以妺喜女焉;妺喜有宠,于是乎与伊尹比而亡夏。"就是说,夏桀征伐有施,妺喜是被当作求和的礼物献给了夏桀,后来大受夏桀宠爱,以致亡了夏朝。她的功劳可以与伊尹相同。这时候,妺喜作为祸水的形象虽然存在,但并没有任何曲折的故事情节。

到战国时期,《荀子·解蔽》篇中感叹"桀蔽于末喜斯观,而不知关龙逢,以惑其心,而乱其行"。说夏桀被妹喜美色蒙蔽,不听忠臣的话。汉代伟大的史学家司马迁在《史记》里也说:"桀之放也,以末喜。"夏桀因为妹喜而导致自己被放逐。可以发现,在《荀子》与《史记》中,关于妹喜也没有任何有趣的故事。

到了汉代刘向的《列女传》,妹喜的故事突然丰富起来。《列女传》中讲,妹喜有美色,但品德不好,"女子行丈夫心,佩剑带冠",是个英姿飒爽有男子气质的美女。英气和柔媚糅合在一起,对男人的吸引力是致命的。《列女传》不但讲妹喜与夏桀日夜饮酒,没有休止,还增加了几个细节。其一,夏桀"置末喜于膝上",夏桀喜欢让妹喜坐在大腿上,听妹喜给他出主意,妹喜也骄奢自恣。《列女传》暗示:堂堂一国之君,这样成何体统!其二,"为酒池可以运舟,一鼓而牛饮者三千人,其头而饮之于酒池,醉而溺死者,末喜笑之,以为乐。"也就是说,他们造了酒池,有多大?船可以在上边走。他们还搞集体活动,敲一次鼓,让三千人一起把头插在酒池中喝,喝醉了就掉在酒池中淹死了,妹喜看了哈哈大笑。《列女传》又暗示出:妹喜草菅人命,很冷酷很残暴的。除此之外,《列女传》又增加了忠臣,突出忠奸不同。关龙逢进谏说:"君无道,必亡矣。"桀曰:"日有亡乎?日亡而我亡。"关龙逢劝说夏桀要行正道,否则就会灭亡,夏桀却说,太阳会灭亡吗?太阳灭亡了我才会灭亡。夏桀认为关龙逢妖言惑众,就把他杀了。短短几句话,把夏桀狂妄、暴虐的嘴脸刻画出来了。接着又叙述了夏桀建造琼室瑶台,吃喝挥霍无度。把商侯汤囚禁在夏台,后来又放了,诸侯开始背叛。汤受天命征伐夏桀,战于鸣条,桀的军队不愿为他打仗,汤就放逐了桀,让夏桀与妹喜同舟漂流在海上,夏桀最后死于南巢的山里。

可以发现,《列女传》关于妹喜的叙述是一个有头有尾的故事,不仅有概述，还有生动的细节。刘向《列女传·孽嬖》列举了十六位亡国女子，其中以妹喜为首。刘向丰富的叙述为妹喜"红颜祸水"的形象定了型。

到了晋代的皇甫谧，在他的《帝王世纪》中又增加了夏桀宠爱妹喜的细节，说夏桀："日夜与妹喜及宫女饮酒，常置妹喜于膝上。妹喜好闻裂缯之声而笑，桀为发缯裂之，以顺适其意。"除了说夏桀把妹喜放在膝上坐之外，又增加了妹喜喜欢听丝绸撕裂的声音，夏桀为了取悦于她，就派人撕给她听。这又是妹喜成为红颜祸水的一大罪证。《帝王世纪》中妹喜的结局与《有夏志传》不同，说夏桀"与妹喜及诸嬖妾同舟浮海，奔于南巢之山而死"。也就是说，妹喜与夏桀最后共患难，陪着他颠沛流离，最后饥寒而死。

可以看出，以上丰富的细节都为明代的《有夏志传》所采用并发挥。

9. 另外的版本

不过，历史还有另一种被讲述的可能。在晋代被发现的《竹书纪年》中记载的妹喜事迹与上述诸书有所差别。《竹书纪年》中讲："桀伐岷山，岷山女于桀二人，曰琬，曰琰。桀爱二女，无子焉，刻其名于苕华之玉，苕是琬，华是琰，而弃其元妃于洛。末喜氏以与伊尹交，遂以间夏。"也就是说，夏桀在得到妹喜后，又征伐了岷山，岷山又献了两个美女，夏桀将二人的名字刻在玉上。看见夏桀喜欢这两个美女的程度超过了自己，作为元妃的妹喜被冷落，女人被抛弃的那一刻是非常危险的。眼见着旧爱成空，莺声燕语的倾宫瑶台之上旧人换新人，心生恨意的妹喜与伊尹相交，成为伊尹的头号女间谍，最后成功让夏朝灭亡。这里妹喜的形象，是由一个被人抛弃的可怜的人转变为一个高级女间谍。

在《吕氏春秋》中，间谍的形象有了细节描述。商汤见夏桀暴虐奢侈，为天下忧虑，派伊尹去离间夏，怕夏桀不信，还亲自射伤了伊尹。结果伊尹到夏三年，没有什么作为，也没得到什么情报。回来告诉商汤说："桀对妹喜着迷，喜欢琬琰，不怎么接近臣众。"商汤鼓励了他一番，伊尹又回到夏，跟妹喜拉上了关系。妹喜告诉他说："天子梦到西方有一个太阳，东方也有一个太阳，两个太阳打架，结果西方的太阳胜了，东方的没胜。"伊尹就告诉了汤。汤一听到就派遣部队出征夏，军队从东方出，转到国以西发动进攻，结果不战而胜。夏桀被杀。在这个叙述中，妹喜作为女间谍，报告了伊尹一个重要信息，让夏灭亡。这里的倾国之力不是因为红颜，而是作为间谍的贡献。

这样的间谍故事有点艳色八卦。男女间谍在一起，能不干出点什么事？司马迁《史记·殷本纪》中说，最开始，伊尹想在商汤那里谋取个职位，但没有门路，趁汤要娶有莘氏之女为妃的时候，混进陪嫁的人员之中做了厨师，伊尹见到汤，用煮饭炒菜作比喻，说动了汤。可见伊尹是个有手段、能言善语的人。妹喜被夏桀冷落，正郁郁不得志的时候，伊尹冒了出来。伊尹被商汤重新派回夏朝继续做间谍，伊尹见妹喜这样，就乘虚而入。有商汤的源源不断的间谍经费，加上自己的能言善语，与孤独寂寞的妹喜一拍即合。《晋语》说："妹喜有宠，于是乎与伊尹比而亡夏。"这个"比"很有意味。韦昭注解说：比，就是"比功也"，也就是说，伊尹想让夏灭亡，而妹喜也同样作祸，妹喜的功用与伊尹的功用相同。《说文》也解释"比"说是："密也，二人为从，反从为比。"也就是说，两个人一起，就是"从"，跟随的意思，而两个人反过来放在一起，就有背地里偷偷密谋之意。不过《竹书纪年》说："(妹喜)以与伊尹交，遂以夏亡。"成了"交"，性质变得暧昧起来。有人说，"比"的字形，两人屈体相昵，一前一后，或者一人用身躯包住另外一人。妹喜肯定与伊尹有肉体关系。

10. 对一个故事的评论

可以发现,妹喜与夏亡,相同的故事有不同的叙述方法。一些说妹喜因宠亡夏,一些说妹喜因失宠而亡夏。但因宠亡夏的故事被后世,特别是明代小说家普遍接受。一方面是刘向《列女传》对后世影响太大,另一方面最主要的原因是因宠亡夏更符合"红颜祸水"故事的要求。

因为故事有不同的讲述方法,妹喜就不能简单地被称为红颜祸水。有施人为保全自己的部族,把第一美女妹喜送给了桀。妹喜不过是作为一件族人献出的礼品、作为一个奴隶而送给了桀,根本不可能有婚姻迎娶的形式。如果其后桀在征伐岷山时又真的得到两个美女因而冷落妹喜的话,妹喜与伊尹结交合力覆灭夏朝,对于一个忍辱负重的女奴隶来说,她也只是报了自己的国仇家恨。从历史功绩上说,夏的灭亡,才能让有德有才的商汤治理天下,这样说来,妹喜功不可没。

女性主义者也许会说,国家灭亡的事情,男人更应该负责。原因有二:其一,妹喜是一个出色的女子,很有男子气概。女性,尤其是出色的女性,借助男性的宠爱,取得权力,无疑损伤了全体男性统治者之间的共谋关系。男性当然要记恨她,谁能说清楚关龙逄等人到底是贤臣,还是感觉到了一个女人的威胁?其二,夏朝灭亡罪在夏桀,他自己将自己比作天上的太阳,在做了阶下囚之后,还没有反思,还在感叹:"真后悔没有把汤杀掉,才落得今天的下场!"这个暴君永远不会反思自己的暴行,只会怀恨他的敌人。这正如通常懦弱的男人,永远不知道自己来担负责任。

女性主义者的说法很有道理,不过,我们要强调的是,书写的背后有一种霸权。以上众说纷纭的历史与小说,不管对妹喜有多少看法,不管是污蔑或是同情,根本上却都一样:这是被书写的历史、这是被书写的小说。书写是一种权力,更是一种霸权,人们可以凭借自己书写的权力对一个女人随意描述。书写是男性史官与小说家的优势。污蔑,是他们对女人惧怕的软弱心理的体现;同情,是他们对美女的渴求的欲望的展现。

Ⅱ 狐狸精与妲己的真实面目

人们在形容一个妖艳的女人诱惑了一个男人时,会用"狐狸精"这个词,而"狐狸精"的典故就起源于苏妲己。妲己也被人看作红颜祸水的代表。

妲己,姓苏,中国商朝最后一位君主商纣王的宠妃。妲己的故事随着电视剧《封神榜》而家喻户晓。在电视剧中,苏妲己被演绎成十恶不赦的女人,她让纣王砍掉人腿以验证骨髓疏密,剖开妇人的腹以验证生男生女,挖掉比干的心以验证人心有七窍。这些罪恶都源于她本来就是个妖精——狐狸精,特别是一个带有某种目的的狐狸精,才会如此狠毒。

1. 纣王和妲己一拍即合

要讲妲己的劣迹,要先从纣王说起。没有纣王,就没有妲己。

"纣王",肯定不是正式的帝号,"纣"的意思是"残又损善",再莫名其妙的人,也不会如此不堪地往自己的脸上抹黑。"纣"是后人给他的谥号。他的名字叫子辛,商代的最后一位帝王,也称"帝辛"。

《史记·殷本纪》说帝辛"资辨捷疾,闻见甚敏;材力过人,手格猛兽",意思是说他资质上乘、反应灵活、能言善辩、见多识广、孔武有力。不过,他"矜人臣以能,高天下以声,以为皆出己之下",认为自己比别人都厉害、都高明,非常骄傲自大,听不进别人的意见。并且他"好酒淫乐,嬖于妇人",既酗酒,荒淫无度,又沉迷于女人。

周武王在《尚书》中开列了纣王六条罪状:第一是酗酒;第二是不用贵戚旧臣;第三是重用小人;第四是听信妇言;第五是信有命在天;第六是不留心祭祀。犯下了所有暴君、昏君应该犯下的错误。

纣王沉迷于美女,因此搜罗到了妲己。

妲己的美是一种妖媚。到底有多美呢?后人做诗说:"桃花难写温柔态,芍药堪如窈窕妍。"美得连桃花与芍药都难以企及,可以想象,这种媚,有桃花一般灿烂,有芍药一般艳丽,人间的语言难以描写。传说纣王灭国之后,武王令刽子手斩妲己,妲己哭得楚楚可怜,妲己太美了,刽子手哪里见过这样的绝代美人,一下子三魂出窍,手软臂麻,举不起刀。换了另外的刽子手仍旧不能下手,扔下手中的断头刀,愿意替妲己而死。可见妲己的美色与娇娇可爱的程度。

妲己来到了商朝宫殿,一下子变成了商王朝的女主人,这种身份大大刺激了妲己作为一个女人的虚荣,她成为权力的操纵者。

纣王和妲己在享乐方面有共同的兴趣,不管妲己想出什么鬼主意,纣王都很赞成。妲己开始放纵自己的欲望,劝纣王建起来了"酒池肉林"。纣王沉迷于妲己的美色,对她言听计从,就大兴木土,建造"鹿台"。鹿台费时七年,累死民工无数。"鹿台"之中建造"酒池肉林"。妲己喜欢歌舞,纣王就令乐师创作靡靡之音及性感撩人的舞蹈,在宫中朝夕欢歌。妲己伴着轻浮的音乐翩翩起舞,十分妖艳迷人。纣王再无心处理朝政,日夜与妲己在"酒池肉林"之间宴游。

这样玩还不够尽兴。妲己说想要摘天上的星星,纣王就在鹿台上为苏妲己建了一座摘星楼,派人搜集天下奇珍异宝,珍禽奇兽,放在鹿台之中,饮酒作乐,通宵达旦。妲己与纣王如此奢靡淫侈,但是他们不想听到别人的闲言碎语。纣王的大臣九侯有一个女儿,也是纣王的妃子,觉得纣王这样糜乱很不好,就劝告纣王,纣王一不高兴,就杀了她。九侯就找纣王,谴责他杀了自己女儿,纣王就顺便把自己的岳丈九侯也杀了。鄂侯就替九侯申辩冤情,纣王也一并把鄂侯杀了。西伯昌听到这个事,就叹了口气。崇侯虎就告发到纣王那里,说西伯昌对纣王不满,纣王把西伯昌关押在羑里。

2. 狠毒的妖精

妲己和纣王还经常想出一些新花样的玩法。一次他们在鹿台上欢宴,六宫妃嫔都一起来玩。纣王命令她们脱去裙衫,赤裸着身体唱歌跳舞。众妃嫔都觉得很羞耻,但又战战兢兢,只得照办。纣王与妲己乐得开怀大笑。其中有嫔御七十二人掩面流泪,不肯裸体歌舞。妲己很生气,对纣王说:"这些人竟敢违抗大王的命令,看来从不把大王看在眼里,应当给她们一点教训!"纣王问怎么教训好,妲己就说:"可以在摘星楼前的地上挖一个深五丈的大坑,将毒蛇、蝎子、蜈蚣之类丢进坑中,将这些宫女扔到坑中,让毒虫噬咬,这叫做虿盆之刑。"纣王一听,这个新鲜,立即照妲己的话造了虿盆,将七十二名宫女一齐投入坑中,一时间痛哭哀号传出来。妲己与纣王在上边一边欣赏一边大笑。太子殷郊去劝谏纣王,妲己认为太子想提早篡位,就让纣王将太子流放外地。

妲己和纣王还是很好奇的人,很具有探索精神。一个冬天,天寒地冻,妲己正与纣王玩乐,远远看到河上有几个人渡河,一个老年人挽裤腿背着一个年轻人在水中,纣王问妲己:"为什么年轻人不背老人过河反而是老人背年轻人,难道年轻人更怕冷?"妲己回答:"如果父母在年轻时生孩子,父母身体强健生下的孩子气脉也充足,髓满其胫,这样的人即使到了暮年,也能耐寒傲冷。但若是父母在衰老时才生的孩子,孩子则会气脉衰微,髓不满胫,这样的孩子就会怕冷怕寒。"纣王一听,大长见识,不过很惊讶:"这是真的吗?"妲己说:"大王如不信,可以将一起渡河的人叫来,砍开他们的胫骨,一看便知。"纣王马上下令将过河的人都捉来,立刻砍开双腿,一看,果然老年人骨髓满,年轻人骨髓空。

又一次,妲己看到一个大腹便便的孕妇,对纣王说自己能分辨出孕妇怀的是男是女。纣王来了劲,问妲己怎么知道,妲己说:"男女交媾时,男精先至女血后临,属于阴包阳,因此会生男;如果女血先至男精后临,就属于阳包阴,生下的孩子必为女。"纣王不信,妲己让他找来城中的孕妇验证。纣王就抓到十多个孕妇,妲己在孕妇面前走一遍,就指出哪一个怀的是男,哪一个怀的是女。纣王令人剖开孕妇的肚子查看,果真如妲己说的一样。

妲己与纣王越来越过分,导致大臣与百姓的不满,各地诸侯开始反叛。但是,纣王最听妲己的话,妲己认为好的纣王就加倍重视,妲己不喜欢了纣王就除去他们。天下不太平,妲己就又给纣王出了个主意,发现反叛的或者有二心的,用"炮烙之法"行刑。把一根粗大的铜柱横放,下面架起炭火炙烤,然后让"有罪"的人在上边走,能走过去说明他没对妲己和纣王不满。当然,走在上边,没走几步,这些"罪人"就掉进下边的炭火里被活活烧死。看到犯人在炭火里挣扎惨嚎,妲己很满意,就告诉纣王,这是"罪有应得"。纣王将铜柱置于殿前,凡可能"有罪"的大臣,就用此刑。这样,没有大臣敢劝谏纣王了。

对于这些又残酷又变态的做法,纣王的王叔比干实在看不下去,这可是他家的天下啊。比干就进谏:"作为君王应遵照先王施行仁政,不应该如此残忍,更不应该听信妇言,这样祸至无日啊。"这话一下子戳到纣王的软肋,想纣王也是一个骄傲自大的人,最忌讳别人这样讲他,就非常生气。特别是王叔这样讲,让他觉得十分难堪。纣王回到后宫闷闷不乐。妲己知道了情况,平常就对王叔有所忌怕,这正好是一个机会,就对纣王说:"比干说自己是一片衷心,又怎么知道他不是故意让君王在大臣面前丢脸?如果他是忠心的,听说圣人心有七窍,我们也可以验证。"纣王一听,就下令将比干的心剖开来看。比干看到纣王如此昏庸,听信妲己之言,已经知道纣王已经无可救药,于是自己用剑刺入胸中,将自己的心摘出,扔给纣王。传说比干挖心后,还没死,骑马出城,见到一个妇人,手提一篮空心菜正在叫卖。比干问:"你的菜有心没?"妇人说:"菜当然有心,没有心怎么活?"比干问:"人没有心能不能活?"妇人说:"人没有心一定会死的。"比干听完,倒地而亡。

以上种种劣迹,是任何一个正常的人都无法做出的。人心真的有这么狠毒吗?所以,人们宁愿相信,妲己是狐狸精变的,只有妖精才能做出如此残忍之事。

3. 妲己一步一步变坏

那么,妲己到底是不是狐狸精呢?

有理智的人当然会说,妲己肯定不是狐狸精。妲己是个历史人物,怎么可能是狐狸精呢?如此一来,一个有趣的问题就产生了,那么,妲己怎样在人们的叙述中变成了狐狸精呢?妲己是从什么时候变成了狐狸精?

先说说狐狸精。

最早在《山海经》中已经有关于狐狸精的记录,说青丘山有一种九条尾巴的狐狸,是一种精怪,能吃人。到汉代赵晔《吴越春秋》中说,大禹没有娶亲时,一个涂山的歌谣说:"绥绥白狐,九尾痝痝。我家嘉夷,来宾为王。成家成室,我造彼昌。"暗示大禹会遇到一个九尾狐,如果和九尾狐成亲,就会家族事业繁盛,大禹就娶了涂山的女子,叫做"女娇"。《魏书》《北史》中有大量的记载,都是说出现九尾狐,象征着国家的祥瑞。九尾狐最晚在北宋初期已被妖化了。田况《儒林公议》中说,宋真宗时,一个叫陈彭年的人,为人奸猾,善于"媚惑"皇帝,所以当时人把他看作九尾狐。可以看出九尾狐这时候在人们心目中已经不是什么瑞狐、神狐,而变成了坏的东西。元代讲史话本《武王伐纣书》中狐狸精就完全成了坏东西,到明代长篇章回小说《封神演义》更发挥了这个意思。清代蒲松龄的《聊斋志异》为了批判社会现实,反驳了这一种倾向,认为花妖鬼怪甚至比人更可爱,所以《聊斋》里边的狐狸精也有正面的角色。

妲己是如何跟狐狸精发生关联的呢?

早在《尚书》中,提到讨伐纣王时候,说纣王"听信妇言",并没有关于妲己的记载。《国语》中事情清楚了一些,妲己就出现了,说纣王讨伐有苏氏,有苏氏抵抗不了,就献出妲己。可见妲己只是一个可怜的政治礼物而已。但是纣王宠爱妲己,结果导致了商朝的灭亡。故事已经有因有果了。到《吕氏春秋》说"商王大乱,沉于酒德,辟远箕子,爱近姑与息。妲己为政,赏罚无方",妲己不仅仅是受宠了,而且干预朝政,且赏罚混乱。

司马迁的《史记》不同,纣王与妲己的故事变得很曲折有致。纣王爱妲己,只听妲己的话,下令让师涓写了很多靡靡之音,编了香艳的舞蹈,供二人淫浪。征收重税来建造鹿台,又收了狗马奇物、野兽蜚鸟放在中间。建造出酒池、肉林,让男女赤身裸体相互追逐。百姓有怨言的和诸侯有挑衅的,都用炮烙。当时西伯昌、九侯、鄂侯是朝廷三公。九侯的女儿嫁给了纣王。九侯女儿不喜欢淫荡,纣王生气就把她杀了,把九侯也剁成肉酱。鄂侯为九侯鸣不平,也被杀了。西伯昌听了,偷偷叹息,崇侯虎就告密,纣王把西伯关押在羑里。西伯的家臣赶紧找了一批美女、宝马献上,西伯又献出洛西的大片土地,纣王就免除了他的炮烙之刑。西伯回到自己封地,修德行善,很多诸侯都背叛纣而归附西伯。比干劝谏纣王，纣王不听。纣王越来越淫乱。大臣微子屡次进谏都不听，微子一气之下就与大师、少师跑了。比干认为，作为臣子，不能不以死相争，就去强谏。纣王大怒，说："我听说圣人心有七窍。"就剖开比干，来看他的心。箕子害惧，就装疯，纣王把他囚禁起来。此后，周武王带领诸侯伐纣，在牧野大战。纣王兵败，登上鹿台，穿上宝玉衣，自己烧死了。

可以发现，《史记》除了说妲己喜欢淫荡的生活之外，别的恶行主要还是纣王所做。

西汉刘向的《列女传》把妲己放在了《孽嬖传》中，目的是给世上女子作为警戒，妲己绝对是个反面教材。《列女传》继承了《史记》中的说法，说纣王有勇力有辩才。纣王宠爱妲己，时常淫乐，造酒池、肉林等等，但叙述有些变化了，当比干进谏的时候，纣王发了怒。在《史记》中，是纣王想知道圣人之心有七窍就剖开比干的心，但在《列女传》中，纣王发怒，妲己在一旁说："吾闻圣人之心有七窍。"于是剖开比干的心来看。这时候，出坏主意的完全是妲己的事情了。《列女传》比《史记》更详细，帮妲己安排了她的结局。纣王在牧野被武王打败后自杀，武王就顺应上天之罚，斩下妲己的头，悬挂在小白旗上，指明这是导致纣灭亡的女人。

晋代皇甫谧的《帝王世纪》与前边的叙述大体一致，稍稍改变的是一些细节。如纣王与妲己建造的鹿台在《列女传》中还是"高千尺"，到晋代皇甫谧的《帝王世纪》被提高了十倍，达到了"高千丈"。更重要的是，皇甫谧又增加了妲己有多坏的一个重要细节：怂恿纣王剖开怀孕的妇女，看胎儿形状。这种惨绝人寰的事情在前边的叙述中都没有。加上的这个细节，让妲己一下子变成了一个惨无人道的妖精。

不过，我们可以发现，在以上诸书中，没有提到任何妲己与狐狸精之间有什么关系。妲己还只是一个恶毒,甚至有些施虐狂的心理变态的女子而已。

4. 狐狸精的诞生

到了元代的《武王伐纣平话》,妲己和狐狸精就发生了关系。

故事说,纣王搜罗天下的美女,不管大小官宦之家,只要有美女的都要献上,如有隐匿则全家处死。华州太守苏护有一个女儿,有倾城的美貌,年方十八,名叫妲己。太守知道纣王残酷,不敢隐匿,亲自送女子来进献。

走了几天到了故恩,夜里在馆驿中休息,故恩太守苏颜来看望苏护,请苏护去衙门赴宴。夜里二更,忽然刮起狂风,人们都困了睡着了。这时有一只九尾金毛狐狸,跑到了馆驿中。看见妲己正沉睡,就从妲己鼻子中吸了三魂七魄和气,并将一身骨髓都吸了。只剩下一个空壳,皮肉都干瘪了下去。九尾金毛狐狸吹了一口气进妲己的躯壳之中,自己就化成了妲己的灵魂,变成妖媚的面容。

这时的妲己虽然面上没有粉饰,但仍宛如月中的嫦娥,头没有梳洗,但仍似蓬莱的仙子,肌肤似雪,遍体柔滑,真是画笔都画不出这样的美貌。妖气入侵了肌肤,显得容光焕发,光彩四射。等到苏护将妲己送到京城时,大奸臣费仲看到了,赞叹妲己"面如白玉,貌赛姮娥,有沉鱼落雁之容,羞花闭月之貌,人间第一,世上无双,十分相貌。"妲己进宫之后,就做下了一系列恶事。

可以看到,到了《武王伐纣平话》,妲己的故事已经相当的完整。妲己是狐狸精所化身,因此才十分狡猾、残忍。妲己之所以如此残酷不仁,因为她本来就是一个妖精。妖精迷惑了纣王,一定是对人、对国家有害的。

到了明代许仲琳的《封神演义》,继承了《武王伐纣平话》中狐狸精变为妲己的情节。当苏护送女儿到馆驿中时,苏护听驿丞说这里有妖怪,就细心提防。夜里不睡,将一根豹尾鞭放在案桌旁,挑灯看兵书。听到外边敲鼓,已经是一更时分。苏护还是放心不下,就提着铁鞭,悄悄走到后堂,看到小姐安然入睡才放心,又回去看兵书,不知不觉到了二更,马上就是三更。忽然一阵大风刮起,透过窗户把灯吹得一灭一亮。这股风很阴寒,清冷冷恶气逼人。苏护被这阵怪风吹得毛骨悚然,心里就很疑惑。突然听到后厅侍奉小姐的女仆大喊:"有妖精来了!"苏护急忙提上鞭,跑到后厅,左手提着灯,右手持着鞭,刚到大厅,手中的灯被妖风扑灭了。苏护急忙叫:"快把我的灯点亮。"家仆来把灯点亮,苏护进入后厅,看到女仆正慌张无措。苏护来到妲己的窗前,揭开帐幔,问:"刚才妖精来了,你看到没有?"妲己说:"我刚才在梦中听见有人喊妖精来了,我想看时,只看见了灯光,原来是爹爹来了,没有看见什么妖怪。"苏护说:"感谢老天保佑,没事就好。"就安慰妲己睡了,自己继续巡视。苏护不知道,这个妖精,是个千年狐狸,刚才灯被吹灭又让家仆点亮,这之间时间已经很长了。妲己的魂魄早已经被狐狸吸走,妲己已经死了。苏护见到的已经是千年狐狸借体成形,来迷惑纣王的。

原来,《封神演义》在小说开头的时候,交代了一个原因:纣王去女娲娘娘的庙参拜时,看到女娲娘娘如此美貌,就动了淫心,题了一首淫诗在上边,调戏说,女娲这样的美女就应该来陪伴他纣王,保准让她乐不思蜀,只羡鸳鸯不羡仙。女娲是当年天塌时补过天的大神,知道了纣王如此无礼,算到商朝气数已尽,就决定派千年狐狸精来蛊惑纣王,让商朝灭亡。所以,千年狐狸精才借机会侵入了妲己,变作妲己来完成使命。

狐狸精进入皇宫,无恶不作,《封神演义》说:"可怜这妖孽在宫中无所不为,宦官遭殄,伤残民命。"妲己被塑造成集邪恶与美貌于一身、奉神明意旨惑乱纣王、断送商朝六百年天下的九尾狐狸精,狐狸精妖孽的形象定型。因为《封神演义》影响巨大,狐狸精的形象开始家喻户晓,深入人心。

现在,一般的电视剧都依据《封神演义》,将妲己描述成一个狐狸精的形象。不过,范冰冰、林心如主演的新版《封神榜》重新给了妲己一个新的定位,将她"一分为二",不再单纯是个狐狸精,狐狸精只是偶尔会占据了她的身体,妲己本身没有死。当狐狸精控制了妲己的身体时,妲己就是一个十恶不赦的"祸水",但当妲己还是妲己的时候,她就是一个温顺善良的女子。强调了妲己多层面的心理,有点像人格分裂的双重人格。这个版本的妲己是具有突破性和颠覆意义的,她是一个前后形象截然不同的"双面妲己"。在这个版本中,妲己被人性化了,突出她的恶的同时也保留了她的善。苏妲己善良淳朴,为百姓而离开家乡,放弃爱情去朝歌。狐妲己为完成女娲娘娘的任务,附身于真妲己,助纣为虐,颠覆商朝,她的内心是矛盾的。书写了两个妲己悲剧的同时,又给予了妲己全新的定义。

那么,为什么会把妲己和狐狸精扯在一起呢?原来,有苏氏是以九尾狐为图腾的部落,所以后来的小说演义才会把妲己附会成狐狸精。从文化意义上来说,这是男人中心主义的体现。狐狸精变为一种不好的象征之后,它代表着善变、神秘、邪恶,是一种阴性的力量。狐狸精的出现损伤了九五之尊阳性君主的美德,阴阳之间的平衡遭到破坏。男性的集体无意识一直对阴性力量的滋长怀有恐惧。因此,试图警惕这种阴性力量,就故意抹黑它,把妲己变成狐狸精的化身,以显示美女和狐狸精的力量有多大。

5. 纣王的真面目

学者王革勋认为,殷商灭亡后,纣王的罪状随着朝代的更迭逐渐增加到了七十多条,而近代的史学家顾颉刚对纣王的每条罪状发生的时间次序进行过考证,并写了《纣恶七十事发生的次第》,文中指出:纣王的七十条罪状是从周朝开始陆续加上去的,"战国增二十项,西汉增二十一项,东晋增十三项","现在传说的纣恶是层层累积发展的,时代愈近,纣罪愈多,也愈不可信。"换句话说,纣王的罪名有很多是后人添加的,其真实性值得怀疑。

有学者考证,当纣王对有苏部落发动进攻时,纣王已经是六十开外的人了。但他得到了一个战利品——妲己。妲己当时是个青春少女,妩媚火辣,很难不勾起纣王心中的欲火。当时的都城正繁荣发展,一派欣欣向荣,物质比较发达,纣王终于在妲己这个小女人的导引下,寄情于声色之中。所以说,按照纣王刚愎自用的性格,应该不会听妲己的摆布,妲己充其量只能算是他晚年生活的伴侣。或者说,妲己只是纣王的性感的生活小秘书。

后世的史学家或者小说家最不满的,其实是纣王"妲己之言是从",即纣王贪图她的美色,对她言听计从。这当然背后有大男子主义在作祟——听信女人的话,让男人变坏,女人是恐怖的,是祸水!昏君之所以成为昏君,就是因为一个女人在教唆!

然而,历史上的纣王其实也没有小说中说的那么坏。

春秋时期,孔子的重要弟子之一子贡就为纣王鸣不平,说:"纣之不善,不如是之甚也。是以君子恶居下流,天下之恶皆归焉。"意思是说,纣王的不好,也未必如说的这么夸张,只是君子都讨厌这种不善,所以才承袭了以前的说法。

说一个君王喜欢喝酒、喜欢女人,不算什么大错。因为当时的商朝人都好酒,喜欢聚众豪饮,这是那个朝代的风气。说纣王的刑罚过重,也欠客观和公正,当时一直有烹煮、醢刑、车裂、腰斩、绞杀、烧死等残酷的刑罚。

商朝灭亡,可能是因为纣王太过于喜欢征战。商朝拥有强大的军队,纣王也孔武有力,他的军队所向披靡。纣王想一劳永逸地除掉东夷部落的威胁,但是旷日持久的征战几乎拖垮了商王朝。东征一次往返需要二百天左右的时间,非常劳民伤财,国力大大消耗。

周王这时趁机发展自己的势力,附近的部族都归附。趁纣王大军尽出之机,周武王根据纣王的哥哥微子的告密,发兵奇袭商纣。双方在牧野展开大战。但此时纣王的精锐已经远征,只能临时组织东夷的战俘及奴隶临时武装应战。纣王战败,商朝灭亡。

6. 妲己的真面目

从以上可以看出,妲己是在历代的史书、小说中逐步变成了一个狐狸精的形象。但是,历史上妲己真实的面目到底是怎么样的呢?她真实的情况真的如狐狸精一样狡猾残忍吗?

一般来说,史书是比较可信的。《国语》中说:"殷辛伐有苏,有苏氏以妲己女焉。"也就是说,纣王率大军讨伐苏部落,苏部落屈服,献出了美女妲己。而不是像《封神演义》中所说的是纣王选美女,苏护迫于纣王淫威才献出自己女儿。妲己只不过是纣王抢来的众多被玩弄的宠姬之一。

妲己可能真是个恃宠而爱慕虚荣、贪图享受的女子,司马迁《史记》中讲纣王为她建酒池与肉林。周代一直到春秋时期的文献没有这样的记载,到了战国的《韩非子》则有"锦衣九重,广室高台……居五年,纣为肉圃,设炮烙,登糟丘,临酒池"这样的说法。战国时代的文章以雄辩出名,可以推测,这种激扬文字中有很大程度的夸张与想象。到司马迁《史记》,则在韩非子所说的酒池肉林上,又加上了"男女裸奔其间"的生动细节。我们知道,在妹喜的故事中也有建酒池与肉林。可见,酒池与肉林只是作为奢华享受的一个符号而已,真实情况未必如此。

喜欢享受但未必会残忍,小说中妲己让纣王砍开赤脚过河人的脚,剖开孕妇的肚子看男女,这些没有历史记载,令人难以置信。周王列举纣王的罪状,如酗酒、不用贵戚旧臣、重用小人、不留心祭祀等等,没有涉及陷害忠良、滥杀无辜、嗜血成性之类的事情。

可见,妲己是被历史学家、小说家的叙述污蔑了,头上被泼一盆脏水,又泼一盆脏水,结果她就从头到尾变臭了,成了红颜祸水。

因为被随意叙述,妲己的结局也有不同说法。

《封神演义》中说武王令刽子手斩妲己,因为妲己太娇媚,刽子手都不忍心下手。换了刽子手,刽子手甚至愿意替妲己而死。姜子牙用照妖镜照出妲己的本相——九尾金毛狐狸。刽子手才手起斧落,斩了妲己。这当然是神话演义。司马迁《史记》的说法是,妲己被周武王所杀,将头挂在小白旗上示众。

不过,《世说新语》中,引孔融的话却说,周师进入朝歌以后,周公得到了妲己,成为周公的侍姬。对于一个漂亮的女子来说,这可能是一个最好的结局。

Ⅲ 怪物所生的褒姒

褒姒,也写作襃姒,西周幽王的宠妃,因为是褒人所献,姓姒,故称为褒姒。很多人说,因为她的缘故,西周都城镐京被少数民族犬戎攻破,幽王也被杀。因此,褒姒同样被人称为红颜祸水。

1. 太过离奇的出生

周朝自武王伐纣建立一直传到了宣王。当时姜戎不听话,宣王就御驾亲征,结果打了个大败仗,决定休整之后才出兵。

宣王回到京城镐京，连夜进城，却听见街上有小孩在唱歌："月将升，日将没；檿弧箕胞，几亡周国。"一听就知道是有人在散步谣言，咒周国将灭亡。宣王拿下两个小孩问这是谁编的歌。小孩回答说三天前，有个穿红衣服的小孩，来到这里教他们唱，不知道为什么，全城的小孩都学会了，穿红衣服的小孩教完就走了。宣王就下令不允许再唱这个歌。

回到朝廷，宣王问众臣这个歌是什么意思。大宗伯召虎说："山桑木可以用来做弓，所以叫做弧；箕，是一种草，可以用来编织成箭袋。愚臣猜测：国家恐怕有弓矢之变。"太宰仲山甫说："弓矢，是国家打仗的武器。如果不停止战争的话，估计有亡国之患！"宣王说："那我决定不征讨姜戎了，将武库里的弓箭全部烧毁，再下令不准制造贩卖，应该可以没事了吧？"太史伯阳父说："臣夜观天象，凶兆已经显现，好像在王宫内，不是外边打仗弓矢的事情，歌谣说'月将升，日将没'，日为人君，月是阴，日没月升，阴进阳衰，估计是有女人乱国。"宣王听了，将信将疑。

宣王刚回到后宫，姜皇后告诉宣王一件怪事儿。以前先王的时候有个老宫女，已经五十多岁了，从先朝就开始怀孕，到现在怀了四十多年，昨天夜里生了一个女儿。

宣王立马想到朝廷上大臣所说的话，很吃惊，赶紧问生下的女儿在哪儿。姜皇后说："这是个不祥之物，已经命令人用草席包裹了，抛弃到二十里外的清水河中了。"宣王立即宣老宫女到宫里，问她怎么怀孕的。老宫女跪着说起往事。

原来，在夏桀末年，褒城有两个神人，变成了两条龙，跑到了夏桀的王庭，流着涎沫，流了满地，龙忽然就像人一样说话，对夏桀说："我们是褒城的二位君王。"夏桀很害怕，想把两条龙杀了，就命太史占卜，占卜结果说如果杀了不吉。想把两条龙赶走，占卜也说不吉。太史说:"这是神人下降,应该是主贞祥的,大王为何不恭敬地祭祀,涎沫是龙的精气,收藏起来以后会有福气的。"这样一占,果然大吉。于是就设祭坛,并用金盘将龙的涎沫收集了。这时忽然风雨大作,两条龙飞走了。夏桀让人将涎沫用金盘子装了,收藏在内库。

这样自夏代到周代,差不多一千年,内库的金盘子都没打开过。到厉王的末年,里边突然有微光发出来,管仓库的官员告知了厉王。厉王想知道里边是什么,命令打开来看。结果,厉王用手接盘子时,一时失手摔在了地上。收藏的涎沫在庭上横流,忽然变成了一个小玄鼋(音 yuán,蜥蜴,有人说是鳖),在庭中跑来跑去,侍卫都追它,它就跑进王宫,忽然就不见了。

那时,一个小宫女才十一二岁,踩到了玄鼋的足迹,就突然有一种感觉。这之后,小宫女的肚子慢慢大了,像怀孕了一样。先王知道宫女没有丈夫而怀孕,就把宫女囚禁在幽室,到现在已经四十年。

老宫女说:"我就是当年那个小宫女,前一天夜里忽然阵阵腹痛,竟然生下一个女儿来。娘娘觉得这是个怪物,不能留下来,就让随从的人领走,丢弃到河里了。"

这样离奇的出生像是在讲神话故事,没有几个人会相信真有这样的事情,然而史家却相信,《国语》、《史记》都记载了这样的说法。荒诞的故事当作为正史记载、传承下来,让事情变得更加离奇。更离奇的是,这个失踪了的婴儿搅得举国上下都不得安宁。

2. 一个婴儿竟让君王忧心而死

宣王知道了事情经过,赶紧派人到清水河看看女婴还在不在。去的人回来说女婴不见了,好像已经被流水漂走了。

宣王就召太史伯阳父问,女婴已经死了,看看妖气还在不在。伯阳父占卦完说,妖气虽然出了宫,但并没有除去。宣王听了心里不高兴,就下令搜查女婴下落。有人找到就赏布帛三百匹,有收养了但不上报的全家斩首。

宣王又下令不允许制造贩卖山桑木弓和箕草箭袋,违者处死。司市官领着一班差人到处巡逻。

城里的百姓很快就知道了这个命令,但乡里的农民还不知道。第二天有一个妇人,抱着几个箭袋到城里卖,正是箕草织成的。一个男子也背着山桑木弓十来把,跟随在后。他们是夫妻,住在远处的乡下,赶着到城里来卖这些东西。夫妇还没进城门,就被司市官撞见。司市官下令捉拿,先抓住了妇人。男子一看不对头,扔下桑弓就跑了。司市官押着妇人去回复王旨,因为没抓到男子,司市官就隐瞒了没说。宣王命人将这个妇人斩了,把桑弓箕袋在街上烧了,以示警戒。

再说那个卖桑木弓的男子,急忙逃走后,搞不清为什么当官的抓他老婆,就打听妻子消息,很快就听说有个妇人违禁制造贩卖桑弓箕袋被砍头了。男子知道妻子已经死了,走到旷野无人的地方哭了起来。

这男子在清水河边,正哭着,突然远远望见百鸟飞鸣。他走近了一看,原来是一个草席包儿,在水面上浮着,很多鸟都用喙叨着,一边衔着一边叫,将草席包儿拖近岸边。这个男子感觉很奇怪,就赶开那些鸟,捞起席包,到草坡上打开看,只听见一声啼哭,原来是一个女婴。男子一想自己的老婆死了,自己还没子女,而这个女婴由鸟衔出水,将来定是大富大贵之人,就决定带回去养。

宣王杀了卖桑弓箕袋的妇人,觉得已经没什么事情了。三年后又到大祭,宣王在斋宫住宿。忽然看见一个美貌女子,从西方冉冉而来,一直到宫廷,宣王看有女人犯斋禁,大声呵斥让左右拿下,结果周围没有一人答应。那个女子一点都不害怕,径直走进太庙,大笑三声,又大哭三声,不慌不忙将七庙的神主都捆起来,然后往东走了。宣王想起身去追赶,忽然惊醒,原来是一个梦。

第二天,宣王秘密召见太史伯阳父说梦中的事情。伯阳父说:"这是因为三年前的童谣和妖气都还没除,现在妖气即将侵入了。"宣王说:"不是已经杀了卖桑弓箕袋的女人了吗?"伯阳父说:"一个村妇怎么能关气数呢?"

宣王忽然想起三年前,曾命上大夫杜伯查访妖女,现在还全无下落。宣王就召见杜伯问他妖女消息。杜伯说:"微臣已经遍访此女,一直没有找到。现在发现此女对朝廷并无什么影响,如果继续不停搜索,就会惊动百姓。所以微臣已经停止搜查了。"宣王正心情不好,大骂:"这分明关系到朕的命,怎么能自行停止呢,这是不忠之臣,要他有什么用!"让人拉出去斩首示众。

下大夫左儒是杜伯的好友,赶紧出来劝谏,宣王正在气头上,就指责左儒为朋友而逆君命,是重友而轻君,仍命武士将杜伯立即斩了。左儒回到家中,觉得宣王那样骂自己受了很大侮辱,自己也没能够保全朋友性命,一气之下自刎死了。

宣王杀了杜伯,又听说左儒自刎,就有些后悔,闷闷不乐。结果得了病,夜里不能安睡,经常精神恍惚,语无伦次。

七月出去打猎,宣王在玉辇上,忽然看见远远一辆小车,正面冲撞过来。车上站着两个人,臂上挂着红色的弓,手持红色的箭,问宣王:"大王别来无恙?"宣王一看是杜伯和左儒。宣王很吃惊,擦擦眼看,什么都没有,问左右,左右都说没看见。宣王正在惊疑,发现杜伯、左儒仍驾着小车子跟随着玉辇。宣王大怒,拔出宝剑去砍。杜伯、左儒一齐骂:"无道昏君!还我命来!"挽起红色的弓,搭上红色的箭,往宣王心窝射。宣王大叫一声,昏倒在玉辇之上,回宫没几天就一命呜呼。太子宫湦(音 shēng)继位,就是幽王。

围绕这一个婴儿，在王宫之中竟发生了君臣杀戮、帝王换代这么多重大的事情！这婴儿的影响确实不小。那么，这婴儿活下来了吗？她到底有何不同寻常的经历呢？

3. 褒姒入宫

这个幽王，性格比较暴戾，动静无常。父王尸首还没凉，就带着群小喝酒吃肉，一点没有悲伤的样子。幽王重用虢公、祭公与尹球，并列为三公。这三人都不是什么好东西，全是阿谀奉承、贪恋富贵之辈。

一天幽王上朝，岐山的守臣上奏说泾、河、洛三川同一天发生了大地震。幽王笑着说："山崩地震都是平常事，有什么大惊小怪，不用禀报，退朝吧。"伯阳父拉着一个忠臣大夫赵叔带的手感叹："这岐山是周王的发迹之地，现在山一崩，西周一定会出事啊。"赵叔带说："我作为臣子，一定要进谏。"结果二人的话被人报告了幽王，说他们谤毁朝廷，妖言惑众。

没过几天，岐山守臣说岐山崩塌了压坏无数民居。幽王一点都不在意。只管命左右到处搜罗美女来补充后宫。赵叔带强力进谏，批评幽王不管百姓，不访贤才而搜罗美女。虢公趁机说赵叔带就是看不起君王，这是借机会毁谤。幽王就免了叔带的官，将他放逐。

这时，另一个大夫褒响从褒城来京城，听说了赵叔带被放逐，急忙入朝进谏，说君王黜逐贤臣恐怕社稷不保。幽王大怒，让人将褒响囚禁在狱中。没人敢再进谏了。

话分两头。那个卖桑木弓箕草袋的男子，怀抱着女婴，一直逃到了褒地，想独自抚养女婴成人，但没吃没喝。这时恰好有个妇女不能生育，就用些布匹之类换了这个女婴，把她抚养成人，取名叫褒姒。

褒姒刚到十四岁，身材就长成了像十六七岁的模样，眉清目秀，唇红齿白,有如花如月之容,倾国倾城之貌。

褒响的儿子洪德,因为收税来到乡间。凑巧褒姒门外打水,虽然是村野装束,但也不掩她的天姿国色。洪德大惊,原来这穷乡僻壤竟然有这等丽色!洪德心想,父亲被囚在镐京的狱中,三年都没有释放,如果将这个女子献给天子,估计可以赎父亲的罪。于是洪德就用布帛三百匹,买褒姒回家,让她用香汤沐浴,吃好的食物,穿上华丽的衣服,教她宫廷的礼节,然后带到镐京。

幽王一看这女子,真是从来没见过这样漂亮的女子啊,流盼之际光艳照人。幽王一高兴就赦褒响出狱了,还恢复了官爵。天还没黑,幽王就与褒姒同床同寝,享受鱼水之乐。从此,君王日日不早朝。大臣们等着上朝,左等右等总是等不到,都叹息着走了。

幽王自从迷恋了褒姒,每天都在琼台住,三个月都没有进过皇后申后的宫门,有人告知了申后原因,申后很气愤,一天突然带着宫娥到琼台,正好碰见幽王正和褒姒坐在一起嬉戏。褒姒见了也不起身迎接,申后气得大骂:"什么东西!竟敢浊乱宫闱!"幽王怕申后动手,赶紧挡在褒姒前,说这是自己新娶的美人。申后骂了一场恨恨而去。褒姒问幽王这是什么人这么厉害,幽王告诉她这是正宫,让褒姒第二天去朝见。但褒姒不喜欢申后,第二天也不去朝见。

申后很不高兴,太子宜臼对母亲说可以出个计谋治治褒姒。太子让申后明天派宫人往琼台采摘花朵,等褒姒出来的时候,自己将褒姒毒打一顿,帮母亲出气。申后让儿子不可造次。太子看母亲不答应,就自己走了。

第二天,幽王出朝去了,太子故意派十多个宫人往琼台胡乱摘花。琼台的宫人拦住说这是大王栽种的,与褒娘娘赏玩,不能毁坏。这边的宫人却说是奉东宫令旨采花供奉正宫娘娘,谁敢拦阻。结果双方争嚷起来,惊动了褒姒,褒姒一看怒从心起。这时太子突然跳了出来,上前一步,抓住褒姒乌云宝髻,大骂:"贱婢敢妄称娘娘!"说着就打。太子把褒姒往死里打,连宫娥都害怕了,赶紧制止。褒姒含怒忍痛回到台中,哭得不成样子。

幽王退朝后来到琼台,看褒姒两鬓蓬松,哭成泪人儿,连忙问原因,褒姒拉住幽王袍袖,放声大哭,说自己差点性命难存。幽王知道怎么回事儿,就说不要怪太子,肯定是皇后的心思。褒姒哭着说:"太子替他妈出气,是想杀了我。我死了不足惜,可是我已经身怀六甲,我是一尸两命啊。求大王让我出宫,我要保全我们母子两条命。"幽王说自己自有处分,传旨先将太子贬到申国他舅舅那里反省。

褒姒一入宫,就激起千层浪,惹出不少事情。不过,说起来,后宫的争风吃醋乃是家常便饭,这次惹事的责任也不在于褒姒,褒姒也是个受害者而已。经过这次后宫争斗,以后的褒姒就开始变被动为主动了。

4. 千金一笑失江山

褒姒怀孕十月生下一个儿子,幽王爱如珍宝,取名伯服。幽王有点想废掉原来太子立伯服为太子,可是又不好说。虢公揣摩幽王意思,就和尹球商议,暗通褒姒说:"太子已经被逐,应该立伯服。如果内边有娘娘的枕边话,外有我二人照应,不愁事不成。"褒姒很高兴,就说:"如果伯服嗣位,一定让天下两位卿家共同治理天下。"褒姒从此派遣心腹,日夜监视申后,看有什么过错。掌握了宫门内外的任何风吹草动。

再说申后,儿子不在身边,幽王又不来,很是寂寞,每天都以泪洗面。一个年长的宫人出主意:"请娘娘修书一封,秘密寄到申国,让太子上表承认错误。如果万岁感动了,召太子回来,母子可以相聚。"申后觉得这个主意不错,但是谁去送信呢?宫人就说:"我的母亲温姐精通医术,娘娘诈称有病,召她进宫看病,然后让她带信出宫。"申后就这样照办,写一封信说:"天子无道,宠信妖婢,现在妖婢生了儿子,天子更宠幸她了。你上表装作认罪,请求父王宽赦,如果能回来,再做其他打算。"结果这事情被褒姒派来监视的人知道了,就报告了褒姒。

申后赐了两匹彩缯给温姐,温姐秘密带着书信出宫时,却被守门的宫监拦住。宫监问她彩缯从哪来的,是不是夹带宫中的东西,就要搜查。温姐东遮西闪,有点慌张。宫监一齐上来,把温姐的衣襟拉烂了,书信的一角露了出来。宫监将信连人押到琼台见褒姒。褒姒一看信,气得把彩缯撕得稀巴烂。

幽王回来时,看见到处都是破的彩缯,问怎么回事。褒姒哭着说:"正宫妒忌我生了儿子,寄信给太子,说以后有打算。大王要给臣妾做主啊!"拿信给幽王看。幽王一看果然是申后的笔迹,气得一剑把温姐杀了。

夜里,褒姒施展了床上功夫,又向幽王撒娇撒痴说:"我们母子的命,都在太子手上啊。"幽王让她放心,有他做主,太子敢怎么样。褒姒说:"大王总有千秋万岁的时候,之后太子成了皇帝,我们肯定死无葬身之地啊!"说完呜呜哭起来。幽王说:"我想废了申后和太子,把你立成正宫,伯服为东宫。就怕群臣不服。"褒姒说那就问问大臣们的意思。

第二天,褒姒赶紧通知虢公和尹球等人。幽王上朝,咨询大家的意见,虢公说王后的品德不好,应该废了她。尹球说褒妃品德很好,可以母仪天下。幽王问太子怎么办,虢公说:"臣等愿支持伯服为东宫太子,这样社稷才有幸。"幽王一听很高兴,传旨将申后打入冷宫,废太子宜臼,立褒妃为后,伯服为太子。幽王说,谁敢进谏就是宜臼的同党。文武大臣心里不服但都不敢吭声。

褒姒被视为"红颜祸水",当然不是因为她这点后宫争斗,而是她更为严厉的"罪行"——倾倒了一个国家。

褒姒一帆风顺当上了正宫,应该顺心如意。但褒姒是个冷美人,进宫以来从来没笑过。幽王总想逗她高兴,让人演奏音乐载歌载舞,褒姒总是没有一点笑容。幽王问她到底喜欢什么,褒姒说:"我记得在乡下的时候,手撕开彩缯的声音很清脆,很好听。"幽王说:"那还不容易!"下令司库每天送来一百匹,让宫娥撕给褒姒听。但褒姒听了好像还没什么笑容。

幽王问:"你为什么还不笑呢?"褒姒说:"我可能平生都不会笑。"幽王说:"我一定要想办法让你笑!"幽王下令:谁能让褒后一笑,赏赐千金。

虢公献了一个计策。以前为抵御西戎,在骊山下建了很多烽火台,有敌人进攻就放狼烟,附近的诸侯看到狼烟就会马上发兵来救,这时再敲起大鼓催促他们快速前来。如今已经很多年没点过烽火了。如果想让王后笑,就请她游玩骊山,到夜里点起烟,诸侯的援兵就会来,等来了一看没有敌人进攻,王后必然会笑。

幽王赞叹这是个好计策,就带褒后往骊山游玩,传令点烽火。郑伯友听说了急忙去进谏,说:"烽火是先王以备不测,要取信于诸侯的,现在无故点烽火,是戏弄诸侯啊。日后要是真有危险,再点烽火,诸侯都不相信了,拿什么救急啊?"幽王很恼怒:"我跟王后来玩,没什么消遣的,调戏一下诸侯玩玩。日后有事跟你无关!"就点起烽火擂起大鼓,霎时间鼓声如雷火炮冲天。

附近诸侯一看镐京有敌人进攻,一个个立即领兵点将连夜赶到骊山,谁知道楼阁上幽王正和褒妃喝酒唱歌。幽王告诉诸侯说:"其实没有敌人进攻,不劳大家长途跋涉。"诸侯都面面相觑,卷上军旗回去了。褒姒在楼上,凭栏看到诸侯们都匆匆忙忙连夜奔来却没有任何事情又无奈离开,觉得很有趣,不知不觉就抚掌大笑。幽王说:"爱卿这一笑,简直是百媚俱生,这完全是虢公的功劳。"就赏了千金给虢公。至今有俗语"千金一笑"就是从这里来的。

申侯听说幽王因为申后被废和原太子之事要来伐申,很害怕,自己国小兵弱怎么办呢?手下一个大臣出主意,让申侯联合西戎,先发制人,以攻为守,共同进攻镐京,一来可以救王后,二来可以逼天子传位于原太子。西戎看有好处,就同意了。两国浩浩荡荡杀向镐京,因为是出其不意,迅速将王城围了三圈,幽王才知道情况,大惊,问大臣怎么办。虢公说:"赶紧令人在俪山点烽火啊,诸侯救兵到了之后,里应外合就可破敌。"幽王派人点起烽火,结果诸侯以为又是幽王在戏弄他们,都不发兵了。犬戎攻入城中。幽王见势头不好,趁混乱之际乘小车带着褒姒和伯服从小门逃出,结果被追上一刀砍死,连伯服也被杀了。犬戎兵看褒姒很漂亮,就带走了。自此,长达二百七十多年的西周结束。

千金一笑而江山尽失,幽王能怪得上褒姒吗?这都是虢公、幽王惹的祸啊。虢公想拍幽王马屁,想得到重赏,想变成幽王眼前的红人才出此下策。幽王想在自己的女人面前表现一下自己多么喜欢褒姒、自己多么有男子气概,才听取了虢公的意见。在这期间,褒姒没有任何主动的要求,她没有千方百计设计去祸害这个国家。然而,历来她被指责为"祸水",并且人们编织了一套说法,认定她之所以成为祸水,跟她是怪物所生有关。褒姒由怪物所生的说法是怎么来的呢?

5. 怪物的来历

前边所讲的是明代冯梦龙编的小说《东周列国志》中的故事。褒姒一笑失江山的故事不少人都知道。其实,褒姒故事中最吸引人的不是烽火戏诸侯的事情,而是关于褒姒的身世。褒姒的妈妈似乎是受了玄鼋的孕才生的,而玄鼋是几百年前两条怪龙的涎沫而变的,可以说,褒姒就是怪物所生的,所以才那么漂亮,所以才成了红颜祸水。

不过,后人应该质疑,这是小说,不能认真。

那么,褒姒怎么成了怪物所生的呢?

事实上,这不单是小说的虚构,史书中也这样记载。

最早在《国语》中,褒姒由怪物受孕而生就已经成为一个完整的故事。《国语》中说,夏代衰亡的时候,褒地的神人化成二条龙,出现在王庭中,说自己是褒的两位君主。夏王占卜之后,不能杀也不能驱赶,就把它们的唾沫收集起来珍藏。到了厉王末年,厉王打开来看,唾沫流得满地都是,擦都擦不掉。厉王就让一群美女脱光了衣服围着大喊大叫,结果唾沫化为了玄鼋,跑到王府内。王府的一个小宫女被玄鼋撞了一下,小宫女到十五岁就怀孕了,到宣王的时候生下婴儿,因为是没有跟男人结合就生的,所以很害怕,就抛弃了婴儿。婴儿正好被制造弓箭的一对夫妇在路边拾到,夫妇二人逃到了褒国。后边的记载就很简略,说:"褒人褒姁有狱,而以为入于王,王遂置之,而婴是女也,使至于为后而生伯服。"就是说后来褒人献上褒姒,褒姒受宠,生了伯服。《国语》最关心的就是褒姒是怪物所生这个神魔小说一样的情节,其后的事情没有具体的记述。

可以发现,这里边说小宫女碰到玄鼋的情节不同,《国语》中说玄鼋撞了小宫女,小宫女就受孕了,而《东周列国志》说小宫女踩到了玄鼋的脚印就受孕了。踩到脚印受孕最早来自《诗经·大雅·生民》,传说姜嫄踩到了地上留下的天帝的大脚印而怀孕生下了后稷,把后稷扔在小巷子,牛羊跑过来喂他,把他扔在树林中,正好碰到砍伐树林的,把他扔在寒冰上,很多鸟过来用羽毛给他取暖。显然《东周列国志》中说褒姒被扔在河里有鸟拉着,采用了《诗经》里的说法。另外的不同在于《国语》说让一群美女脱光了衣服围着洒在地上的唾沫大

喊大叫,唾沫才变成蜥蜴,《东周列国志》中没有这个情节。《国语》说小宫女厉王末年怀孕,到宣王时生下婴儿,并没有提到过了四十多年才生。

司马迁《史记》继承了《国语》中的讲法,情节更加丰富。先说幽王继位,三川地震,而幽王并不当回事儿。幽王宠爱褒姒,褒姒生了伯服,幽王就废了申后与太子,立褒姒为后,立伯服为太子。周太史伯阳读到以前的史书,书中记载两个神龙在夏帝的王庭出现,说自己是褒人的两个君王。夏帝把它们的唾沫收集起来,一直放到厉王时,打开看时流了满地。厉王让宫女裸体围着跳舞,结果变为玄鼋,进入后宫时碰到一个七岁的小宫女。小宫女十五岁怀孕,生产后就把婴儿丢弃了。接着《史记》补充了《国语》中后来被省略掉的情节,说宣王时听见童谣唱:"檿弧箕服,实亡周国。"宣王抓卖弓箭的夫妇,夫妇逃走,结果路上拾到宫女抛弃的"妖"女,夫妇逃到褒地。之后褒人有罪,就用这个"妖"女献给大王。幽王宠爱,生下伯服,废掉申后及太子,立褒姒为后,立伯服为太子。除此之外,《史记》又增加了新的情节,说"褒姒不好笑",幽王就想尽千方百计让她笑。幽王点了烽火敲大鼓,诸侯带兵前来结果没有敌人,褒姒看了大笑。幽王很高兴,多次点烽火。最后诸侯都不相信了。申侯因为申后与太子被废,大怒,联合犬戎进攻幽王。幽王点烽火诸侯不来,在骊山下被杀。犬戎掳走褒姒。可以发现,《史记》这样严谨的历史著作也津津乐道于褒姒是怪物所生这样荒诞的细节。《史记》增加了褒姒被人拾到养大成人及献给幽王的故事,《东周列国志》基本按《史记》的情节加以扩充。

到刘向《列女传》,开头就讲褒姒的来历,叙述怪物怎么让宫女受孕,最后怎样的遭遇,完全依照《史记》的讲法。

总之,说褒姒是怪物所生,不是来自小说的虚构,而是历史书籍中的记载,这确实让人觉得很奇特。在惜墨如金的史书中花大量的笔墨来记述一个女子如何出生、经历如何的坎坷,可谓绝无仅有。这样的叙述,无非是想突出其是"妖",是"妖"才能如此妖媚,如此让一个君王迷惑,如此成为一个王朝灭亡的祸水。

6. 历史的疑点与可能的真实

其实,据学者郭鹏的研究,不论是《国语》或者是《史记》对褒姒的记载,都有不少的疑点可以探讨。

首先,褒姒为什么入宫。

《国语·郑语》中说:"褒人褒姁有狱",即是说褒姁有罪被关入监狱,褒人"献褒姒以赎罪"。而《国语·晋语》却说:"周幽王伐有褒,褒人以褒姒女焉。"是说幽王以武力讨伐有褒,有褒抵抗不了就献上了褒姒。这之间还是有差别的。

其次,褒姒与幽王灭亡的关系。

按《史记》中的说法,"三年,幽王嬖爱褒姒。"嬖,就是宠爱的意思,但并不是说这时候褒姒入的宫。厉王末年小宫女被撞的时候七岁,到十五岁怀孕时,应该为宣王八年,所以褒姒应该出生在宣王八或九年,宣王在位一共四十六年,等幽王即位时,褒姒已经四十岁。"幽王三年"时褒姒已经人老珠黄,还有可能获得幽王如此宠爱吗?很难想象。

幽王的史官伯阳说厉王末年褒姒被孕,虽然其中夹杂怪诞虚妄的说法,但作为史官,应该对当朝王后褒姒的大致年龄还是知道的。所以,最可能的状况是,幽王讨伐褒国得到褒姒时,他还是太子,褒姒当时不到二十岁。褒姒以青春妙龄入宫。

但如果是这样,即便有"烽火戏诸侯"这样的事情,也不可能发生在"幽王十一年"犬戎攻打镐京之时。因为这时褒姒已经有五十多岁了,幽王不太可能为一个老太婆去搞这样的浪漫。

故而,"烽火戏诸侯"诸侯不来救驾,应该有别的原因。最可能的原因是,诸侯不满幽王的残暴统治,任用奸臣,又废申后、废太子,所以不愿为幽王效力,申侯与犬戎攻打幽王时不来救驾,以扶持太子上台。所以,幽王灭亡的责任不能让褒姒来承担。

学者邵炳军考证,幽王因为宠爱褒姒而立伯服为丰王,丰王地位十分显要,太子宜臼感到了被废杀身的威胁,于是就投靠其舅申侯,自立为王。老爸还没死呢,太子就称王,与其父唱了四年的对台戏,并且先后有申侯、许文公、鲁孝公、晋文侯、卫武公、郑武公、秦襄公等众多诸侯参与支持,幽王感到了太子结党称王的不法行为对政权的威胁,自然就产生真的要废太子的举动。要废太子,自然连同其母后与其舅申侯都在被废之列。申侯本来就对幽王不满,于是,幽王十一年联合犬戎一起攻打幽王,把幽王和伯服杀死在骊山之下,拥宜臼为天子,即周平王。

7. 褒姒的真身

战国时期屈原在《离骚·天问》中对褒姒是怪物生发出质疑:"那个妖精为什么要在集市上号哭?周幽王被谁诛杀?他又是如何得到那个褒姒的?"可见,褒姒为怪物所生是个谜团。

那么,褒姒的真实情况是什么样子呢?

可以肯定的是,褒姒是个被父母抛弃的可怜的孩子。在她小的时候,一直过着贫苦的生活。作为一个政治礼物(如果是褒人拿她赎罪),或者作为一个奴隶(如果是褒人战败献上的礼物),进宫之后,褒姒的生活变得决然不同。从在一个小地方自由自在长大,到进入深宫,周幽王把她从一个女孩变成一个女人,然后变成一个被推入宫廷政治斗争的悲剧人物。如果一定要说褒姒对王朝灭亡有责任,那也只是对一个将倾之大厦踏上了最后一脚而已。

褒姒原来是个命苦的女子。她不笑就可见她的内心有多么深的悲伤,多么落寞忧愁,多么郁郁寡欢。她内心深处的痛楚可能无法舒展,这可能反而成了一种与众不同的奇妙韵味,对幽王有致命的吸引力。

烽火戏诸侯,幽王为了让她笑,导演了"狼来了"的故事。看着所谓的君王,所谓的诸侯竟是如此地幼稚,如此地无聊,褒姒就笑了。这一笑,幽王就高兴了。看看,你说终生都不会笑,看我把你逗笑了吧,男人巨大的虚荣心在这一瞬间得到了彻底的满足。

更深一层的是,在褒姒的生平故事中,史官的立场至关重要。史官津津乐道她是怪物所生的女子。首先,为了证明褒姒将是女祸,太史伯阳查阅了大量历史文献,从夏朝的两条神龙的离奇记载中找到所谓的证据,精心附会。接下来又是一个宫女受孕抛弃婴儿的故事。当褒姒被献给幽王的时候,史官没有任何证据,就确信这个妖媚的褒姒就是那个被抛弃的婴儿,而这个婴儿又有被卖山桑木弓箭和箕草箭套的夫妇收养逃难的离奇经历。总之,几个不相干的故事被史官接驳到一起,褒姒的孤儿身世,就此被狡诈的史官纳入了红颜祸水故事的框架。褒姒也因此变成了地地道道的红颜祸水。

读完褒姒的故事,只能让人有一个感叹:不管是幽王,还是史官,这些人无聊无耻地潜在背后,让褒姒变成了一个祸水红颜。

第四章　被动的红颜祸水

经过我们对历史与叙述的一层层分剥辨析,大家会发现,前边所讲的这些红颜,她们没有那么"祸水"了!也许有人会说:好吧,这些红颜不算"祸水"了,那像杨玉环引发了安史之乱,陈圆圆导致了清军入关,这样的人该是真正的"红颜祸水"了吧?话不能说得这么简单,就算你一定要说她们是红颜祸水,充其量她们也只是"被动的"红颜祸水而已。其实,在前边所有的红颜故事中,大家已经可以感觉到,很多时候,这些红颜都是无奈地被动承担,她们没有太多主动的权力。杨玉环与陈圆圆同样是这样,我们姑且称之为"被动的"红颜祸水。

Ⅰ　杨玉环的冤屈

说到杨玉环杨贵妃,很多人自然会想,毫无疑问,这个可是个"典型的"红颜祸水了吧。其实,杨玉环不能算是"典型的"红颜祸水,充其量也只是个"被动的"红颜祸水。所谓被动,是她自己并没有想方设法地做些祸国殃民的事情,而是处于历史洪流中,不是时势造英雄,而是时势造祸水,历史让她成了祸水的角色。为什么这样说呢?这要从杨玉环的故事说起。

1. 与梅妃争宠

唐代玄宗的时候,太平盛世,人们就容易饱暖思淫欲。玄宗派人到处选美女。

闽地的珍珠村有一个秀才叫江仲逊,生了一个女儿,小名阿珍,聪明伶俐,九岁就能背诵《诗经》,江仲逊就拿《诗经》里的词给她取名叫采苹。这个采苹长大了之后花容月貌,月里嫦娥也得让她几分。除了容貌,她诸子百家无不贯通,琴棋书画样样都行。

采苹年方二八,被选到宫中,玄宗一见,惊奇得很,就纳为妃。玄宗知道江妃喜欢梅花,就让宫中四处栽梅花,从早到晚与她一起游玩,并赐名梅妃。玄宗说,每当自己被朝政所困,看见梅花盛开清芬拂面就觉得非常清爽,而梅妃的花容也是这样令他顾恋。

过了一阵,玄宗又觉得嫔妃虽然多,但绝色的太少,就又让人四处选美。一个臣子杨回告诉他:"倾国倾城的当然是寿王的妃子杨玉环啊!"

这寿王就是玄宗的儿子,寿王的妃子是自己的儿媳妇。不过玄宗不管这么多了,就差高力士快去宣杨妃来。

杨妃接到圣旨,拜别寿王,来到皇宫。玄宗一看,这个女人"春山脉脉,幽妍清清,依稀似越国西施;婉转轻盈,绝胜那赵家合德",正是"回头一笑百媚生,六宫粉黛无颜色"。玄宗很高兴,就授意高力士让杨妃自己来请求做女道士,赐号太真,到内太真宫。过了四年,玄宗就让寿王娶了左卫将军韦昭训的女儿为妃,把太真宫的女道士杨玉环册封为贵妃。

杨玉环,杨元琰之女,陕西华阴人,出生在四川。不幸的是杨玉环从小变成了孤儿,所以由叔父河南府士曹元珪养大成人。玄宗册封她为贵妃,顺便把曹元珪封为光禄卿,她堂兄杨钊做侍郎。这个杨钊原来姓张,寄养在杨家。玄宗觉得钊字有金刀之像,所以赐他改名为国忠。

玄宗自从宠了贵妃,就疏远了梅妃。梅妃问亲随的宫女为什么皇上几天都不到自己宫中,宫女不知道,梅妃就找高力士问,高力士说:"圣上在南宫中新纳了寿王的杨妃,宠幸无比。自从杨妃入宫之后,龙颜大悦,亲赐了很多珠宝,亲戚朋友都加官晋爵,宫中都叫她娘子,出入就像皇后的仪仗。"梅妃听了,就对妆台梳妆,准备去见圣上。不觉对着菱花宝镜感叹:"我江采苹这样的才貌,为什么如此憔悴,真令人肠断啊!"说着就哭了起来。宫女再三劝慰,把她打扮得齐齐整整到了南宫。

梅妃看见玄宗自己立在花荫下,就去拜见,说:"陛下纳宠了杨妃,贱妾一来贺喜,二来求见新人。"玄宗说:"我这是一时沾惹点闲花野草,不用这么严肃。"梅妃坚持要去见贵妃。玄宗就召杨贵妃出来,命摆宴三个人一起喝酒。玄宗说:"梅妃有这么好的文采,写一首诗赞美一下贵妃怎么样?"不管梅妃答应不答应,就叫左右备了一幅锦笺放在梅妃面前。梅妃只好写上一首七绝:"撇却巫山下楚云,南宫一夜玉楼春。冰肌月貌谁能似?锦绣江天半为君。"玄宗看了连声赞美,交给杨贵妃看。贵妃看了一遍,觉得这是讥讽她。诗里说"撇却巫山下楚云",就是嘲笑她从寿王府里来的,"锦绣江天半为君",是笑话她太肥胖的意思。杨贵妃就想反击一下,告诉玄宗自己也要写一首赞美梅妃:"美艳何曾减却春,梅花雪里亦清真。总教借得春风早,不与凡花斗色新。"玄宗看了也大声赞美。梅妃一看,这"梅花雪里亦清真",是笑她瘦弱的意思,"不与凡花斗色新",是笑她早过时了,不屑跟她比。梅妃脸上不好看,高力士连忙说:"娘娘们诗词唱和这样风雅,奴婢有几句粗言俗语。"玄宗问他有什么主意。高力士说:"皇爷今日同二位美人、二位娘娘一同欢乐。皇爷卸下皂罗袍,娘娘解下

第四章 被动的红颜祸水

红袖袄,忽闻一阵锦衣香,同睡在销金帐,那时节花心动将起来,只要快活三,哪里管念奴娇、惜奴娇。皇爷慢慢地做个蝶恋花,鱼游春水,岂不是万年欢、天下乐?"两个皇妃听到他说到"花心动,快活三",不觉得都嘻嘻微笑起来。玄宗大赞高力士言之有理,就挽手携着二妃回宫去了。

杨贵妃因为写诗的事情对梅妃不满,仗着很受宠爱,就说了梅妃一些坏话。玄宗冷淡了梅妃。

一天,玄宗在梅园散步,忽然想到梅妃,就派高力士去探望。梅妃问圣上为何不亲自来,就不去。高力士回去禀报,玄宗就让高力士带上名贵的马去接梅妃。玄宗叮嘱高力士不能让贵妃知道,梅妃说:"既然是君王宠召,为什么偷偷摸摸?"高力士说是怕贵妃知道,梅妃问:"陛下为什么这么害怕这个肥婢?"高力士只是劝梅妃快过去。梅妃到了梅园,玄宗就命宫女摆酒一起喝酒,喝到半醉,就与梅妃一起进房去了。

杨贵妃在宫里不见玄宗来,就问宫人,宫人说圣上召了梅娘娘。贵妃听了马上过去。玄宗知道贵妃冲来了,抱梅妃藏到夹幕间。贵妃进来,问:"陛下为什么起得这么迟?听说梅妃在这里,我特地来相见。"玄宗说:"梅妃不在这里,在东楼呢。"贵妃说:"既然梅妃不在这里,我们一起去温泉享乐吧。"玄宗左看右看就是不回答。贵妃生气地说:"这里杯盘狼藉,床下有女人的鞋,枕边有金钗翠钿,昨夜是什么人侍陛下寝?到现在还不去上朝,成何体统?"玄宗拉被子抱紧,转过头睡下,说:"朕今天有病,不能去上朝。"杨贵妃大怒,把金钗翠钿哐啷扔在地上,就走了。一个小黄门看杨贵妃来势汹汹,怕出事,就送梅妃回宫了。

玄宗看贵妃已经走了,就想和梅妃再度云雨,却不见了梅妃,知道是被黄门送走了,一怒之下把黄门斩了。玄宗亲自拾起梅妃的金钗翠钿珠钗包好,又选了外国使节上贡的一斛珍珠,派人拿去赐给梅妃。梅妃心想:"刚刚还在床上温存,圣上却中途让人送她回来,为什么这么嫌弃自己呢?"越想就越伤心。玄宗派来的人讲明实情,安慰梅妃说:"万岁不是嫌弃你,是怕杨娘娘脾气不好,送你回来的黄门已经被斩了。"梅妃说:"万岁爱我都怕惹这肥婢不高兴,还不是嫌弃我吗?"就把皇上送来的珍珠退回去了,附上一首诗:"柳叶蛾眉久不描,残妆和泪湿红绡。长门自是无梳洗,何必珍珠慰寂寥?"玄宗看完诗,闷闷不乐,就令人将诗配上音乐唱,歌名叫"一斛珠"。

后宫争宠,是皇宫内千古不变的节目。失败者总是令人感到同情,胜利者洋洋得意之际却容易做出其他惹祸上身的事情。

2. 安禄山出场

杨贵妃受了专宠,不久就又惹上了安禄山。

这个安禄山是少数民族,本姓康,原来叫阿落山,因为后来他妈再嫁给姓安的,就也姓了安,改名叫禄山。他为人奸猾,善于揣摩人的意思。因为原来的部落被打败,逃到了幽州,投在节度使张守珪麾下。

张守珪很喜欢安禄山,就收他做了养子。一天守珪洗脚,安禄山看到守珪左脚底有五颗黑痣便笑了。守珪说:"我这五颗黑痣,人们都说是贵人相,你怎么笑呢?"安禄山说:"我两脚底都有七颗黑痣。"守珪让安禄山脱鞋,一看果然他两脚底都有七颗痣,形状像北斗七星,还比自己脚上的更黑更大。此后,守珪对安禄山更加爱护,多次借军功荐引。

奚契丹进犯边境,守珪派安禄山督兵征讨。安禄山不听守珪的计策,结果被杀得大败,必须按军法处置。安禄山被解送到京师处理。安禄山就行贿内侍,让内侍在玄宗面前说好话。朝臣主张按律

法杀了安禄山,但玄宗听了内侍的话,竟降旨赦禄山死罪,仍派到平卢戴罪立功。

安禄山本来就是乖巧善媚的人,到了平卢更殷勤地结交朝中权贵。只要玄宗身边的人来了,都送厚礼贿赂。因此玄宗听到的都是称誉安禄山的话,就提拔他成了平卢节度使。后来干脆直接召进朝廷,留在京城侍驾。玄宗觉得安禄山很真诚,非常宠爱,随时可以见皇帝,出入都没有限止。

一天,安禄山找了一只很会说话的白鹦鹉献与玄宗,正好遇到玄宗和太子一起在花丛中散步。安禄山将鹦鹉笼儿挂在树枝上上去朝拜,却故意只拜了玄宗,不拜太子。玄宗问他为什么不拜太子。安禄山假意说:"我是个愚臣,不知道太子是什么官爵,不知道该不该拜。"玄宗笑着说:"太子是储君啊,还论什么官爵,我死之后太子就是皇帝了,你怎么能不拜?"安禄山说:"我是愚臣,只知道对皇上一个人尽忠报效。"玄宗就回头对太子说:"你看这个人多朴实忠诚啊。"正说着,那只鹦鹉在笼中叫:"安禄山快拜太子!"安禄山这才对着太子下拜,拜完就将鹦鹉送上。

玄宗看见这个白鹦鹉很高兴,说:"这个鸟不但能说话,还通晓人意,真是神鸟啊。你从哪弄来的?"安禄山说:"微臣征讨奚契丹时,梦见先朝已故的名臣李靖。李靖向我要东西吃,原来我到了此地没有拜祭他,等后来我拜祭的时候,这个鸟忽然从空中飞下来。微臣自己觉得这是祥瑞,就把它驯熟了献给圣上。"正说话,鹦鹉又叫:"贵妃娘娘驾到了!"

果然,许多宫女簇拥着香车冉冉而来。安禄山要退避,玄宗却命安禄山拜见贵妃。

贵妃问安禄山现在是什么官儿,玄宗说:"他是塞外人,当初是张守珪养子,现在伺奉朕,就像朕的养子。"贵妃说:"真像圣上说的,那这个人是所谓的'可儿'呀。"玄宗开玩笑说:"妃子认为是可儿,那就可以把他当儿子抚养呀。"贵妃笑着看着安禄山不说话,安禄山赶紧到阶前,跪下拜着说:"臣儿愿母妃千岁。"玄宗说:"禄山你的礼数差了,怎么先拜母亲,应该先拜父亲啊?"安禄山叩头说:"微臣是胡人,胡人的风俗是先母后父。"玄宗对贵妃说:"你看看可儿多朴实,多忠诚!"

安禄山早听说杨贵妃有多美,现在看到花容月貌十分欣喜。况且认了干妈,将来就可以亲近。杨贵妃也是风流水性,看见安禄山身材充实,也有英锐之气,也动了点邪心,两人很快就勾搭到了一起。

简单的几件事情,就可以看出安禄山是个很有心计的人。这样的人,没有野心才怪。杨玉环跟他扯在一起,总有一天会遭殃的。不过,杨玉环现在还不会有这样的忧虑,她的杨家正兴盛着呢。

3. 杨家的风光

杨贵妃一人受宠,杨家大小封官晋爵,权倾天下。

贵妃有三个姐妹,个个貌美如花,玄宗加赐她们为韩国夫人、虢国夫人、秦国夫人。三个夫人虽然都是有夫之妇,但时常进宫伺候皇上,把玄宗弄得意乱情迷。玄宗下令每月给三个人十万钱作为买脂粉的钱。

杨国忠的地位也迅速上升,杨家出入皇宫禁门可以不闻不问,京师的官员都为之侧目。在李林甫、杨国忠的专权下,整个国家开始混乱起来。朝政混乱影响了国家的经济,政治急速腐败,人心动荡不安。大臣陈元礼上奏玄宗,说西南发生了很大的军事叛乱,玄宗就让杨国忠派人去镇压,结果三次都大败,杨国忠却告诉玄宗事情很顺利。玄宗什么都不知道,只觉得天下太平无事,又看见库藏财货充盈,就志骄意满,视金帛如粪土随便赏赐,一切朝政都派给奸臣李林

甫来处理。

安禄山生日那天,玄宗与杨贵妃都赏了他不少钱。杨氏兄妹都来庆祝。安禄山入宫谢恩,然后去叩见母妃。杨贵妃正在微酣半醉之间,看见安禄山来谢恩口中声声自称孩儿,十分可爱,就说:"人家养了小孩子,按规矩三年洗儿,今天恰好是你三岁生日,我今天应该给你洗洗。"于是乘着酒兴,把安禄山衣服脱了,两人在浴池中云雨一番。完事之后,杨贵妃用锦缎把安禄山浑身包裹起来,像是安禄山在襁褓一样,让宫人抬着绕宫游行。宫中的人都大声喧笑。玄宗正在闲坐看书,听到笑声问怎么回事儿,知道是贵妃在玩"洗儿之戏",出来一看也高兴得哈哈大笑,就赏了贵妃金钱银钱各十千,作为洗儿之钱。

贵妃是蜀地人,爱吃荔枝,海南的荔枝要比四川的好,玄宗就让人去运送,各地设下驿站,快马传递,飞驰以进。正是杜牧的诗里说的:"一骑红尘妃子笑,无人知是荔枝来。"

一天,玄宗宴请一群王兄王弟王儿,贵妃也来作陪。酒席上宁王吹紫玉笛为大家助兴。席散后诸王都谢恩走了,玄宗也起来去更衣。贵妃看到宁王所吹的紫玉笛忘在了御榻上,拿起来把玩了一番就吹起来。玄宗正好回来,调戏说:"你自己有玉笛为什么不拿来吹,这是宁王的,他才吹过,唾液都还在,你怎么吹起来?"贵妃说:"宁王吹过已经很久了,我吹了没什么。哪像有些人,双脚被人勾住,鞋带都开了,陛下都置之不问,为什么来苛责我呢?"

原来,一次玄宗宴请诸王,梅妃作陪。梅妃给大家敬酒时,宁王因为喝多了,不小心踩到了梅妃的鞋。梅妃很生气,马上就离了席。玄宗并不知道发生了什么事情。谁知第二天宁王来请罪,说自己不小心碰了梅妃,请皇上赎罪。玄宗觉得没什么大事,就没再追究。

现在玄宗见贵妃嫉妒梅妃,连日来又意态蹇傲,心下着实有些不高兴。自己只是酒后跟她戏语,她都这样出言不逊。因为又牵涉梅妃的旧事,玄宗不觉勃然大怒,脸色都变了,厉声说:"阿环你竟敢如此无礼!"一面起身往里边走,一面口宣圣旨:"着高力士即刻用轻车送她回杨家去,不许入侍!"杨贵妃平常恃宠惯了,今天天威忽然震怒,想去哀求又怕出事,就含泪出宫回到杨国忠家。杨家兄妹听说了都吃惊不小,不知所措。

这边玄宗一时发怒,说将杨贵妃逐回,走到内庭又觉得宫闱寂寞,举目没什么说话的人,想再召梅妃,又听说贵妃想杀梅妃,心中又恼恨又感伤,就病了。

高力士私下跟杨国忠说:"如果你想让贵妃重新入宫,外臣奏请比较好。有个叫吉温的,是个酷吏,为人狡诈。宰相李林甫很喜欢他,因此也是玄宗的亲信。你看着办吧。"杨国忠马上求吉温帮忙,说事成之后重谢。吉温就进言玄宗说:"贵妃是妇人无识,忤逆了圣意,就算是其罪该死,也应该死在宫中。陛下为何不肯借宫中一席之地,而让贵妃在外边受辱?"玄宗听了有些后悔,就送了御前的美食及珍玩宝贝给杨家,说是赐妃子的。

杨贵妃让使者传话给玄宗说:"我要以死谢圣上。发肤是父母所生,现在就拿一绺头发报答万岁吧。"玄宗知道了很惋惜,就命高力士以香车连夜将贵妃召回宫。

杨贵妃一见玄宗,就呜咽哭泣。玄宗亲手扶她起来,让侍女为她梳妆更衣,好言抚慰。当夜同寝,更加恩爱。杨贵妃重新入宫之后,玄宗比以前宠幸十倍。杨氏兄妹更加作威作福。

杨家变成臭名昭著的奸臣之家,然而却无所畏惧,因为有杨玉环整天在皇帝的耳边私语,引导玄宗去享受的生活奢华。发发小脾气、哭哭闹闹地搞点小情调,是杨玉环的拿手好戏。玄宗这个老人又气又喜,却甘愿沉迷于温柔之乡中,渐渐不闻外界的事情。祸事终于来了。

4. 安禄山叛乱

再说安禄山在皇帝身边已经伺奉了几年,就给玄宗出主意,让玄宗将边境险要的三镇改用番人来戍守,番人更容易对付来侵犯的番人。玄宗就听信了,派安禄山去边境负责管理这三镇。

大臣韦见素觉得用番人有问题,就去进谏,但玄宗不听。杨国忠也劝告玄宗:"安禄山坐制三大镇,兵强势横,好像还有别的图谋,不能不防啊。"玄宗听了不吭声。韦见素出主意说:"如果擢升安禄山为平章事,进入朝廷做事,而派另外的三个大臣去管理范阳、平卢、河东三镇,安禄山的兵权就没了,就不会起什么异心。"玄宗嘴上答应,但态度很犹豫,迟迟不决。

贵妃知道了这事,虽然很想让安禄山再入朝,但知道杨国忠很嫉妒安禄山,怕安禄山到了京师被杨国忠等人杀害,就跟玄宗说:"安禄山还没有造反的表现,他现在手握重兵在外,无缘无故频频征召,他倒是会怀疑,不如先派人看看。"玄宗就听了贵妃的话,派人带一些精美果品赐给安禄山,暗地观察他的举动。安禄山早从宫中知道了消息,就贿赂了来的使者。使者回去就说安禄山忠诚为国,并无二心。

玄宗觉得边境无事,自己年纪渐老,要及时行乐。于是每天和嫔妃唱歌跳舞十分快活。杨贵妃与韩国夫人、虢国夫人等人,更加骄奢淫荡。在华清宫中添设香汤泉洗浴。每到天暖闹酒之后,就入池中与玄宗嬉戏。

杨贵妃身体胖,怕热,夏日只穿着轻纱,让宫女不停扇扇子还流汗,不过她的汗是香的,汗水拭抹在巾帕上,就像桃花的颜色,真是天生尤物。

玄宗与杨贵妃经常到骊山宫避暑,宫中有一个殿,叫长生殿,因为极高所以比较凉快。这年七月七日七夕乞巧,天气很炎热,玄宗贵妃在长生殿中纳凉。到二更后宫女都散去歇息了,二人才同去寝室中。杨贵妃还是觉得热,睡不着,就拉着玄宗起来,再同去庭前乘凉。两个人坐到夜深,万籁无声,夜景清幽,玄宗拥着贵妃说:"今夜牛郎织女相会,不知他们有多快乐?"杨贵妃说:"这鹊桥相会的事情,不知道真有没有,如果真有的话,天上的乐趣自然跟人间不同。"玄宗笑了,说:"看他们离别多相聚少,还不如我和你每天都欢聚。"杨贵妃说:"人间的欢乐终有散场,怎么能像天上的双星永久成配。"说着就不觉叹息。玄宗触景生情也很感动,说:"你我怎般恩爱,哪能忍受分离。现在就在这星光之下,你我二人发誓,但愿生生世世长为夫妇。"杨贵妃听玄宗这样说,点头发誓:"阿环同此誓言,双星为证。"后来白居易《长恨歌》中写了这件事:"七月七日长生殿,夜半无人私语时。在天愿作比翼鸟,在地愿为连理枝。"

玄宗这个人洞晓音律,丝竹管弦没有什么他不会的,有时自制曲调随意写成,但都是清浊疾徐回环转变合乎节奏。杨贵妃也很懂音乐,二人经常吹玉笛合奏。有一天,玄宗白天在玉清宫中打盹儿,梦见有几个仙女从天上下来,容貌极美,每人手执一种乐器,向着玄宗边吹边跳舞,声音绝妙,其中的笛声尤为佳妙。玄宗醒来,就自吹玉笛学习。贵妃依照着音乐翩翩起舞,竟然一点不比梦中的仙女差。

玄宗贵妃在享乐的时候,边境却发生了状况。安禄山知道皇帝身边的杨国忠对自己有猜忌,现在自己山高皇帝远,手里有重兵,就慢慢不怕了,骄横起来。

一个郡主完婚,玄宗让安禄山来观礼,安禄山以边务倥偬为借口不来。玄宗有些生气,说安禄山不识抬举,负心忘恩。贵妃却说:"安禄山本来就是番人,不知礼数。平时陛下又对他恩爱宠极,所以未免骄傲,没有什么。"安禄山的儿子安庆宗在京城做官,玄宗就命安庆宗写信给他父亲,让安禄山回京城请罪,说:"皇上最近在华清宫重新搞了一个汤泉,等安禄山来洗浴,当年洗儿之事还是让人很挂念。"

谁知道杨国忠心里却不想让安禄山回京城。如果安禄山真要来京城了,朝廷必定要留他在京,将来更加重用,夺宠夺权,对自己很不利。杨国忠心想,不如早早激他造反,这样既可以让皇帝知道自己讲的是真话,也可以趁机除掉与自己争权的人。

当时安禄山的门客李超在京城,杨国忠就诬害他,把人给杀了。杨国忠一边密奏玄宗说:"安庆宗虽然奉旨写书,一定另有私下的书信给他父亲,安禄山肯定不来,不久必然有举动。"又一边派自己心腹到去范阳的路上散布流言,说天子因为安节度态度侮慢,还查出宫中私事,已经大怒,将安禄山的儿子安庆宗拘在宫中,勒令写信引诱他父亲入朝谢罪,来了就把他们父子都杀了。

安禄山听到这个流言很惊怕。不久,果然接到儿子的书信。安禄山问送信的使者,使者说他出发时少爷还好好的,路上听到一些说法,门客李超已经犯罪下狱了。安禄山问:"贵妃娘娘有没有密旨?"使者说没有。安禄山听了,更加惊疑。因为杨贵妃和安禄山有私情,经常有书信来,这次什么都没有,似乎已经出了问题,难道宫中私事被发觉了是真的?如果私情被查出来,那是死罪,看来不得不反了。于是安禄山起兵反叛。

政治的角力总是错综复杂的,国力强盛的大唐似乎有绝对的优势去对付一个小小的藩镇首领。然而,安禄山用金钱和关系让自己手中掌握了一些无形的政治资源,其中最大的一个就是杨玉环,这估计是玄宗无法预料的。不能知己知彼,玄宗只有自己处于劣势了。

5. 玄宗逃命

安禄山真的起兵反叛了,河北震恐,没有能抵挡住安禄山叛军的。玄宗听了贤臣的推荐,将郭子仪升为朔方节度使,命哥舒翰为兵马副元帅。但安禄山声势浩大，攻破荥阳直逼东京，东京很快陷落。

不久，郭子仪与李光弼两兵会合，打败了安禄山手下重将史思明。郭子仪正高兴呢，忽然听到朝廷上有诏，催促副元帅哥舒翰出战。

原来，哥舒翰屯军潼关，作为长安的屏障，所以暂时按兵不动，等待时机。副使王思礼跟哥舒翰说："现在天下因为杨国忠才招致的祸乱，你应该上表请斩下杨国忠的头以谢天下。"哥舒翰觉得这事情比较重大，就没有答应。王思礼想了想说："上表估计也不会斩杨国忠的头，不如我带三十骑，去劫取杨国忠到潼关，然后斩了他。"哥舒翰很愕然，说："如果像你这样干，就是我哥舒翰造反了，而不是安禄山造反了。"

那边杨国忠也有人对他说："朝廷的重兵都在哥舒翰掌握之中，如果有人挑刺说你的不是，就对你很不利，你怎么办？"杨国忠很害怕，千方百计地想办法，立即奏启玄宗，催哥舒翰进兵，以恢复陕洛。玄宗听信了杨国忠的计策，催逼哥舒翰出战。

哥舒翰一直屯兵，并没做出兵的准备。但皇帝连连下令出击，没办法只好出战，但一出兵就中了安禄山的圈套，几乎全军覆没，哥舒翰被擒投降。安禄山叛军突破潼关，直扑京城。

杨国忠怕人埋怨他催战的失误，先发制人谴责哥舒翰，又不同意等郭子仪、李光弼来援救，劝玄宗移驾去西蜀暂避。

杨国忠为什么劝玄宗去蜀？原来他曾当过剑南节度使，四川他熟门熟路。之前一听到安禄山反叛，他就私下遣心腹在四川准备，现在建议玄宗幸蜀，到了四川，自己岂不是说一不二？

玄宗很犹豫，不想去蜀地。杨国忠就去让虢国夫人、韩国夫人连忙入宫和贵妃一起劝玄宗。姊妹三个见了玄宗，你一言我一语，说着都哭起来，玄宗不答应都不行。玄宗想遍召在京的王孙王妃随驾同行,但杨国忠不同意,说:"圣上请先行,如果外人都知道了,圣驾会有危险。不如圣上先行,之后再降密旨让其他人再跟随。"玄宗就悄无声息出了京城。

玄宗已经年老,没有年轻时候的盛气凌人,可能已经开始害怕出事,害怕死亡。杨国忠出了如此误国误家的主意,玄宗都没有坚持自己的立场。他不知道自己出逃的举动会对帝国造成多大的创伤,会对自己的爱人带来怎样的致命后果。

6. 命丧马嵬驿

第二天百官入朝,宫门一开,宫人嫔妃都乱哄哄飞奔出来。百官知道皇帝不见了,乱了起来,大小官员和百姓四出逃避。一些人趁机涌入宫禁和官宦之家盗取财宝,公子王孙无可逃避,在路旁大哭。

玄宗仓促西逃,才过了便桥,杨国忠立即让人烧桥,防止有追兵。玄宗知道了,立即斥骂杨国忠:"百姓都想避贼求生,你怎么能绝了他们的生路?"让高力士赶紧扑灭了火。

玄宗驾至咸阳,地方官员听说京城大乱,早就跑了。已经到晌午,皇帝还没吃饭,百姓们献上粗饭,里边掺杂着麦豆,王孙们都用手抓着吃。玄宗谢过百姓,忍不住哭了。百姓看了也失声痛哭。

第二天,到了马嵬驿,将士们又饿又疲惫,都心生怨愤。

正在这个时候,王思礼从潼关跑来护驾。玄宗任命王思礼为河西陇右节度使,让他去收集散兵。王思礼临行前私下跟陈元礼说:"杨国忠招来祸乱,罪大恶极,现在人人痛恨。我曾经劝哥舒翰将军上表请求杀他,将军没听我的话,结果兵败被俘。如今你何不杀了此贼,以快众人之心?"陈元礼说自己正有此意。陈元礼就和东宫的内侍李辅国商议。

此前,吐蕃的使者二十多人到京城交好,结果正碰到玄宗西逃,就跟随皇帝逃出京城。这天,吐蕃的使者正好策马跑到杨国忠马前,问杨国忠有没有什么吃的东西。杨国忠还没来得及回答,陈元礼大叫:"杨国忠勾结吐蕃的使者想谋反啦!我们为什么不杀了这个反贼!"众军士一听,心中怨愤正无处发泄,于是一齐鼓噪起来。

杨国忠大惊,没见过这阵势,吓得急忙骑马就跑。众军士蜂拥上前,乱刀将他砍倒,割下手脚,用枪挑起他的头挂在驿门外。杨国忠才被杀,凑巧韩国夫人乘车到了,众军士又一拥而上,将韩国夫人也砍死。虢国夫人与杨国忠的儿子仓皇逃到陈仓,被县令抓到也都被诛杀。

玄宗听说杨国忠被众军士杀了,急忙出了驿门,好言相劝安慰众军,让他们收队。但众军喧闹扰攘围住驿门不散。玄宗问他们为什么还不散,众军哗然,说:"反贼虽然杀了,但贼根还在,怎么敢随随便便散去?"

陈元礼上奏说:"众人的意思是,杨国忠被诛,贵妃不应该再侍奉陛下,请陛下圣断。"玄宗惊讶得变了脸色,说:"妃子深居宫中,即便杨国忠谋反,跟她有什么关系?"高力士说:"贵妃确实没有罪,但是众将士已经杀了杨国忠,而贵妃如果还在圣上左右的话,谁能自安?愿皇爷深思啊,将士心安圣上才能安全。"

玄宗默然不吭声,只是点了点头。玄宗转身走回驿中,不忍走入行宫,只在驿旁的小巷中站着,拄着拐杖低着头。

韦见素的儿子韦谔跪下来说:"众怒难犯,圣上的安危就在顷刻之间,愿陛下忍小痛以保证国家安慰啊。"玄宗才进入行宫。

玄宗见了贵妃,一个字也说不出口,只是抚摸着她哭。这时门外士兵的喧哗声越来越大。高力士说:"陛下,事情还得早早解决啊!"玄宗拉着贵妃,走出驿道北墙口,大哭,说:"爱妃,我和你从此永别啦!"杨贵妃也呜咽着说:"愿陛下保重,妾的罪太多,死也没什么悔恨,希望能让我礼佛而死。"玄宗哭着说:"愿仗佛力,能使妃子善地受生。"就让高力士带贵妃到佛堂去。玄宗挥泪说:"此去剑门,鸟啼花落,水绿山青,无非都是让朕悲悼妃子啊。"

杨贵妃来到佛堂,对着佛行礼完了,高力士奉上罗巾,让她在佛堂前一棵果树下自缢。此年,杨贵妃三十八岁。一代红颜自此香销玉殒,任凭后世传说,后来的人讲述出各种各样的贵妃故事。

7. 杨贵妃故事系列

以上所说的故事是《隋唐演义》中所讲的关于杨玉环的故事,内容相当丰富多彩。杨玉环与唐明皇李隆基的故事深受大家喜爱,因此关于杨玉环的记载与小说就非常多。

宋代乐史的《杨太真外传》比较有名。《隋唐演义》中不少故事是从《杨太真外传》来的。

《杨太真外传》说杨贵妃的小字叫做玉环,是弘农华阴人,生在蜀地。先嫁给寿王,后来玄宗看上她就让她做女道士,之后名正言顺册封杨氏为贵妃。杨贵妃在进见那天,奏了《霓裳羽衣曲》。

关于《霓裳羽衣曲》,一种说法是:玄宗登上三乡驿时,远眺女儿山,看见群山如仙境,想象神山之中有仙女起舞,于是写成的。另一种说法比较神奇:罗公远在天宝初年侍奉玄宗。一个八月十五夜,宫中赏月,罗公远说:"陛下,您能跟臣一起到月亮中游玩吗?"罗公远就拿一个桂枝,向空中一掷,结果化为一座桥,颜色如白银。罗公远请皇上一同登上桥,走了十多里,到了一个大城阙。公远说:"这是月宫。"这时候有数百仙女,都穿着素色的宽袍大袖在庭中跳舞。皇上走上前问:"这奏的是什么乐曲?"仙女说:"《霓裳羽衣》。"皇上就悄悄记下了声调。接着回到桥上,回头看时,桥随着自己的脚步消失。第二天,玄宗就模仿听到的曲调,作了《霓裳羽衣曲》。

不管怎么说,杨贵妃奏了《霓裳羽衣曲》,圣上往往龙颜大悦,说贵妃的舞蹈"回雪流风"、"回天转地",连连说自己得到杨贵妃就如获至宝。

此后,杨氏三姐妹,都在宫廷中胡混,贵妃的亲戚都加官晋爵。接着,杨贵妃认安禄山为义子,此后安禄山叛变。

皇宫中种了很多牡丹,皇上和贵妃一起赏玩,玩得尽兴,就召李白献上《清平乐词》三篇:"云想衣裳花想容,春风拂槛露华浓。若非群玉山头见,会向瑶台月下逢。""一枝红艳露凝香,云雨巫山枉断肠。借问汉宫谁得似?可怜飞燕倚新妆。""名花倾国两相欢,长得君王带笑看。解释春风无限恨,沉香亭北倚阑干。"李龟年就根据词谱了曲子唱。

有佞臣献上了一种东西,叫合欢果,大约是现在的催情药。玄宗说:"这种果实真知道人的意思,和贵妃一同吃了,简直欲死欲仙。"

权臣李林甫死后,皇上就宣布贵妃的弟弟杨国忠为相。杨贵妃整个家族既有地位又有钱,贵妃的姊妹虢国、韩国、秦国夫人在路上走时,掉下来的金银珠宝就有很多。

杨贵妃在马嵬坡被迫自杀以后,皇上很想念她。有个道士说能找到杨贵妃的魂魄,就利用法术出天界、入地府去找,结果都找不到,最后到了东海的蓬莱仙境。仙境有很多楼阁,一座上边写着"玉妃太真院"。道士求见,说是天子派的使者。玉妃出来,带着妃冠金莲紫绡红玉等,问皇帝状况如何。道士为了回去后有凭证,就让玉妃讲一些事情,玉妃就说:"有一个七夕的晚上,看着牛郎织女星,我和圣上一起发过愿,愿世世为夫妇。"道士回去后上奏了玄宗,玄宗非常悲痛。

这是《杨太真外传》中所讲的故事。

其实,早在唐代,著名的就有白居易的《长恨歌》,陈鸿也写了《长恨歌传》的小说。此外,元代白朴的《梧桐雨》、清代洪昇的《长生殿》也都非常有名。

各种各样的故事后边也遗留了各种各样的疑问,这些八卦问题更能引起人们的兴趣。

8. 玄宗为何迷恋杨贵妃?

传说杨玉环非常肥胖,玄宗为何会迷恋这个很肥胖的女人呢?人们提出了一些说法,我们将它总结起来,原因大约有三个:

其一是,杨玉环天生丽质。传说她肌肤白皙如凝脂,回眸一笑百媚生,具有非同寻常的迷人媚态。唐朝是个以肥为美的时代,现在能看到的唐代仕女图中的女人,一个个都非常丰满。杨玉环又肥又美,堪称佼佼者,杨玉环的美色实在是太有诱惑力了。

其二是,杨玉环除了容貌出众之外,更有高超的音乐舞蹈艺术修养。唐玄宗熟悉音律,对曲乐、舞蹈都颇有研究,不少贵族子弟在梨园都受过他的训练。唐玄宗后世被尊为梨园戏曲的祖师爷而供奉。《旧唐书》里记载,玄宗曾组建过宫廷乐队,选拔三百人,亲自指导指挥。唐玄宗创作了《霓裳羽衣曲》,杨贵妃演练后就能根据音乐起舞,舞姿翩翩如天上仙女,将人带入一种缥缈神奇的意境。这种对音乐与舞蹈的领悟是超人一等的,可以说杨玉环就是一个伟大的舞蹈家。玄宗看到自己的音乐有知音人,且是红颜知己,当然兴奋不已,多次亲自为杨玉环表演舞蹈伴奏。唐代几乎人人能诗,杨玉环就写过一首诗描写自己轻盈的舞姿:"罗袖动香香不已,红蕖袅袅秋烟里。轻云岭上乍摇风,嫩柳池边初拂水。"杨玉环除舞蹈之外,还会许多种乐器,前边提到吹宁王的笛子,就是她擅长的乐器之一。据说玄宗用内地的乐器配合西域传来的乐器一起演奏,贵妃怀抱琵琶,玄宗手持羯鼓,配合得天衣无缝。白居易的诗中就说:"缓歌曼舞凝丝竹,尽日君王看不足。"

其三,最能使玄宗如痴如狂的,应该是她的善解人意,善于揣摩玄宗的想法,掌握了男人的心理。杨玉环与玄宗第一次见面时,杨贵妃二十二岁,而玄宗已经五十六岁。年纪如此大的唐玄宗宠爱杨贵妃,不仅是贪图美色和床笫之欢,更是将她当作生活体贴入微、凡事知心解意、犹能迎合自己嗜好的精神伴侣。《旧唐书》中就说:"太真姿质丰艳,善歌舞,通音律,智算过人,每倩盼承迎,动移上意。"就是说很能揣摩玄宗的意思,而主动去迎合。《新唐书》也大致这样说,不过又很含蓄地加了"遂专房宴"的提示,导致后来的一些文学作品,极尽意淫之能事。暂且不说性吸引方面,杨玉环平常跟玄宗跳跳舞、玩玩小情调,就能让一个五六十岁的老人重新焕发青春。当她玩得过分时玄宗生气,她又巧妙地利用玄宗对她的想念重新回到玄宗怀抱,大哭撒娇,让玄宗不仅原谅了她,对她更爱护备至。当她被赐死时,她知道已经无可奈何,就讲了一番动情的话,让玄宗日后念念不忘,此恨绵绵无绝期,最后抑郁而死。

9. 杨贵妃的下落

多数人都认为,杨贵妃在马嵬被赐死是确定无疑的。但具体是怎么死的,不同人则有不同的说法。大体有两种:

其一,死于佛堂。《隋唐演义》中说杨玉环死于佛堂,这是根据《旧唐书》而来的,《旧唐书》中说贵妃"遂缢死于佛室"。《资治通鉴》继承了这个看法,也说唐玄宗命高力士把杨贵妃带到佛堂缢死。

在唐《国史补》中,死于佛堂的描述更细致,说是高力士把杨贵妃带到佛堂的梨树下缢死的。《杨太真外传》中也说高力士带贵妃在佛堂前的梨树之下缢死。近代著名学者陈寅恪先生指出,这种贵妃缢死在梨树之下的说法,估计是受了白居易《长恨歌》"梨花一枝春带雨"的影响附会而成,不能让人信服。

其二,死于乱兵。陈鸿的《长恨歌传》中说玄宗告别了贵妃,让人将她带走,"仓皇辗转,竟就绝于尺组之下",也就是说,贵妃是死在乱军之下。

这种说法在唐诗中也多次提到。如大诗人杜甫当时还羁留在安禄山占据了的长安,写了一首诗《哀江头》,诗中说"明眸皓齿今何在,血污游魂归不得",很可能是暗示杨贵妃是被乱军杀死。如果是在梨树之下缢死,不会有血污游魂。另一个诗人李益的诗歌《过马嵬》中说"托君休洗莲花血"、"太真血染马蹄尽",估计也是说贵妃被乱军斩杀。另外,杜牧的《华清宫三十韵》也有"喧呼马嵬血,零落羽林枪",也暗示杨玉环是被乱枪刺死。

此外,也有人认为,杨玉环并没有死在马嵬驿。

有一种说法认为,杨贵妃不是死在马嵬驿,而是流落到了民间。现代著名学者俞平伯先生考证,白居易的《长恨歌》、陈鸿的《长恨歌传》都在马嵬贵妃死之后,还有长篇的描述,说道士寻找到了玉妃太真,很可能是杨贵妃并没有死在马嵬驿。当时六军哗变,玄宗"救不得",《长恨歌传》中说"使牵之而去",是说杨贵妃被使者牵走藏匿到远方。白居易《长恨歌》说唐玄宗后来要为杨贵妃改葬,结果"马嵬坡下泥中土,不见玉颜空死处",连尸骨都找不到,这就更证实贵妃并没死于马嵬驿。到了陈鸿写《长恨歌传》时,陈鸿唯恐后人不明白这一点,特别提出,世上所知道的只是《玄宗本纪》里所说的贵妃死了,然而世人"所不闻"的东西他要写出来,《长恨歌传》暗示他所记载的是大家都不知道的真相,自己写下这个传,就是为了永存事实的真相。

还有一种说法,杨贵妃被使者带着逃亡到日本,而当时在马嵬驿被缢死的只是一个侍女而已。在日本的山口县"杨贵妃之乡"建有杨贵妃墓。据说有日本人展示自己的家谱,证明自己是杨贵妃的后人。日本著名影星山口百惠,也自称是杨贵妃的后裔。

杨玉环死法的分歧和没死的设想,都表明,历史之上笼罩着层层迷雾,究竟真相如何,不易得到确证。因而,认为杨玉环是红颜祸水的那些事例、那些故事也变得使人怀疑。

10. 唐代人心目中的杨贵妃

杨玉环"天生丽质难自弃,一朝选在帝王侧",因为她,玄宗皇帝"春宵苦短日高起,从此君王不早朝"。玄宗沉迷于这个美丽的女人,"后宫佳丽三千人,三千宠爱在一身"。如此一来,如何能治理好这个国家呢?最终,安史之乱爆发,强盛的唐王朝由此变衰,一蹶不振。这看来都是杨玉环的过错,至少和她受宠有着密不可分的关系。因此,杨玉环像是典型的红颜祸水。

但,事情还有另外的一方面。历史都是被叙述的。被叙述的杨玉环真的是红颜祸水吗?

我们从杨玉环的形象演变说起。

学者陈节研究指出,最早提出杨贵妃是"祸水"的,大概是杜甫。杜甫写了一首长诗《北征》,当然这首诗不是为了评判杨贵妃的是非,而是写马嵬事变。诗中有"不闻夏殷衰,中自诛褒妲"的句子,把马嵬杀杨贵妃比作杀商纣的妲己、周幽王的褒姒。这两个女人在历史上早已经被定名为妖媚惑主倾亡天下的"祸水",拿这两人类比,杨贵妃就是跟她们同样的"祸水"。

刘禹锡的《马嵬行》,回忆了几十年前发生在马嵬驿惨烈的一幕,说"军家诛戚族,天子舍妖姬",直接把杨贵妃称作"妖姬",而"妖姬"肯定会祸国殃民。

白居易除了写《长恨歌》之外,还写过一首《胡旋女》说"中有太真外禄山,二人最道能胡旋……禄山胡旋惑君眼,兵过黄河疑未返。贵妃胡旋惑君心,死弃马嵬念更深",这首诗直斥杨贵妃和安禄山是祸乱天下的罪魁祸首。诗中把安禄山和杨贵妃并列,让人不禁联想到他们二人有某种密切关系。这里的杨贵妃的形象十分丑恶,既惑乱君心,又勾引了安禄山,最终酿成安史之乱。杨玉环不仅仅是"妖姬",更是"淫妇"。

李肇的《国史补》也提到二人的关系,说安禄山受到皇上恩宠,与皇上谈笑谐谑,贵妃就经常在一起谈笑。皇上下诏令杨氏的三姐妹"约为兄弟",安禄山于是很心动。按照唐代的风气,意气相投的男女都会结拜为"兄弟",这是从突厥传来的"胡风"。这其实是上古姊妹共夫风俗的遗存。杨氏三姐妹都结过婚,又不是皇帝的妻妾妃嫔,怎能随便"承幸"呢?于是三姐妹按突厥的风俗,以贵妃姐妹的名义"约为兄弟",这样可以"并承恩泽",名正言顺地和玄宗发生性关系了。因为当时这种社会风气盛行,人们并不避讳。所以张祜诗:"虢国夫人承主恩,平明骑马入宫门。却嫌脂粉污颜色,淡扫蛾眉朝至尊"就是直接写虢国夫人去伺奉皇上。但《国史补》中说安禄山"心动",可能只是因此羡慕天子的艳福而已,并没有说二人发生关系。

以上这些人的著作都对杨玉环的形象塑造产生了重大的影响,说到杨玉环,人们自然想到她的祸水形象。

不过,在其他一些人的眼中,杨玉环未必是祸水。学者陈节指出,徐夤《开元遗事》中提出:"未必蛾眉能破国,千秋休恨马嵬坡",破国的罪责不该由杨玉环来承担。徐夤在自己的诗中说:"张均兄弟皆何在,却是杨妃死报君",张均兄弟很得玄宗信任,但安史之乱后,就投降安禄山做了伪宰相。较身处高位、世受国恩的人物的临难变节、认贼作父,还不如杨贵妃,杨贵妃毕竟以死报答了君恩。破国的责任更在昏庸的玄宗身上,因他胡乱地任用人。

当人们对唐玄宗展开批判时，不知不觉将更多的怜悯和宽恕给了杨玉环。

其中最典型的要属白居易的《长恨歌》，白居易虽然在《胡旋女》中给杨贵妃很多批评，但《长恨歌》中却流动着一种暗暗的同情，玄宗与杨贵妃生不得相守、死难以相聚，让人欷歔感叹。《长恨歌》同时描述了一种情深意浓的爱，"在天愿为比翼鸟，在地愿为连理枝"，"天长地久有时尽，此恨绵绵无绝期"，这种爱的不得圆满的遗憾、失落、绵长、深邃让人兴叹。

张祜的《太真香囊子》说："蹙金妃子小香囊，销耗胸前结旧香。谁为君王重解得？一生遗恨系心肠。"借写杨贵妃的香囊，写出"一生遗恨"的同情与惋惜。

学者陈允吉指出，杨玉环的死被普遍地看作象征着一个值得怀恋的时代已经过去，从这里在不断地激发起人们怀旧和伤逝的情绪。因此，人们才会对杨玉环的悲剧叹息、同情、怀念、留恋、惋惜。

唐代白居易的《长恨歌》重在抒情，因此没有过多描写杨玉环在政治方面的表现，但是描述了她奢华的生活给朝廷和国家带来的困扰。诗歌中大量描述芙蓉帐暖、春宵苦短，玄宗沉醉在她编制的温柔乡中。"君王从此不早朝"造成了政治荒败，"姊妹兄弟皆列土，可怜光彩生门户"造成了家族盘根错节、嚣张跋扈的政治殊荣。诗歌虽没有刻意将破国的政治责任归咎于杨玉环，但还是可以看出，杨玉环是在自己亲手织就的贪欲网中毁灭了自己，她扮演了一个政治危机中被动牺牲者的角色。

11. 宋代之后杨贵妃的不同面目

宋代司马光的《资治通鉴》为历史著作。通常说来，历史记载都应该可信。不过，在《旧唐书》、《新唐书》等中都没有所谓的贵妃"洗儿"洗安禄山的记载。但到了《资治通鉴》中却有了这个情节。书中说,安禄山生日的时候,皇上与贵妃选购了衣服,把安禄山召到大内禁中,贵妃用锦绣做了一个大襁褓,把安禄山裹起来,裹成一个婴儿的样子,皇上来看了很高兴,就赐了贵妃"洗儿"的金钱银钱,又重新厚赐安禄山。从此之后,安禄山出入宫掖没有什么限制,经常与贵妃一起吃饭,很多时候通宵都不出宫门,就有不好的名声在外边传播。

司马光学识渊博,治史严谨,但是,为了给宋代的帝王编一本好的教育材料,竟添油加醋,把污水往杨玉环身上泼,还故意加上一句"颇有丑声闻于外",好像是真发生的一样。清代的人就说,司马光写这事是从《天宝遗事》这种野史中来的,不是实录。这是"村巷俚言",怎么能拿这个污灭唐家宫闱?

不过,司马光把这个写入《资治通鉴》,它的影响就很大。学者张利玲和陈亚军指出,到了元代,白朴的《梧桐雨》描写的杨玉环形象就比较可耻。宰相张九龄向唐玄宗力奏要除去有异相的安禄山时,毫无政治头脑的杨玉环说:"陛下,这人又矮矬,又会舞回旋,留着解闷倒好。"倍受宠幸的她这一句话为大唐王朝埋下了祸根。杨玉环成为安禄山的后台,安史之乱的爆发与她的纵容关系密切。剧中明确描写她与安禄山的暧昧关系,大肆举办"洗儿会"。白朴认为,杨玉环是唐朝政乱的"祸水",戏剧中就说:"只为女宠盛谗夫昌,惹起这刀兵来了。"而安禄山在起兵造反后也说:"统精兵直指潼关,料唐家无计遮拦。单要抢贵妃一个,非专为锦绣江山。"这样说来说去,无非是想说:杨玉环就是红颜祸水。

而到了清代洪昇的《长生殿》,杨贵妃的形象完全变了。玄宗因私未出早朝,杨玉环再三陈请"请陛下早出视朝",她不再是以色惑君、纵情享乐、妨碍君主处理国事的负面形象,恰恰相反,她督促唐玄宗勤政。安史之乱后,玄宗到了马嵬,军队发生哗变杀掉了杨国忠,接着威逼玄宗处死杨玉环。这时戏剧详细描述了杨玉环的心理：她一方面痛惜自己哥哥被杀，另一方面深感自己冤屈，为什么将士会逼迫自己自杀？她手牵玄宗衣襟寻求庇护。但当她知道，如果自己不自杀连玄宗性命都岌岌可危时，她又反过来主动请死，帮助玄宗下了最后的决心："望陛下舍妾之身，以保宗社。"高力士感动得哭倒在地。杨玉环终于以自己的一己性命换取了玄宗和朝廷的安全。在《长生殿》中，杨玉环的感情也很冰清玉洁特别在马嵬表现出来，她临死之前嘱咐高力士两件事，这两件事足见她的用情之深。其一，要高力士小心侍奉皇上，劝皇上不要再想念她；其二，让高力士将她与玄宗的爱情信物金钗钿盒一起陪葬，要在九泉之下还能感受到爱情的温暖。一心一意成全爱人，以死相酬，这种爱触碰到了人们心灵深处最柔软的部分，超越物质欲望与感官享乐，达到了生死不渝的境界。

12. 被冤屈的红颜祸水

说来说去，杨玉环到底是不是一个典型的红颜祸水，不同的人有不同的意见。不同的人也凭着自己的不同的意见对杨玉环的事迹进行了不同的叙述。不管是正史、小说还是戏剧，描述的杨玉环千差万别。

就算说杨玉环是红颜祸水，也只能称她为"被动"的红颜祸水而已。为什么这么说呢？原因有二。

第一，她本是一个非常简单的女人，好像并无心参与政治。她天性快乐、单纯。当她被动地和玄宗联系在一起时，她知道自己的一生就这样过了。她短暂的一生就是痛快淋漓地做了一次被宠坏的女人。当她真正理解了玄宗时，她的眼里没有高高在上的皇帝，只有一个普普通通的男人。而她也只是做一个对这个男人最好的女人。她撒娇，她扮痴，她任性，她胡闹，因为她确实喜欢这个多才多艺的皇帝。她引导着这个男人重新焕发了青春,重新体验爱的愉快与欢乐。她成了这个大唐帝国皇帝的知音,她可以和他惺惺相惜。她的成功,在于她的的确确是一个纯粹的女人。而她的失败,只在于她错生了时代。她不幸生活在那个时代,只能被动地做上了所谓的红颜祸水。

当时正值唐朝进入了全盛时期,皇帝开始骄纵奢侈,温饱思淫欲,难免以声色代替求治世之心。因为四海升平,经济繁荣,皇帝不像以前那样励精图治,对政事渐渐产生厌倦怠慢。李林甫、杨国忠等人专权擅政,玄宗却自己落得清闲,开始纵欲享乐、声色犬马。安史之乱的爆发首先应该归罪的就是唐玄宗的宠幸小人,不理朝政,同时又好大喜功,疏忽边防。

据学者考证,马嵬兵变,实际上是李亨(唐肃宗)发动的。当时五十多岁的李亨仍做着太子,担心玄宗会活过自己,自己永远当不了皇帝。他的兵变,可以说是在安史之乱玄宗决定西逃之时趁机而发动的,也可以说是他被七十多岁还不肯放权的老子玄宗逼的。马嵬兵变的最根本目的在于除去杨国忠。而逼死杨贵妃,一方面在于解除贵妃秋后算账潜在的危险,另一方面在于贬损、打击玄宗的尊严,让玄宗知道自己无能为力,自己应该让贤。

杨玉环正是这个环境之下被动地处于风头浪尖之上的,换句话说,她可以算是政治的牺牲品。她本人没有任何的权力欲望,对政治丝毫不感兴趣。入宫之后,她的作为都在歌舞玩乐、极尽奢华的享乐上,以及曾经与梅妃争风吃醋。唐玄宗因她而疏于朝政,是年老的皇帝内心懈怠;杨国忠因她而青云直上,是玄宗试图讨好她,她也不能决定玄宗重不重用杨国忠;杨国忠乱国废纲也不是她一个出了门的女人所能管到的。所以在《隋唐演义》中马嵬兵变之时,高力士劝说唐玄宗杀杨贵妃时,也说,贵妃确实是无罪,但杨国忠被杀,杨贵妃仍处君侧,军士心中不安。在《长生殿》中,贵妃也觉得自己没有什么罪，为什么那些人要逼迫自己自杀。

但是，她被动地处于这个历史时刻，所有的罪责她都要承担一部分。居于宫闱之内，遇上这么一个纵情声色的皇帝，又遇到这么一个历史转折变化的时期，其悲剧是注定不可避免的。杨贵妃也只得被动地背上红颜祸水的骂名。

第二，曾经在历史中发生的杨玉环的事情到底是什么，除了杨玉环自己，除了玄宗，除了伺奉他们的高力士，其他没有多少人知道多少。史家、小说家、诗人、戏剧家都根据自己知道的有限知识去撰写杨玉环的故事，其中有实录，有想象，有虚构，有添油加醋，有夸大其词，有道听途说。在这些叙述之中，杨玉环被不断地重塑，有说她是祸水的，有同情她的遭遇的，有把她说成荡妇淫娃的，有把她说成冰清玉洁的，杨玉环作为一个尘封的历史人物也被动地被这些人随意打扮，随意涂抹。

值得注意的一点是，不管把她涂抹成正面的还是反面的形象，这些涂抹者都是男人，这些人难免不带着男性中心的眼光，去剥光了这个传说是四大美女之一的国色天香美人的外衣，把她说成"红颜祸水"，就可以名正言顺地窥探到她的肉体。

Ⅱ "冲冠一怒"不为圆圆

"冲冠一怒为红颜"，吴三桂为了陈圆圆，打开了山海关，让多尔衮的铁骑长驱直入、践踏了大江南北。从此，清朝统治了整个中国。陈圆圆，在传统的看法中，无疑是一个标准的"红颜祸水"。但，了解了当时的历史，我们才发现，其实，陈圆圆充其量也只是个被动的祸水而已。陈圆圆从开始到结束都是被动的。

1. 送给皇帝的礼物

讲陈圆圆的故事不能不说吴三桂。

吴三桂，籍贯山东高邮，先祖是贩马为生的，经常往来辽东，所以就变成了辽东人。他父亲叫吴襄，因为能相马，就在军队上负责购买战马，升职到了千总。

吴三桂二十多了，吴襄因为自己没读过书，经常受同僚挪揄，就让吴三桂弃武学文。吴三桂说："现在国家多事，文臣什么都不懂，到时候出事了，吟诗作赋哪能救国家？我们父子一定有出头之日。"吴襄见儿子这样说有道理，就让吴三桂多多练习弓马，学习战术。

吴三桂很快就受了重任，朝廷任命他在宁远镇做领兵的将军，很有军功。吴三桂进京入朝拜见皇上，他的名声在京城已经是妇孺皆知，权贵都以结交他为荣。

京城中一个叫田畹的，是崇祯皇帝西宫娘娘的父亲。女儿是西宫娘娘，崇祯帝又很听他的意见，就有很多官吏去巴结他，送美人和金银财宝。田畹藩府中金碧辉煌，绮罗绚烂，歌台舞榭通宵达旦。

当时有一名歌伎，姓陈名沅，诗画琴曲无一不是绝技，在妓院的时候艳名四播，人们都叫她沅姬。王孙公子趋之若鹜，词人墨客都以诗词赠题。吴三桂也听说过有这样一个名妓。

田畹知道了这样一个美女，就强行把她买了过来，鸨母畏藩府的势力，没办法就将沅姬送到田畹藩府。田畹见了不住赞美，让她改名圆圆，非常宠爱这位绝代佳人。

当时天下已经开始变乱，流寇四起，崇祯帝经常忧虑。田畹在宫里的女儿为了取悦天子，就跟父亲田畹商量，把圆圆献进宫中为崇祯皇帝解慰。田畹只好把圆圆献上。

崇祯帝见了，觉得这个圆圆真是如花似玉，心中很喜欢。田畹趁机说:"这个美人是超凡仙品,我不敢私自占有,特意找来进献皇上。"不料崇祯帝却摇首叹息说:"这确实是个佳人,但朕因为国家多事,无心享乐,还是留给国丈吧。"田畹就又带圆圆回府。

圆圆就像一个礼物一样被人送来送去,最后还被拒收。在此期间,圆圆一直处于失语的状态,从没开口说过话。她没有权利说话,她没有任何表示自己意愿的机会。像这样处于被凌辱、被迫害的人,一旦有机会,就会奋力争取获得幸福的一点点可能。

2. 情投吴三桂

这时吴三桂进京觐见皇上。田畹很想结交吴三桂,将来作为靠山,就请吴三桂到藩府中饮宴。吴三桂心想自己跟田畹以前没有过往来,为何现在这样殷勤?但田畹是国戚,不好不见,又想到陈圆圆在田畹藩府,就答应了。

吴三桂来赴宴,田畹不住赞美吴三桂武勇超群功名盖世等等。吴三桂说:"我一介武夫,常年在关外驻防,哪像国丈燕瘦环肥、左拥右抱?"又趁机说:"听说以前的那个歌妓陈沅姬在你府上,不知能不能让我见见?"田畹害怕吴三桂是想得到沅姬,有点不愿意,但又转念,自己千方百计想结交他,不能惹恼他,就说:"你明天来喝酒吧,一定让圆圆出来给你唱一曲。"

晚上,圆圆看到田畹在唉声叹气,问他什么原因。田畹说:"正是为你啊。"就说了来龙去脉。圆圆早听说了吴三桂的名声,很想见这位赫赫有名的将军,就说:"贱妾是一个歌妓,有一点点薄名,吴将军想见我没什么奇怪的啊。"田畹说吴三桂想听她唱歌。圆圆听了,故意皱眉说:"国丈你上为国家,下为藩府能千秋万岁保全,让我给他唱歌又有什么呢?如果你答应他又想反悔,以后会出问题的。"

第二天晚上,吴三桂重新打扮得焕然一新,像一个锦衣少年一样。田畹说:"昨晚跟圆圆说了,圆圆答应给将军唱一曲,一会儿就出来!"吴三桂很兴奋说:"昨晚只是酒后戏言,原来国丈这样认真啊。"田畹叫仆人请圆圆出来,三桂一听眉飞色舞。

圆圆打扮停当,本来要出堂歌舞,但故意延滞一会儿,先在帘子后面张望。看见吴三桂头戴紫金冠,身穿红锦战袍,腰间佩一口长剑,长得面如冠玉,唇若涂朱,眼似流星,面如满月。用现在的话说,绝对是一个型男。圆圆心中赞叹:果然名不虚传。

圆圆款款而出,对吴三桂深深一揖。吴三桂一看陈圆圆,那眼睛如秋水一泓,眉毛像春山,面上没有涂脂粉却像桃花飞,腰没有弯却像杨柳舞。衣衫飘曳,香风习习怡人;裙带轻拖,响铃叮叮入韵。羞态翩翩,娇声滴滴。如果这不是洛水的仙姬下凡,那一定是巫山的神女回来。真是闻名不如见面!

圆圆轻拨琵琶就唱了起来,莺声婉转,燕语呢喃,沁人心脾。圆圆唱完,吴三桂情不自禁地说:"太可惜了,相见恨晚啊。"田畹听了很不高兴,就让圆圆进去,吴三桂目送她入帘。

田畹说:"一个歌伎,将军怎么这么恭敬?"吴三桂说:"以前只听说过她的美貌,现在看见国丈有这种艳福,我们武夫做梦都想不来啊。听说国丈把美人献给皇上,国丈怎么舍得?"田畹说:"我吃皇上的饭,不舍得都不行。"吴三桂说:"国丈府中这么多美女,不差这一个圆圆,国丈你都老了,风烛年华,怎么能负这佳人的青春年华?如果你能把圆圆赠给我,那我的顶踵发肤都是国丈所赐,今生发誓为国丈效死!"田畹听了,默默不吭声。吴三桂问:"国丈你听到我的话了吗?"田畹说:"听到了,只是,只是要问问圆圆的意思。"吴三桂说:"国丈有这份真情,我先告退,明日静候佳音,想来圆圆不会拒绝的。"

田畹回到里面见了圆圆,非常愤怒,圆圆已经知道了怎么回事,装作惊哭,说:"我承蒙国丈喜欢,愿意死心塌地跟着国丈,不过很担心国丈因此而有灾难啊。"田畹问为什么,圆圆就说:"现在整个国家都靠吴将军作为柱石,藩府也依赖吴将军啊。如果国丈舍不得我,估计也不行啊。"田畹说:"我会再想别的办法保全你。"圆圆说:"如果因为我而贻祸家门,我有何面目再见你啊。当初汉帝为了国家,用公主与匈奴和亲,贵为公主都能牺牲,我就是一个歌伎而已,我也愿意牺牲。"说完大哭。

田畹看圆圆也不像是爱慕吴三桂,只不过是为了自己藩府,宁愿牺牲自己,心里稍稍满意,就想:还不如真个儿送给吴三桂,对自己十分有利。田畹说:"你别哭了,我问你,我若肯把你送给吴三桂,你怎么样?如果我不肯把你送给吴三桂,你又会怎么样?"圆圆说:"妾身在一天,就会让吴三桂仇怨藩府一天,我断断不能忍受。如果国丈真不能舍得我,我只有一死,这样绝了三桂争夺我的心思。如果国丈能割爱,妾就算身在吴家,心也在藩府,尽我所能为国丈周旋。如果国丈天年之后,妾就割发入山,不再贪恋尘世。"田畹听到这里,觉得圆圆是真情,长叹一声,就走了。

陈圆圆果真是冰雪聪颖的人,她其实是很爱慕吴三桂少年英雄。对着一个又老又丑的老头子,她实在是没有一点爱意,但她知道,满足了这个男人的虚荣之心,安抚了他,自己才能争取到获得幸福的机会。

到了第二天,吴三桂又来,田畹答应将圆圆送给他。吴三桂喜不自胜,带着圆圆离开了藩府。

吴三桂得了圆圆之后,知道圆圆以前在藩府锦衣玉食,怕在自己宅中住不惯,就到处找好的地方安置圆圆。

京城中都知道田畹将圆圆送给了吴三桂。大宗伯董其昌听了大吃一惊。董其昌很看重吴三桂,就写信给吴三桂说:"圆圆只是玉峰的一个歌伎,将军不要在情天色海之中消磨锐气。"

吴三桂本来最信服董其昌,看到书信就有点悔意,怕以儿女情长误了英雄气短,要将圆圆送回藩府。圆圆大惊,说:"我刚进门,坐席都没暖,也没有失德之处,将军为什么要抛弃我?如果送我回藩府,我的日子也没什么盼头了,只好一死算了。"吴三桂说明是董其昌来信劝他,圆圆说:"让我帮将军回复董其昌一封信吧。"圆圆就写了一封信给董其昌,信中说,自古建大功成大业的人,很多都凭借内助之贤。董其昌得到回信,知道吴三桂是放不下陈圆圆了,只好长叹,又写信给吴三桂的父亲吴襄,让吴襄力劝三桂不要娶圆圆。

吴三桂带圆圆去拜见吴襄,吴襄一看这世间尤物,三桂是舍不得了,就责让陈圆圆帮助三桂担当大任,流芳千古。圆圆善解人意,说话有条理,又很有志气,吴襄听了反而大喜。吴襄怕三桂迷恋女色,就立下个规矩,不让三桂带她到军镇。

吴三桂无可奈何,该出北京的时候,徘徊来徘徊去,一天又一天,总不愿出京。朝廷已经下旨,边防紧要,让吴三桂速速出关。三桂总是左推右挡。

圆圆只好劝他先走,到边关后,再做打算。离开北京的时候,圆圆把盏话别,说:"将军此去不知什么时候才能再回,希望将军勤于边事,成就功名。海枯石烂,我贞心不移。"说完就哭了。吴三桂极力安慰,和圆圆握手珍重道别。

两个男人斗志斗心,争风吃醋。圆圆巧妙地施展出自己的聪明才智,终于如愿以偿地投入英雄的怀抱。吴三桂似乎也十分珍惜这个美人,对圆圆恋恋不舍。然而,离别太多,欢乐苦短。对于一个刚刚从苦海中挣脱,刚刚抓到幸福机会的女人来说,幸福总是那么短暂,她马上又落入别人手中。

3. 与李自成周旋

此后没多久,李自成起兵造反,因为人民穷苦,国势衰微,李自成势如破竹,很快杀往北京。

崇祯帝降旨,调吴三桂入京保卫京城。由京师到宁远往来需要一些时间,等圣旨到了宁远,吴三桂立即调兵乘势入京。吴三桂因为自己父母妻子都在京中,最重要的是圆圆也在京师,不能不顾。

但正在调军的时候,吴三桂却听到飞报说,京师第一重城已被攻破,第二重城正在被困之中。吴三桂很惊异李自成攻城略地、行军速度如此神速。这时有谣传京城全陷的,有谣传皇上已经丧亡了的。风声鹤唳弄得吴三桂反倒没有了主意,之前一片热心带兵进京师,现在却犹豫不前。

李自成很快攻入第二重城,听说吴三桂带兵回京,心中有点害怕吴三桂,就与左右商量抵御吴三桂的方法。手下说,吴三桂出镇宁远把家眷都留在京师,陈圆圆是吴三桂心中的人,如果拿圆圆为要挟,吴三桂必为我用。

等李自成攻进内城,先抓了吴三桂的父亲吴襄,将圆圆和吴襄全家都掳到军营。

李自成一见陈圆圆的玉肌花貌,不由心为之一动,心想,如果能得她充为妃嫔,生平之愿就足矣。李自成的谋士李岩劝李自成说:"自来美女一笑倾城,再笑倾国。现在要以国事为重,应该把吴襄、圆圆及其家人送还给吴三桂,吴三桂就会感恩,就投降了我们。"李自成却怕把吴三桂家人都送回去了吴三桂还倒戈相向,手中就没有什么砝码了,所以决定先扣押其家人与陈圆圆,看看吴三桂有什么动静。

李自成问陈圆圆:"听说你跟了吴三桂,是因为羡慕他是英雄。现在国破家亡,吴三桂都没有能相救,而我唾手取下北京。以我之英雄,和吴三桂相比较如何?如果你能跟我,我就封你为妃嫔。"陈圆圆说:"大王你志在与明朝争江山,应该以仁义之师救生灵百姓的涂炭之苦。如果因为一时的声势,就夺人之爱、损人之节,不仅失去人心,还会误了大事,希望大王不要逼我。"李自成不吭声,下令只将圆圆另外押在一处。左右很多人劝他释放圆圆,李自成都不答应,说是要看吴三桂动静,其实是想成功做皇帝之后收为己有。

却说吴三桂因为全家在京,带兵五十万人向北京进发。但行军途中仍存观望之心,所以行军很慢。到了山海关,就下令扎营。

李自成害怕吴三桂的五十万兵马,就要挟吴襄写信招降吴三桂。吴三桂看完信就想归降,不再进兵。左右都劝谏说:"如果将军倒戈降贼,就将遗臭万年。李自成兵进京师之后烧杀抢掠,人人愤恨。将军乘此时机,杀入京师,百姓一定会欢迎,这是建功立名的大好时机啊。"吴三桂说:"李自成虽非吾主,但还是自己国人。现在关外敌人窥探,如果被他们乘机侵入,就不好了。"吴三桂不听人劝说,决定投降。

忽然探子飞报,说李自成发兵二十万,扼守燕蓟,抵挡吴三桂之军。吴三桂说:"估计是因为原来我没投降,他们才布下军队防范我的。现在我去投降了,他就会退兵的。"

这时,又有飞报,李自成已经占据了京师宫殿,吴将军全家被擒,陈姬圆圆也被掠去。当时,吴三桂正拿着笔写告示安慰自己的部下兵将,一听到这个消息,不觉狠狠将笔扔到地上,大骂:"你这贼逆竟然夺我爱姬,我发誓与你势不两立!"顿时挥泪大哭,提兵进京。正像诗中所说:"痛哭六军皆缟素,冲冠一怒为红颜。"

吴三桂怕自己的兵力不能与李自成对决,正犹豫的时候,建州九王爷多尔衮派人找到吴三桂,说愿意借兵给他,引诱吴三桂答应。

吴三桂很犹豫,但为了家人,为了陈圆圆,答应剿匪成功之后,割蓟、辽二州给建州。多尔衮也有个条件,就是让吴三桂部将剃头,剃成建州人一样的长辫子。吴三桂借兵心急,只好答应了。吴三桂就与多尔衮宣誓联合。很多将士都觉得这样有问题,劝诫吴三桂说,依靠外族有不忠之嫌。

联合铁骑很快打得李自成军七零八落,迅速包围了京城。李自成想让吴三桂退兵,就让人将吴襄扶到城上,要挟吴三桂退兵。但吴三桂仍下令攻城,李自成斩了吴襄,把吴三桂家属三十多人都杀了,将头一颗颗掷下城墙。吴三桂大怒,检查首级,就是不见陈圆圆的。吴三桂想,圆圆一定还被逆贼强占着,心中更愤急,督令军士加紧攻城。

李自成在京中已经不敢出来,想送陈圆圆过去,让吴三桂退兵。手下的一个将士说:"如果战前把吴三桂家属及圆圆送还他,他还会退兵。现在已经杀了他家口三十多人,即使吴三桂贪恋圆圆,也不好开口。现在吴三桂肯定不能因为圆圆而退兵,这样他会被三军所笑。还不如暂留圆圆,以备缓急。"

不久,城被攻破,李自成逃出北京。

李自成对陈圆圆说:"朕留着你,只是为了让吴三桂念旧情退兵。没想到现在吴三桂赶尽杀绝,追得这么紧。"陈圆圆说:"吴三桂只是勇而无谋,如果把我还给他,他一定会退兵。"李自成已经连败很多仗,就想,或许吴三桂得到了陈圆圆就不会再追自己。李自成就说:"如果你能退吴三桂的大兵,我事成之日,一定立你为皇后。"陈圆圆说:"蒙大王不杀之恩,我已经十分感激,哪还敢奢望成为皇后?如果大王退了追兵,我自愿削发为尼,不愿再留在尘世。但如果是大王送我回去,吴三桂一定疑心我已经失身于你。不如你把我抛弃在这里,让我自己去见吴三桂。我自有说法,可以为大王退兵。"李自成听完,很得意,看这样玉肌花貌的美女竟然愿意为自己削发为尼,还愿意帮自己退兵,男人的自尊心、虚荣心一下子膨胀起来了,就更贪恋她。

正在说话,探子急报吴三桂军追到。李自成还在留恋,圆圆假装依依不舍的样子,说:"大王为了大事,不要这样流连儿女私情。"李自

成说:"我把你抛弃在这里,恐怕你不能顾到自己的安全啊。"圆圆说:"你只要让你部下不要杀我,我自有办法。"李自成就把令箭给陈圆圆,让她拿着,没人敢害她。交代好,李自成就又继续逃跑。

在乱世之中生存,圆圆没有别的选择,危难之时只能委曲求全,委身于人,被轻薄时也要表现出不惊不喜,不喜欢时也要装作曲意承欢。低贱的生命很少有争取尊严的机会,但一旦有脱身之机,圆圆的伶俐机智就体现了出来,她尽力摆脱自己落入的困局。

4. 重归失节吴三桂

陈圆圆到一个农家投宿,那户主看是一个娇娆女子不敢收留。圆圆说:"我就搅扰一两天,吴三桂将军兵到的时候,我就会见吴将军,你家到时就有荣华富贵。"当李自成的军队经过时,圆圆就让户主挂李自成的令箭在大门外,就没有兵进来骚扰。李军过后,就毁了令箭。等到吴三桂军队来到,陈圆圆让农户去通知吴三桂,听说圆圆已经逃出了李自成魔掌,就赶紧去接。

陈圆圆见了吴三桂就大哭,说:"我自从被李自成抓走,早就想自杀,但没有最后见到将军最后一面,死了也遗憾,所以才忍到今天。今天见了,请让我死在你面前以明我志。"说完,拔出小刀就要自杀。吴三桂急忙夺下圆圆的刀,把圆圆抱在怀中,责备她说:"我又没有责备你,你为什么这样!自我出兵之后,心里就从来没有放下你。我自己想到自己起兵来迟,让你受了这么多苦难,我就很内疚。现在你没有落入敌人之手,我们来日地久天长,你怎么舍得撇下我一个人而走?"圆圆听了感动得大哭。吴三桂说:"我一定提兵入陕,割下李自成的首级,以泄我恨。"圆圆说:"将军的事情我哪敢多言,不过听说将军借的是建州大兵,现在建州的人马究竟在哪?"吴三桂说:"建州人马已经进入北京。我奉九王之命来追赶李自成的。"圆圆问:"九王不

督兵同来,而令将军离开北京,到底有什么目的?"吴三桂说:"北京也要守卫,所以我就自己来了。"圆圆说:"将军只是向建州借兵,为什么要听九王的号令?你为什么要剃了头发?"吴三桂说:"剃头发是权宜之计,九王不会欺骗我的。"圆圆说:"此言差矣,我估计将军统兵西行,九王已经称霸北京了。"吴三桂不吭声,其实他心里也知道九王会做什么。圆圆说:"如果不幸像我说的这样,将军你虽然破了李自成,但罪更大了,现在为了大局,将军还是赶紧回北京,监视九王动静。或许九王因为将军的兵威正盛,不敢有私心入主中国。"吴三桂听了,明知道九王已经入京问鼎,自己又不敢对抗他。但听了陈圆圆的话,也没什么可以辩驳的,就传令回军。

吴三桂还没走近京城,已经得到消息,九王多尔衮已经定鼎燕京,自封为摄政王,等待建州之主人到北京即位。多尔衮封吴三桂平西王爵,去云南开藩。很快,清朝就在北京建立起来。

吴三桂带着人去云南,只有陈圆圆一个人不愿同去。圆圆跟吴三桂说:"王爷这样年少英雄将来一定会立大功,成就大名,进入史册,我自己出身寒微,就不要再拖累王爷了。"吴三桂听出圆圆话里的讥讽,叹气说:"我也没想到是这样。"圆圆说:"我当时被李自成抓到就想一死,现在王爷又已经成名,请王爷体谅自己,让我束发修道以尽余生。"吴三桂说:"我能有今日,想和你同享荣华富贵。"圆圆说:"我已经失身于李贼,现在又苟活人世,有何面目?"吴三桂说:"既然你这样坚持,那你跟我一起到云南,我给你修一间净修之室吧,但我现在不能把你放在京城这个地方。"

陈圆圆跟着吴三桂到了云南,不满意吴三桂卖国投靠清朝的行为,一直郁郁寡欢。吴三桂想尽方法去取悦她,但圆圆坚持要住净室吃斋念佛。吴三桂就大兴土木为她盖了非常广阔华丽的园子,名叫野园。野园落成之后,吴三桂不时让圆圆跟他一起乘车在园子里面游览,野园中到处是亭台楼阁,池塘杨柳。

但是圆圆从此就开始一直郁郁不乐,最后生病而死。死前喟然长叹:"古人都说美人会倾国倾城,但事实上是人主自己倾倒,与美人有何关系呢?"

圆圆离开了这个世界。反观她这段经历,虽然费尽心机重新回到吴三桂的怀抱了,但此时的吴三桂已非昔日的吴三桂。以前圆圆投奔的是一个青年英雄、一位国家栋梁、一个有希望建功立业万世流芳的英才,然而时势如棋局,世事如梦幻,短短的一段时间,英雄已经成为失节的罪人,成为万人唾骂的对象。无奈圆圆无处可去,跟随着吴三桂最后只能郁郁而终。当圆圆重新走向吴三桂时,她在一刹那间肯定会感慨自己的凄凉身世,而在心中流下一滴泪水。

5. 陈圆圆身世

以上所讲的故事只是清代小说《吴三桂演义》描述的陈圆圆。小说是从陈圆圆被买进田畹的藩府中说起的,陈圆圆从哪里来?进入藩府之前作为一代名妓又有什么香艳的故事?小说中都没有说。

陈圆圆的生平,在稗官野史中涉及不少,但记载混乱不一。《明史》中说她名叫沅,字畹芬。而《庭闻录》则说:"陈姬,名沅,字圆圆。"据说她本姓邢,母亲早逝,就跟着养母陈氏改姓陈。后来大概是家里贫穷,圆圆流落至苏州卖身为妓。因为有倾国倾城之色,更加上有天籁之音,所以被人们盛赞,说她"声甲天下之声,色甲天下之色"。钮琇《觚剩》说,圆圆"每一登场,花明雪艳,独出冠时,观者魂断"。

这种"观者魂断"的美貌在小说中更是被描述得非常夸张。如金庸武侠小说《碧血剑》中有一段描写李自成见到陈圆圆时的情景:"那女子目光流转,从众人脸上掠过,每个人和她眼波一触,都如全身浸在暖洋洋的温水中一般,说不出的舒服受用。只听她莺声呖呖的说道:'贱妾陈圆圆拜见大王,愿大王万岁、万岁、万万岁。'自成哈哈大笑,道:'好美貌的娘儿!'皇极殿上一时寂静无声,忽然间当啷一声,有人手中酒杯落地,接着又是当啷、当啷两响,又有人酒杯落地。忽然间坐在下首的一名小将口中发出呵呵低声,爬在地下,便去抱陈圆圆的腿。陈圆圆一声尖叫,避了开去。那边一名将军叫道:'好热,好热!'嗤的一声,撕开了自己衣衫。又有一名将官叫道:'美人儿,你喝了我手里这杯酒,我就死也甘心!'举着酒杯,凑到陈圆圆唇边。一时人心浮动,满殿身经百战的悍将都为陈圆圆的美色所迷。"

陈圆圆跟当时所谓的明朝"复社四公子"之一的冒辟疆有一段风流往事。冒辟疆饱读诗书,是有名的才子,文人才子喜欢逛烟花柳巷,也算是文人风流。而当时江南名妓都很有身份,一般只和有才学、有胆识的文人交往,并被传为佳话。陈圆圆对冒辟疆一见倾心。冒辟疆在所写的怀念董小宛的《影梅庵忆语》里记载过和陈圆圆的事情。

冒辟疆没有直接说陈圆圆的名字,只说有个"陈姬",明眼人一看就知道他写的是陈圆圆。他最初见到陈姬时,描述陈姬"其人淡而韵,盈盈冉冉",陈圆圆正背对着他,穿着湘裙,人淡如菊,就如在烟雾中孤单的黄莺惹人怜爱。听了陈圆圆咿呀嘲哳的歌唱,简直要欲仙欲死。才子佳人相见倾心,脉脉含情。两个人情投意合,握手促膝夜谈。陈圆圆要回去了,冒辟疆拉着她相约下次见面。陈圆圆就说半个月后到光福一起看"冷云万顷"的梅花。冒辟疆说自己半个月后要去接母亲,就改期到八月一起到虎丘赏桂花。

冒辟疆办完事回来经过苏州的时候,却听说陈圆圆被人抢走了。冒辟疆很失意,跟朋友谈起陈圆圆,惋惜自己没这种福分,佳人难再得啊。朋友却告诉他,被抢走的不是真的陈圆圆,真的陈圆圆现在藏在附近呢。朋友就带路,跟冒辟疆去看望陈圆圆。冒辟疆再次见到陈圆圆,按他的说法,陈圆圆十分惊喜,因为惊魂未定,很想跟他长谈,说有事情要商量。冒辟疆当然会意陈圆圆想说的是什么事情。但冒辟疆心想,陈圆圆虽然风华绝代,作为猎艳最好不过,如果要谈婚论嫁,他就有些犹豫。于是借口说自己放心不下母亲一个人在船上,就匆匆离开了。

陈圆圆何等聪颖,但为了自己的终身幸福,第二天早上还是淡妆登船拜访了冒辟疆的母亲,晚上在月色中向冒辟疆表白了托付终身的愿望,说:"余此身脱樊笼,欲择人事之。终身可托者,无出君右。"认定了冒辟疆。但冒辟疆尴尬地回绝,说自己去见圆圆,只是因为自己无聊,你现在这样说,我太惊讶了。就推托说自己的父亲正陷于李自成军队包围之中,没有心思考虑婚姻之事。陈圆圆说,如果可以的话自己可以等冒辟疆。冒辟疆看着圆圆这样无怨无悔的痴情,不好再拒绝,就敷衍答应了。陈圆圆很惊喜,说了很多心底的话和嘱咐。冒辟疆诗兴大发写了绝句送给她。

时间很快,到了第二年的二月,冒辟疆的父亲没有什么危险了,冒辟疆就再去找陈圆圆,结果陈圆圆这次是真的被人抢走了,抢她的人就是前边小说中提到的崇祯皇帝宠妃的父亲田畹。冒辟疆就怅然若失。

冒辟疆《影梅庵忆语》中的叙述,透露出陈圆圆对冒辟疆很钟情,我们可以猜想,陈圆圆作为一个妓女,也是想让自己的终身有所托付吧。然而冒辟疆却拒绝了她。这种失望对于一个身处红尘中的女子可想而知。这个《影梅庵忆悟》是冒辟疆为纪念亡妻董小宛而写的,文中提到陈圆圆,都说自己是以"礼"对待陈圆圆的,提到陈圆圆,既有怀念与惆怅,也夹杂点你有情我无意的炫耀与得意。陈圆圆被掳去之后,冒辟疆也只是有些"怅惘无极",觉得自己"急严亲患难,负一女子无憾也",认为自己为了父母辜负了陈圆圆没有什么遗憾的。

这人的这副嘴脸,我们也没什么可说的了。我们只能同情圆圆,易求无价宝,难得有情郎。红颜,总是薄命。

6. 最后的结局

历史上关于陈圆圆最终的结局,有很多种不同的说法。

《甲申传信录》中说,刘宗敏拷问吴三桂的父亲问陈圆圆在哪儿,吴襄回答说已经被送到宁远吴三桂那里,但是已经死了。这姑且算是一种说法。当然这个说法刘宗敏不信,很多人也不信。《明史》和《清史稿》都记载有刘宗敏抢了陈圆圆的话,应该是有所依据。

第二种说法是,吴三桂打败李自成之后,吴三桂又找到了陈圆圆。吴梅村在《圆圆曲》中也描述他们重新相见。于是陈圆圆就跟着吴三桂到了云南。

不过,到了云南之后,又有不同的说法。

其一,有人说陈圆圆仍很得吴三桂宠爱,两人数十年如一日相爱甚欢。明代的遗民还在笔记中记载,说吴三桂曾经向江南各省发布告,为陈圆圆找她失散很久的父母和大哥。到吴三桂重新起兵反清,招来了灭门之祸,陈圆圆自缢而死,或者说是投滇池而死。

其二,陈圆圆到了云南之后,年纪慢慢变大,吴三桂就新找了别的美女,陈圆圆很失意,就独居别院,吃斋念佛,远离红尘。

其三,陈圆圆随吴三桂到云南不久,就生病死了。当地有圆圆墓。

其四,清军打败吴三桂之后,在吴三桂王府中并没有找到陈圆圆。就有人说陈圆圆没有死。那陈圆圆到哪里去了呢?最流行的说法是陈圆圆归隐到了三圣庵,出家为尼,到八十岁才死,葬在归化寺旁边的昙花庵。

其五,吴三桂兵败之前,就让陈圆圆带着吴三桂的儿子吴启华逃到鳌山寺避难,陈圆圆在这里定居并终老于此。

不管怎么说,陈圆圆在被田畹抢走之后,生命发生了重大的转折,以后所有的事情她没有任何选择的权力。她到云南之后,或郁郁而死,或先受宠爱而后死难,或孤独终老。这是红颜的真实命运。

7.《圆圆曲》描述的"红颜祸水"

有关陈圆圆的事迹影响最大的无疑要属吴梅村的长诗《圆圆曲》了。《圆圆曲》说:

> 鼎湖当日弃人间,破敌收京下玉关。恸哭六军俱缟素,冲冠一怒为红颜。红颜流落非吾恋,逆贼天亡自荒宴。电扫黄巾定黑山,哭罢君亲再相见。相见初经田窦家,侯门歌舞出如花。许将戚里空侯伎,等取将军油壁车。家本姑苏浣花里,圆圆小字娇罗绮。梦向夫差苑里游,宫娥拥入君王起。前身合是采莲人,门前一片横塘水。横塘双桨去如飞,何处豪家强载归?此际岂知非薄命,此时只有泪沾衣。熏天意气连宫掖,明眸皓齿无人惜。夺归永巷闭良家,教就新声倾座客。座客飞觞红日莫,一曲哀弦向谁诉?白皙通侯最少年,拣取花枝屡回顾。早携娇鸟出樊笼,待得银河几时渡?恨杀军书抵死催,苦留后约将人误。相约恩深相见难,一朝蚁贼满长安。可怜思妇楼头柳,认作天边粉絮看。便索绿珠围内第,强呼绛树出雕栏。若非将士全师胜,争得蛾眉匹马还。蛾眉马上传呼进,云鬟不整惊魂定。蜡烛迎来在战场,啼妆满面残红印。专征箫鼓向秦川,金牛道上车千乘。斜谷云深起画楼,散关月落开妆镜。传来消息满红乡,乌桕红经十度霜。都曲妓师怜尚在,浣沙女伴忆同行。旧巢共是衔泥燕,飞上枝头变凤凰。长向尊前悲老大,有人夫婿擅侯王。当时只受

声名累,贵戚名豪尽延致。一斛珠连万斛愁,关山漂泊腰支细。
错怨狂风扬落花,无边春色来天地。尝闻倾国与倾城,翻使周郎
受重名。妻子岂应关大计,英雄无奈是多情。全家白骨成灰土,
一代红妆照汗青。君不见馆娃初起鸳鸯宿,越女如花看不足。
香径尘生鸟自啼,渫廊人去苔空绿。换羽移宫万里愁,珠歌翠舞
古梁州。为君别唱吴宫曲,汉水东南日夜流。

《圆圆曲》开篇就写道:"恸哭六军俱缟素,冲冠一怒为红颜。"此诗一出,洛阳纸贵,吴三桂与陈圆圆的故事成为"八卦"。当风言风语传到了正在云南的吴三桂耳朵里时,据说连吴三桂都有些害怕了,派人找吴梅村,送上黄金一千两,请求他删除《圆圆曲》的这第一句。吴梅村拒绝了。吴三桂不仅在历史中被贴上耻辱的标签,而且也跌跌撞撞地进入了中国文学史。

文字的力量真的很大。这首诗好像宣告,吴三桂打开山海关将清军引入关内,结果明朝灭亡,此后天下由满清统治,这样历史转折性的巨大事件都是因为吴三桂为了红颜陈圆圆而导致的。

这样看,陈圆圆对于汉民族来说,确实是红颜祸水。吴三桂因为她投降清朝而遗臭万年也是由于她而导致,对吴三桂来说,陈圆圆无疑也是红颜祸水。

然而,陈圆圆的真实命运确实如此祸水吗?

在我们看来,就算圆圆是红颜祸水,她也只能算是被动的红颜祸水而已。

8. 被动的理由之一:圆圆总是被强迫

陈圆圆不能主宰自己的命运,她的命运掌握在别人手中,她只能被动地适应而已。

在作为江南名妓时，圆圆可能还幸福、自由一点。然而，她却不幸地被田畹抢了。

田畹作为皇帝的岳父，非常嚣张跋扈。明朝到了末年，气数将尽，贪官污吏横行，社会的各种矛盾都爆发出来。皇亲国戚所作所为，没有人敢约束，明末的张岱在《石匮书后集》中就记载，田畹窃弄威权，京城中没有人敢得罪他。田畹打着皇帝的旗号，到处搜刮钱财与美女。不管是娼妓还是良家妇女，只要看上的，先出高价收买，如果不成，就暴力去抢。地方官非常害怕他，谁都不敢去过问。田畹找到珍奇的宝物或者美女，就贡献给崇祯皇帝，皇帝就更加宠信他。

陈圆圆一代名妓花容月貌，如此大的名声，就难逃田畹的罗网。陈圆圆最终被田畹掳回府中。田畹本来是想自己享用的，但女儿要求把她贡献给皇上，田畹没办法就把陈圆圆献上。但此时大明朝已是大厦将倾，焦头烂额四处捂不住屁股的崇祯已经没有心思享受美色了，把陈圆圆退了回来。田畹就把陈圆圆带回自己府，继续自己享用。

后来，田畹又将圆圆送给了吴三桂。吴三桂本来对陈圆圆一片痴心，但很快李自成攻入京城，陈圆圆很快就被李自成抓到据为己有。后李自成失败，陈圆圆又回到吴三桂身边，但这时吴三桂的身份变了，不再是一个叱咤风云的俊才英雄，而是一个带领清军入关出卖国家民族的背叛者，陈圆圆此后一直郁郁寡欢而死。

可以发现，在陈圆圆作为江南名妓之时，她还有一点选择的权力，可以追求自己钟爱的男人。然而，自负多情才子的冒辟疆却无情地拒绝了她，让她的一点点奢望最终破灭。

被田畹抢走是她人生的一个重大转折。此后，她没有任何选择的机会和自由。无论是被田畹享用，还是被送给崇祯皇帝，是跟了吴三桂，还是落入李自成手中，她都是无可奈何的，没有任何发言的机会。她只能凭自己的聪颖不至于让自己落入更加悲惨的境地。然而，被动地被放置在明朝灭亡清军入关的风口浪尖上，吴三桂被吴梅村称作"冲冠一怒为红颜"，陈圆圆因此而被动地变成一个红颜祸水。如果我们能听到陈圆圆心里的话，她一定会悲叹：自己太无奈、太无辜了。

9. 被动的理由之二："冲冠一怒"不为她

吴三桂背上了"重色轻国"的千古骂名，都是因为吴梅村这首《圆圆曲》所说的"恸哭六军俱缟素，冲冠一怒为红颜"和"不为君亲来故国，却因女子下雄关"。

对于此事，《明史》说"闻爱姬陈沅被刘宗敏掠去，愤甚"，即，吴三桂听到陈圆圆被李自成的部将刘宗敏抢走，非常气愤。到了《清史稿》，不仅是气愤的问题了，《清史稿》中说"闻其妾陈为自成将刘宗敏掠去，怒"，已经是"怒"而不是"愤"了，程度更进一层。《庭闻录》则添油加醋地描述得更加细致，说是吴三桂得知自己的父亲吴襄被捕、家产被抄时候，还觉得没有什么，但当知道了陈圆圆被刘宗敏掠走后，说："大丈夫不能保一女子，何面见人耶！"完全是"冲冠一怒为红颜"了。

当时的事实情况如何，人们很难说清楚了，于是《明史》、《清史稿》等就根据一些传闻和记载写成现在的样子。与吴三桂同时的吴梅村所做的《圆圆曲》是把吴三桂牢牢钉在历史的耻辱柱上的关键。后来所说的吴梅村坚决抵制吴三桂贿赂三千两黄金的说法都应该是无稽之谈。

1644年，李自成的农民军攻入京城，崇祯帝在煤山自缢身亡。此时，李自成最怕的就是驻守在山海关的吴三桂了。京城的百姓都期待着吴三桂回兵勤王，复兴明室，吴三桂却做出了一个惊人之举，向关外的满清政权剃发称臣,带引清兵入关。这个选择令所有人都扼腕叹息,百思不解。什么原因导致吴三桂做出了这样的选择?当真是为了陈圆圆吗?

学者白一瑾指出,吴三桂做出这样选择的原因有以下几种说法:

说法之一,是吴三桂要借兵复仇。

吴三桂在进兵讨伐李自成的大顺政权的檄文中说:"克襄大举,实赖同仇。"《明史纪事本末》中也说吴三桂听说京师陷落,皇帝殉难,就戴孝发丧,"乞师于我大清讨贼",是借大清的兵力来报复李自成。野史中说得更加夸张,说李自成抓到吴三桂的父亲,让其父写信招降他,他收到书信之后不做声,对着父亲所在方向八拜叩头,咬断中指,扯了家书,就和王永吉合谋,向满清借大兵十万以图恢复江山。

说法之二,是家人被抓要解救家人。

大顺政权进入北京之后抓到明朝官员就大肆拷打,搜刮其家产。《烈皇小识》中说,吴三桂听说京师失守后先帝也殉难了,就准备领军入关投降。一般来说,李自成忌惮于吴三桂的军队,在吴三桂还没有投降的时候,对其在京城的家属应该非常优待的。但这时吴三桂却听说父亲吴襄被李自成军队抓到并严刑拷打。吴三桂就赶紧回头,他信不过农民出身的李自成,忧虑自己投靠大顺之后的处境,决定不与李自成合作。并且,吴三桂的部下,对进京之后就烧杀抢掠奸淫妇女的大顺政权也没信心,《定思小记》中说吴三桂因父母等都在城中,打算投降,跟自己部下将士商量,将士们都说我们投降之后,肯定被解散分在不同的部队,那我们的家人就保证不了了,所以不能投降。

说法之三,是"系襄索沅"。

《三垣笔记》中说,李自成占领京城以后,李自成的权将刘宗敏听说吴三桂所娶的陈沅色相出众,就扣押并拷打吴襄,索要陈沅,但没有得到,就用更加严酷的刑罚拷问。吴三桂听说了,就愤而改变了投降的想法,招募兵士七千,据守山海关抗拒李自成。

《甲申传信录》也说权将刘宗敏"系襄索沅",即把吴襄逮起来索要陈沅,吴襄说陈圆圆已经被送到宁远吴三桂那里,但已经死了。刘宗敏不相信,就用酷刑拷问吴襄。"系襄索沅"的说法在明代遗民所修的野史中非常有代表性。特别是《甲申传信录》的作者当时正在北京,所以记载的事情可信度比较高。"系襄索沅"虽然说到了陈圆圆在这一次重大历史转折中起的特殊作用,但李自成军拘押的并不是陈圆圆本人,而是吴三桂的父亲吴襄。由于"索沅不得"才对吴襄"拷掠甚酷"。

这样说来,吴三桂起兵抗拒李自成的直接原因就不是陈圆圆,而是其父亲吴襄。但是,"系襄索沅"这种说法,并没有交代,若陈圆圆当时并未被李自成部下掠走,那她躲在哪里呢?

说法之四,是陈圆圆被李自成军所掠。

最早提出这种说法的是锁绿山人的《明亡述略》,书中说,李自成军找到吴三桂京师的家,就找到了陈沅,李自成很喜欢陈圆圆。李自成命令吴三桂的父亲吴襄写信招降吴三桂,吴三桂听说陈沅被掠大怒,于是向多尔衮借军队。

《明亡述略》成书比较早,之后的许多稗官野史很多采用了这种说法,并且描述得极富戏剧性。如《吴三桂始末》说,当吴三桂问到家人,知道陈沅已经落入贼手,就大怒,回复吴襄的信说:父亲既然不能成为忠臣,儿子也不能当孝子。于是就在山海关募兵抵抗李自成。

《觚剩》中的记载更加生动形象,吴三桂问到陈圆圆在哪里,探听消息的人不能隐瞒,就说已经被李自成掠走,吴三桂按剑大怒,说:"嗟乎,大丈夫不能自保其室,何以生为?"一个男子汉大丈夫连自己的妻室都保护不了,活着还有什么意思?这里已经增加了一个很详细的细节,即吴三桂的这句话。这句话却一点不简单,因为有这句话，人们就可以阐释为"冲冠一怒为红颜"，为一个女人陈圆圆而做了完全不同的决定。

《甲申传信录》中也有这样的细节。吴三桂问手下："我家人没事吧？"手下回答说："已经被李自成抓到。"吴三桂又问："我父亲呢？"回答说："也被抓了。"吴三桂沉吟了一会儿，就厉声问："我的圆圆怎样了？"手下战战兢兢回答："被贼夺走了。"于是吴三桂大怒，瞪圆了眼睛大呼："大丈夫不能保一女子，有何颜面？"虽然有男人讲面子的强烈意识，但也是为了陈圆圆。

10. 被动的理由之三：文学虚构与清政府抹黑

学者白一瑾指出，如果仔细研究一下以上这些史籍出现的年代，就可以看出两个问题：第一个问题，多数说"陈圆圆被掠"的记载都提到了《圆圆曲》。

比如《传信录》在写到陈圆圆被掠之后，就说吴梅村有《圆圆曲》："痛哭六军俱缟素，冲冠一怒为红颜。"《觚賸》也提到说"梅村太史有《圆圆曲》"。这说明写这些书的人都读过《圆圆曲》，不但读过还都认为《圆圆曲》中所写的"冲冠一怒为红颜"为历史真实。最有可能的是，这些史籍的创作都受到了《圆圆曲》的影响，而并不是可靠的记录，是根据《圆圆曲》而附会而来。而《圆圆曲》只是文学创作，很多情节可能只是一种虚构。

当时，吴梅村的老朋友杨士聪就在京城。杨士聪说，吴三桂引清兵入关的真相是：吴三桂的父亲吴襄被抓到时，李自成准备将他关押起来，但后来放了他，还设宴款待。吴襄知道自己逃不出来，就派人给吴三桂送信。吴襄的信到吴三桂的手里时，并没有说自己被关押，但送信的人误传，说他父亲被抓起来，吴三桂就很痛愤，算算时间，吴襄可能已经被李自成军杀死。正在这时得到情报，李自成军和关外的多尔衮部队都试图进攻自己。吴三桂两下权衡,不如与东边联合,于是就去投降多尔衮。杨士聪认为,吴三桂降清的真正原因是他误听了谣传,以为自己父亲已被杀死。这个记载中没有提及任何陈圆圆的事情。杨士聪本人对吴三桂一点没有好感,如果吴三桂真为了一个女人,特别是一个妓女而出卖国家民族,杨士聪一定会提到,一定会讽刺。但杨士聪根本没有提,最大可能就是:根本没有"冲冠一怒为红颜"这回事。吴梅村这些诗可能只是依据文人想象虚构而来的。

第二个问题,大多数说"陈圆圆被掠"的记录都产生在康熙皇帝平定"三藩之乱",即铲除了吴三桂之后。这个时候产生这样的说法就有浓厚的政治意味,很大程度是清朝朝廷为了抹黑吴三桂而采取的宣传手段。

原因很简单,如果吴三桂的引狼入室是为了恢复大明朝的话,他的行为中有很多正义的成分。虽然借清兵不对,那也是因为后来清朝统治了整个中国,人们才对吴三桂有很大的不满。若是多尔衮没有狼子野心,只得到原来约定好的让给他的地盘的话,吴三桂也没有什么太大的罪过。当时一些将领对吴三桂借兵都比较理解,如当时的夏允彝就说:"历史上就有包胥借秦兵而保存了楚国,吴三桂借东夷的兵,但东夷吞掉了我中华,难道是吴三桂的罪吗?只是他不幸而已。"

但是,当有人提出原来吴三桂不是为了自己父亲,更不是为了国家,而是为了一个低贱的女人而降清,这时,吴三桂的举动就完全失去了正义性,吴三桂也完全变成了一个没有民族大义、只追求女人的小人。因此有人骂吴三桂:"为了一个女人而置皇帝和父亲于不顾,真是连猪狗都不如的人。"

人们既然认定吴三桂是这样的小人,小人总是利欲熏心、心怀异志且图谋不轨,所以才会搞出"三藩之乱"。人们会想,"三藩之乱"虽然打着恢复明朝的旗号,估计也只是吴三桂想争夺天下做皇帝而已。

如此一来,清朝朝廷就可以从政治上和道德上彻底抹黑吴三桂。因此,可以推测,说吴三桂因陈圆圆而做出那样的选择,很大程度上是清朝朝廷的宣传手段。

总之,大体可以说,吴三桂不是、至少不全是为了陈圆圆而做出那样的抉择的。陈圆圆也没有那么大的魅力和那么好的运气,可以让一个男人珍惜她到这种程度。

11. 被动的红颜祸水

现在做一个假设,如果让陈圆圆自己选择,她会选择成为今天人们认为的"红颜祸水"吗?

如果陈圆圆能和自己梦寐以求的才子冒辟疆结合,如果冒辟疆不那么推三阻四,陈圆圆可能就一世住在秦淮河畔,听得河畔袅袅的乐声,做一个快乐的小女人,度过幸福的后半生。

如果陈圆圆一直被有钱有势的田畹霸占着,她可能只是暗地悲叹自己的青春毫无意义、自己的一生毁在这样的庸人手中,心死之后度过自己悲哀的余生。李自成农民军攻入北京之后,自己或被杀死,或被转手,被另外有钱有势的人霸占。红颜只是薄命而已。

如果陈圆圆只是被吴三桂看上,而当时正是明代盛朝,吴三桂不必去面对京师被农民军攻破、皇帝自杀的难题,陈圆圆充其量也只是被送给吴三桂的一份礼物而已,作为玩物的她,不会在历史上有任何成名的机会、任何历史的地位。

陈圆圆经历了这么多曲曲折折事情,作为一个绝色女子,她只能被人送来送去。她很绝望,自己根本没有把握自己的命运的力量。陈圆圆对吴三桂是有深厚的感情的,但吴三桂归降大清之后,陈圆圆在民族大义与儿女私情中觉察到了不能消解的矛盾,这鸿沟一旦形成,她再也没有能力和勇气去跨过,只能清心修道,寂寞地度过余生,或者郁郁而死。

但是,历史就是被叙述,命运不幸的她,被推到了历史转折的这个风口浪尖上。不由她做主,就像杨玉环一样被安排成"安史之乱"的罪人,陈圆圆也被安排成了一个甲申之变的"红颜祸水"角色。

陈圆圆只不过是一名才色出众的歌妓,被推为"红颜祸水"她有太多的委屈。她什么时候想过玩弄伎俩?她与田畹周旋,不过是为了想让自己一生的幸福不埋没在一个又老又丑的人手中,想让自己的红颜能配得上真正的英雄。她什么时候想过干涉政治风云?她与李自成周旋,不过是为了想让自己的后世不牵在一个粗鲁没见识的农民起义军首领手上,想让自己不被别人有更多诋毁她的理由。可是,在历史的风云中,人们,特别是男人们,因为政治偏偏要把她卷入其中,这才是陈圆圆悲剧之所在。而这也正是女性的悲剧,这悲剧一直由男人在演绎。

第五章　祸水与英雄之间

历史中有一种红颜,她们有着特殊的身份,她们被别人用作实施美人计的工具,肩负着使命,主动配合自己的国家一步一步实施妙计。为了获得胜利,她们不惜牺牲自己的美色,牺牲自己的身体。然而,当美人计实施成功之后,她们或被指责为"祸水",或者无声无息地消失。她们的心里有多苦,我们无从获知,我们知道的只是:她们应该是英雄,她们应该受到人们的尊敬!这些美女红颜徘徊在祸水与英雄之间,我们细细解读这些红颜故事,可以看清她们的真实面目。

I 西施传奇的两面性

苏轼《饮湖上初晴后雨》诗说:"水光潋滟晴方好,山色空濛雨亦奇。欲把西湖比西子,淡妆浓抹总相宜。"西湖有多漂亮呢?跟西施一样。不管是淡妆还是艳妆,都一样美。西施,我们已经看不到她的容貌了,但可以从西湖春色的美景中想象这个被列为中国"四大美女"之首的越国美女的风采。西施这样的美女,忍辱负重完成了她的任务,她理应成为国家的英雄,但不幸的是,她仍被视作"红颜祸水"。一半是英雄,一半是祸水。

先说正面版本——英雄的美女故事。

1. 定情

西施生活在春秋末年,这时东南的吴国、越国成为新兴强国。吴国想争霸中原,必须先征服越国,解除其后方的威胁。越国想北进中原,也必先征服吴国才有可能。因此,两国进行了长达二十多年的吴越争霸战争。西施故事就在这样的情况下发生。

范蠡是越国的上大夫,一天穿上便服,去民间视察,顺便春游。山阴道上,千岩竞秀,万壑争流,江南的春天一派生机勃勃。

正走着,突然看到一个很漂亮的女孩子。这女孩就是西施。西施出生在若耶溪边,姓施,名夷光。因住在苎萝西村,所以被大家叫做西施。西施经常到溪边浣纱。

范蠡看到美女,心想世间竟有这样的天姿国色,赶忙过去搭讪。一知道西施还没嫁人,就赶紧说明自己的身份,自己也还没结婚。西施看到范蠡一表人才,温润有礼,也一见钟情。范蠡向西施求婚。越国是少数民族,民风淳朴直爽,不需要什么父母之命、媒妁之言,西施没犹豫就答应了。

范蠡让西施等他回去准备然后再来迎娶,自己没带礼物,没什么送给西施。西施就拿手中的纱,送给范蠡作为定情之物。

范蠡刚回去,吴越战事紧张起来。原来,越国已经与吴国开战多年,此前吴王阖闾率军攻越,双方主力在檇李大战,越国用计策让死刑犯在阵前集体自杀,吴军不知怎么回事,越军趁吴军注意力分散之机发动猛攻,大败吴军。吴王阖闾负伤,回去后就死了,夫差继位。越王勾践就召见范蠡和下大夫文种,文种主张再次进攻吴国。越王带兵出征,结果主力被歼。吴军乘胜追击,将越军围在会稽山上。

范蠡让越王先去投降,说商汤被囚禁在夏台,周文王被囚禁在羑里,都是为了保存性命,然后以图东山再起。但恐怕伍子胥忠直,不接受投降。伍员,字子胥,吴国相国,名将。文种出主意说,可以贿赂吴王的太宰伯嚭,让伍子胥不能得势,这样就可以解围。

文种半夜去拜见伯嚭,带着黄金五千两,锦段五千匹,白璧十双,更重要的是带了两个美女,然后说越王愿意带着妻子来投降,在吴国称臣,希望伯嚭在其中说和。

伯嚭答应了,第二天带着文种去见吴王。吴王谴责说:"勾践伤了我父,还有什么脸面来见寡人?"伯嚭说:"既然勾践愿意带着他妻子来称臣,把土地宝物都献给我王,那越地就是我王的了。我王就可以挺进中原,不用再在越国耗费。"吴王说:"现在眼看就能灭了他,为什么要接受投降?"文种站出来说:"如果一定要打的话,吴王恐怕也会再损失很多兵力吧。"伯嚭进一步劝说:"现在勾践愿意称臣,如果我王不再追究,这也会让别的诸侯信服,对以后称霸中原很有利。"吴王有点动摇了,限越王十日之内带妻子来投降。

伍子胥知道了,赶紧进宫劝吴王改变主意,说:"这是灭了越国的天赐良机,机不可失,失不再来啊!伯嚭的主意切不可听。"但吴王说自己已经答应人家了,不能食言。伍子胥痛心疾首没有办法。

越王让文种留在越国治理国事,自己带着范蠡、妻子来到吴国投降。见了吴王,勾践跪下就说:"我不知天高地厚得罪了大王,大王如此宽宏大量,原谅了我,我不胜感恩。"伍子胥劝吴王趁机杀了勾践。吴王不肯。吴王说:"杀已经投降的人,这样不好吧,天下会有非议的。况且寡人也不能失信。"

吴王把勾践、范蠡发配到石室,作为官奴,去养马。范蠡展开活动,经常贿赂伯嚭,伯嚭就对勾践挺照顾。勾践对伯嚭说:"要是我能重回故乡,一定把越国分一半给恩人你。"

范蠡就这样留在了吴国,忘记了他与一个美丽少女的约定。在动荡的年代,个人感情似乎应该让位于国家事务。在他来说,这可能只是一件小事,在西施来说,这可是关系自身幸福的全部啊。不幸的是,所谓国家事务就是吴王、越王、范蠡、伍子胥、伯嚭这些人的算计、心计与利益交换,一个女人的喜怒哀乐在这其中似乎完全无关紧要。然而,事情不是这么简单,历史一定要让西施这个美女重出舞台。

2. 重见

再说西施自从见了范蠡之后,一直盼望着,估计范蠡不过几天就会来迎娶她。但左等右等就是没见到人影,时间已经过去很久,西施慢慢焦急起来。西施心想,难道那天见的是个拈花惹草的人冒充范蠡大夫来调戏她,所以现在杳无音信?但那天又看他很真诚,不像是假的。这样满腹惆怅,慢慢得了病,心窝总是疼。

吴王这边,一天出去游玩,看到石室养马的勾践、范蠡穿着破烂的衣服,伯嚭趁机说:"我们已经关了他们两年了,他们一点怨言都没有。"吴王就有放了他们的意思。

吴王平日喝酒吃肉,又不忌女色,身体变得不太好了。吴王问伯嚭:"你觉得寡人这身体能不能好?"伯嚭说:"不出一月定能除病根。"吴王就问:"你为什么这么肯定?"伯嚭就说:"小人昨晚领命来观察我王的大便,正好碰到勾践夫妻想探望吴王的病情。勾践看见桶里的粪便,马上跪下来尝了,说主公的病,很快就会好的。现在他们在宫门外,不敢擅自进来。"吴王就让勾践夫妇进来。勾践就说了怎么从粪便分辨病情和健康状况:"人的粪便,都有五谷杂粮的味道。不过逆时节的就会死,顺时节的就会生。臣尝了大王的粪便,味道是苦且酸,这正好应了春夏之气。所以,以我看来,病马上就会好了。"勾践这一说,吴王感动了:"俗话说,最亲的莫如父子,最爱的莫如夫妻,寡人病了三个月,太子与夫人几天才看寡人一次,看完就走了。不要说粪便,让他们端药都不见得愿意给寡人端。"勾践赶紧说:"吮疽吸毒,都是臣子当尽的责任。"吴王一高兴，对伯嚭说，如果自己真的很快就好了，那勾践是有很大功劳的，送他回故乡也没什么问题。勾践赶紧叩谢。

再说西施有个堂妹，在苎萝东村，被称为东施。听说西施生了心疼的病，就去北村请村里的医生北威去帮西施看病。北威因为背有点驼，一直没嫁出去，就自学医术，成了医生。

北威问西施怎么生的病，西施说："一次浣纱回来，之后就感觉身子困倦，昏昏沉沉，日夜心疼，吃不下饭。"东施说："一定是遇到帅男，被人哄得春心大动，犯了相思病。"北威一号脉，果然病是从七情六欲上来的。

西施因为心疼，就捧着心，皱着眉，样子倒更漂亮了。东施说西施："姐姐你现在是滴溜溜的娇眼，青簌簌的蛾眉，满眶秋水逐人来，两点春山描不就，反增出许多千娇百媚，不要说男人见了喜欢，就是女人看了也会全身酥麻啊。"说着就大叫："姐姐不好了，我也心疼起来了。"看着东施的憨态，年轻的女孩子都咯咯笑个没完。

再说吴王的病果然很快就好了，吴王下令说："勾践来这里已经三年了，吃苦耐劳，现在把他放了吧。"伍子胥说："勾践外边看起来比较谦和，内心却比较凶恶。就像虎狼被关在陷阱之内，勉强露出驯服的样子。现在不杀他反而要放了他，他必定会反咬一口的。"吴王指责伍子胥说："寡人病了三个月，相国你从来就没有好话来安慰寡人，你这算不忠；也没有好的东西送给寡人治病，你这是不仁。你为人臣不忠不仁，要你有什么用。你看人家勾践，自己国家都不要了，货财什么都献上，自己甘愿身为奴婢，这是忠；寡人有病，人家亲自给我尝粪便，没有一点怨恨的意思，这是仁。相国你不自知，还想来诛杀忠良，太可恶了。"伯嚭拍马屁说吴王说得很对，尝粪便的事，相国是一定做不出来的。伍子胥一气之下就离开了。

吴王不喜欢伍子胥,当时齐鲁不和,正要派个使节去调停,就让伍子胥去了。伍子胥眼见国家将亡,很痛心,临行前去见太子,让太子冒死进谏吴王。

范蠡跟从越王一起回到越国,文种接迎,高兴得不得了。越王马上决定励精图治。越王命令人站在宫门口,每次当他经过时,要大声说:"勾践,你忘了会稽之耻吗?你忘了养马之苦吗?你忘了尝粪之羞吗?"立下誓言要将吴宫踏破。

文种出主意说:"大王应该选美女给吴王送去,一则表示感谢吴王放了自己,二则可以用美女让吴王变得荒淫,任用奸邪,驱逐忠信。"越王连连称赞,但担心找不到绝色美女。

范蠡站出来说:"微臣知道一个,艳色绝伦,举世罕见,她已经答应嫁给微臣了,不过我还未娶她。如果现在要用她,微臣就将她献上。"越王说这样不太好吧。范蠡说:"现在微臣是为天下着想,而不是为自己着想。"

越王下令一边广选美女,一边派范蠡去找西施。范蠡到了苎萝山,很快找到了西施。二人乍见,面面相对,看着景色依旧,心中无限感慨。

情人相见,当然应该有说不尽的幽情、道不完的思念。然而,范蠡心中却有另一个算盘,面对西施的多情倾诉,他心中会有愧疚吗?对他来说,可能没有。因为,男人嘛,总是觉得自己是做大事的,自己为了国家利益,牺牲一下儿女私情是应该的,谁让爱情与国家总是矛盾呢?

3. 爱情与国家

西施知道了范蠡是因为被扣押在吴国,所以三年没来找她,心想,范蠡能以身为国,我怎么能轻易怪罪他呢?范蠡也不住道歉,说自己因为国君有难,陪着国君拘留在异邦,很惭愧没有来迎娶西施。

西施说:"国家的事大,姻亲的事小,不能因为我的问题,范大夫不去吴国,让百姓失去希望。"范蠡就说:"本来我想与你永结百年之好,现在越王回来,想让吴王变得荒淫无度,因此到处找美女送给吴王。但我想,只有你的容貌绝世,不知你愿不愿意?"

西施一听,当然不答应。

范蠡哭着说:"社稷的存亡,就全靠这个计策啊。如果你能去,这样国家可存,我们人也可以保全,我们以后总有相聚的一天。如果你执意不去,国家将灭亡,我们也会随着国家而死,那时候再想结亲,我们都是成了沟渠的鬼,哪有什么百年好合啊!"西施痛哭失声地说:"我盼了你三年,心都痛了,今天终于见到了,情况却是这样!"

西施苦恋着范蠡,现在遇到这个局面,实在是自己想不到的。面对着自己心爱的人的请求,也是为了国家,只好勉强答应了。

范蠡带西施回到王宫,越王一看,果然是天姿国色,绝世无双。就让王后娘娘亲自教西施歌舞、体态。

这个时候,齐、鲁两国正在打仗,鲁国派子贡到吴国求救。吴王早有称霸的心思,子贡很容易就说服了吴王出兵。

伍子胥把自己的儿子带到齐国,因为他已经看到,吴王准备北伐齐国。若吴兵一出,越国就会乘虚攻入吴地。自己应该死谏报国,留儿子在齐国让好友照顾。

西施被训练了一段时间,越王去视察了西施的情况,结果很满意,赞美西施说:"蛾眉不肯让人,狐媚必能惑主。虽为女流之辈,实有男子之谋。"就打算让范蠡送她到吴国。

越王对西施说:"以前周文王被殷纣囚禁在羑里,他的大臣找到有苏氏的美女献之于纣,纣王就释放了文王,送去的美女一心报国,迷惑纣王,让他身亡国灭,最后回到周朝。寡人被吴王囚禁三年,什么羞辱的事都有。吴王的恶行不比殷纣少，而你的美貌，比有苏氏强，现在寡人要把你献给吴王，你要引诱他恋酒迷花，任用奸佞疏远贤臣。如此一来，寡人的仇几年就可以报，你与范大夫的旧日之盟可以重续。"西施就说："誓当粉身碎骨。"

范蠡亲自将西施送到吴国去。西施对范蠡感叹："等了三年了，姻缘却被无情地打乱，真后悔当初的邂逅，溪边相许终身真是人生一件错事。以前说的什么山盟海誓都像东流之水，算了，都过去了。我无端添了心痛的毛病，也只能自己承受。"范蠡安慰西施说："你一定要记着，我们的姻缘是天注定的，一定会再走到一起的。你愁苦的时候，就看看天河里的牛郎织女星吧，我们一定会在鹊桥边相见的。"范蠡取出当年西施作为定情信物送给他的纱，让西施带着，说只要看到这纱就想起范蠡，就应该相信一定会再见。西施将纱一扯两份，两人各拿一份，叮嘱不要相忘。

这样的故事让人感觉很不舒服。就男女私情而言，把痴情的西施拱手出让、任吴王享用，只有范蠡这样的人才做得出；迫不得已之下对自己的情人无怨无悔地支持，也只有西施这样的女子才做得到。两人相比，境界高下立见。被迫搅入到国家政治之中，西施有苦也只能留在自己心中默默忍受，她要完成自己的使命。

4. 搅乱吴宫

范蠡带西施来到吴国。吴王见了这样的美人，立即目瞪口呆，哪见过这样的仙女啊！

伍子胥却劝告吴王说："夏桀因为妹喜灭亡，纣王因为妲己灭国，幽王因为褒姒倾覆。这些都是红颜祸水误国啊。现在越王进献此美女，就是要让你成为昏君啊。"吴王很不耐烦，说："寡人纳个妃子有什么大事，老相国回家抱抱妻子儿子算了，别在这里让寡人这也不能做那也不能做!"

伍子胥见自己的忠心被吴王这样轻视,很气愤,说了句"酒逢知己千杯少,话不投机半句多"就走了。吴王气得说:"这老头儿太可恶了,我要杀了他。"伯嚭趁机说:"我王言之有理。"吴王急着和西施喝合欢酒入洞房,也不顾伯嚭的拍马屁了,进入后宫"慢慢的花倾柳欹蜂蝶闹,少不得地久天长似鱼水交"。

自从西施进宫,妙舞清歌不断,更兼姿容娇媚、性格温柔,吴王被迷得魂都飞了。

这天,西施要求到湖上采莲,吴王很高兴。西施看到湖上莲花,想起了自己在若耶浣纱溪边的时光,人事俱变,不觉感慨,就为吴王唱越溪边的采莲曲:"采莲采莲芙蓉衣,秋风起浪凫雁飞。桂棹兰桡下极浦,罗裙玉腕轻摇橹。叶屿花潭一望平,吴歌越吹相思苦。相思苦,不可攀。江南采莲今已暮。海上征夫犹未还。"

这首歌寄托了西施对范蠡的相思。吴王不知,只觉得西施唱的是天籁之音,多喝了几大杯酒。

却说越王日夜焦苦想报仇,现在已经兵甲颇精,粮草充足,想去伐吴。范蠡说还不到时机,给越王出个计策:"我们诈称越国今年谷子不熟,用一百万两银做抵押去换吴国一百万石谷子。吴王贪银子多,一定会答应。明年我们将谷种都蒸熟然后还给他,让他谷种不能生长,人民受饥荒,这样吴国的粮米就耗光了。另外,我们有幸采到了天生神木两根,长五十丈,现在令匠人按照尺寸来做,画上美丽的图画,镂上黄金,嵌上珍宝,进献给吴王。吴王看到这样好的木材一定很高兴,为了用上这些木材,他必定会大兴土木,重新建造更大更新的豪华楼台,这样就能让吴国国库空虚。此时,伍子胥必定会进谏,伯嚭必定污蔑他,吴王就会杀了伍子胥。吴王一直想伐齐,我们再乘吴王去伐齐之时,就可带兵长驱直入,势如破竹。"

越王一听范蠡这三计连环,非常高兴,就让文种把神木、买谷子的钱都送到吴国了。果然如范蠡所料,神木送去,吴王就打算建造大楼台。又看有很大便宜占也立即同意换谷子。伍子胥认为其中有诈,力谏吴王不能接受。伯嚭就乘机诋毁伍子胥。

正在这时候,发生了一件事情。吴王做了个梦,梦见了一些离奇的事,伍子胥邀请他的朋友公孙圣——一个道行较高的道士来解梦。公孙圣说:"大王的梦应该是应验在兴师伐齐上。梦见两个釜烧饭但是不熟,是暗示大王会败走,连东西都吃不上;梦见两支锹插在宫墙上,是越兵要侵入吴地掘社稷。"吴王一听大怒:"你什么人,竟敢这样说话!"伯嚭趁机说:"这人和伍子胥是结义兄弟,一定是伍子胥教他来这么说的。伍子胥把儿子寄在齐国,又经常与太子往来,干不出什么好事,应该杀了他以绝后患。"

正说着,太子求见,太子进谏说:"螳螂捕蝉,黄雀在后。爹爹伐齐,不知越王将会来灭我宗社啊。爹爹眼见就变成了鬼,还在这里风流快活。伯嚭专权,残害忠良,不能听他的话啊。"吴王一听,这肯定是伍子胥教他这样说的,就说:"既然这样,寡人就给你一万人马,你把守在三江口,防止越国进攻。"太子没有办法,领命去了。

吴王开始举兵伐齐,派伯嚭出兵,打了一个小胜仗。吴王召见伍子胥,羞辱他说:"你让我不要伐齐,现在太宰伯嚭领兵去就打了胜仗,到寡人称霸诸侯的时候看你还有什么话说!"伍子胥说:"齐国不过是个疮疥,侥幸胜了,只不过是个小的功劳。越国实在是我们的腹心之病,一旦发作一定是大灾啊。"吴王十分不耐烦,就说:"你这样的人,活着有什么用!除了瞎说乱谏,你还会什么,不如死了算了!"伍子胥非常悲愤,说:"好!我死之后,大王请剔开我双目,将我头挂在城门上,我要亲眼看勾践攻入吴国!"吴王恼羞成怒,赐他立即自杀。

吴王亲自领兵伐齐,西施想,自己到吴已经三年,按越王和范蠡的意思,已经哄诱吴王让他恣意淫乐,吴国有败亡的征兆了,不知什么时候能回到越国啊。

此时,越王趁吴王出去伐齐,防守空虚,率十万大军直渡太湖。吴王太子哪里抵挡得住,很快被俘。越军攻入吴国城中。

西施在楼台上说:"我是越国西施,请将士们暂且不要焚烧城池,请通知范蠡、文种两位大夫来见。"

吴王得到王城被攻破的消息,正不知如何是好,听报西施暂时退了越兵,就想回兵救城。刚到王城附近就中了埋伏,被越军两面夹攻,死伤惨重。

吴王逃回城中,请西施说服勾践退兵。西施说:"大王不必烦恼,有我在这儿呢。大王这么心烦,不如用我的如花美貌来暂时安慰大王吧。"吴王心事繁重,西施就建议让伯嚭去见越王说和。

伯嚭带上重礼去了,越王不接受投降,开始攻城。伯嚭一看情况不对,就不回去复命直接跑了。吴王独自逃往阳山,被范蠡、文种追上,被迫引刀自裁。

吴国城中,越军欢腾庆祝。范蠡看大功告成,越王已经报仇雪耻,就禀告越王自己要辞官归隐,越王不允。

这时西施到了,拜见了越王及两位大夫。越王说:"很感谢范大夫啊,借寡人这样的佳人,立了大功,现在西施回来了,你们就成婚吧。以前武王灭纣之后,把妲己赐给周公。现在也是一桩美事。"范蠡叩头致谢,就带着西施走了。

忽然有人回报:"送范大夫回自己官邸,大夫却不肯。一叶扁舟,竟往太湖去了。"

范蠡带着西施,进入太湖,跟西施说:"没想到今生竟然真的还能复合!"西施说:"当初若没有溪纱,我与你哪有今日。"西施取出朝夕佩在胸口的纱,给范蠡看。范蠡感动得热泪盈眶。二人踏上小舟,不知所踪。

这是一个圆满的故事。西施忍辱负重,作为国家的英雄,最后得到了善报,与范蠡泛舟五湖,西施活在了湖水之上,我们称之为:湖水之上——英雄美女故事的正面版本。不过西施的故事还有另外一个版本。

5. 反面"祸水"的故事

话说吴越战争,越王勾践被围在会稽山。越王听从范蠡、文种意见,去吴宫投降。文种善于政事,就留下治理百姓,范蠡临机应变能力强,就跟随越王一起去。吴王将勾践囚禁在石室,范蠡寸步不离。伍子胥让夫差杀了勾践,夫差不肯。让勾践与范蠡去养马、提水、除粪。关了三年,勾践与范蠡都面黄肌瘦,吴王派人监视,但二人脸上丝毫没有怨恨,就考虑让太史选择吉日赦越王归国。伍子胥劝谏,吴王不听。此时,勾践又帮吴王夫差尝了粪便,吴王一高兴,就让越王沐浴换衣服,送他回国。

勾践回到自己的越国,一直想着会稽山的耻辱,就迁都到会稽。越王睡在柴草之中不用床褥,又悬一个苦胆在旁边,饮食起居都要尝一尝。这后来被称作"卧薪尝胆"。勾践七年不收民税,经济发展起来。

文种听说吴王要改建姑苏台,就建议勾践选名贵的木材进献,让他越搞越奢侈。越王就让三千木工进山伐木,但很久也没找到合适的树木。忽然有一夜,不知怎么冒出来两棵天生的神木,又高大又粗壮,木质极好。群臣都说这是天助越王。勾践将树木加工之后献给吴王。伍子胥进谏说:"这是越国想害我们穷竭民力的。"吴王不听,费时五年建起一个高三百丈、宽八十四丈的崇台,登上台能望二百里,累死许多百姓。

文种看计策已经生效,就建议越王进献美女,以乱吴王心志。越王下令选美女,半年之中,选到两个:西施、郑旦。西施是苎萝山下打柴人家的女儿,郑旦是西施的邻居,两人以在江上浣纱为生,都是绝色女子。勾践命范蠡买下她们,穿上漂亮的衣服,乘着华贵的马车,城中的人听说了都到街上挤着看。范蠡安排西施、郑旦住在别馆,说:"谁想看美女,先交一文钱。"旁边设个收钱的柜子,很快钱就赚满了。两个美人登上小楼,凭栏而立,下边的百姓看了,都觉得那是飘飘忽忽天上的仙女。范蠡让美女停留在郊外三天,赚了很多钱,运往国库供国家使用。勾践亲自送美女去跟老乐师学习舞蹈唱歌,学习姿态。教习了三年,什么都学会了,就穿上珠宝配饰的衣服,坐着宝车,经过街道时,街道上都飘着香味。

范蠡将她们送到吴国,吴王很高兴,不听伍子胥劝告,把二女留下享用。二女都是国色天香,夫差都很宠爱,但是比妖艳善媚,还是西施更厉害。因此,西施独夺歌舞之魁,住在姑苏台,受到吴王专宠,出入的仪制跟妃后一样。郑旦嫉妒西施受到专宠,郁郁不得志,过了不久就死了。

夫差宠幸西施,建造辉煌的宫殿,山上建有玩花池、玩月池,西施照着泉水梳妆,夫差亲自为她梳头。夫差又与西施一起泛舟采莲,取名叫采莲泾;在城中开凿大的沟壑,从南到北,坐着锦船游玩,号称锦帆泾。

越王听说吴王宠幸西施,日事游乐不理政事,就跟文种商量。文种提出借口本国歉收,向吴国借米以救民饥。伍子胥劝说吴王不借,吴王不听,借给越国很多粟米。第二年越国丰收,文种让人选择上好的粟米,蒸熟了送给吴国。

越国在南边深林之中找到一个不知名姓的处女,这个无名处女无师自通,剑术非常高超。处女跟随越王派的使者往北走,到山阴道上,遇到一个白须的老翁,挡在车前,问:"是不是南林的处女?有什么剑术竟敢受越王的聘请?"老翁想切磋一下。处女说:"请指教。"老翁随手一挥,林内的竹子就断了,就像折断一根干草一样,老翁顺势就来刺处女。竹子折断,还没完全倒在地上,处女就已经取到竹子的末梢,反过来刺老翁。老翁忽然飞身上树,化为一个白猿,长啸一声跑了。使者很诧异,汇报越王。越王让处女教习三千人军士。又请一个善射的人陈音教军队射箭。

吴王准备伐齐,勾践向夫差献上名矛"屈卢"、名剑"步光",说自己愿意带领三千兵士,披坚执锐,受吴王调遣。吴王很高兴,就只要了兵没让勾践来。夫差很快就征服了齐国,回到新宫,与西施欢娱。

这时候正是初秋,梧桐叶子正茂盛,凉风习习,夫差与西施登上高台饮酒赏秋。夜深时,忽然听到有小孩再唱歌:"桐叶冷,吴王醒未醒?梧叶秋,吴王愁更愁!"夫差派人找来小孩问谁教他们的,小孩说是一个绯衣童子,教完就走了。夫差大怒。

此后不久,夫差逼伍子胥自杀,伍子胥要求将头颅挂在城门,夫差就把他的尸体扔到江中。百姓把尸体捞出来,葬在吴山。

夫差杀了伍子胥之后,就约诸侯在黄池聚会,想与晋国争夺盟主之位。越王勾践趁吴王出境,与范蠡商议,出兵攻打吴国。吴兵大败。吴王听到密报大惊,赶忙回去,结果受到越军袭击,吴兵不能抵挡,大败而逃。

夫差跑回城中闭门自守,越王围城。吴国派使者来说要讲和,文种、范蠡不答应。文种、范蠡攻城,夜里望见南城上有伍子胥人头,看起来有车轮那么大,目光如电头发四射,越军将士都很害怕,只好暂时退兵。半夜突然起了暴风,下起大暴雨,飞石扬沙,将越兵打死打伤很多。范蠡、文种赶紧冒雨遥望南门,对着伍子胥的头行礼谢罪。不久风雨就停了。

夜里,范蠡、文种做了同样的梦,梦见伍子胥乘着白马而来,说:

"我知道越兵一定会来的,我让人将自己的头挂在城门,已经看到你们来了。我的忠心未绝,不忍心看到你们从我的头之下进城,所以弄出风雨来击退你们的军队。然而,越国吞掉吴国已成定数,我也不能阻止。你们要想进城,就从东门吧,我给你们开道。"越王就令人往东门开渠,忽然太湖水迅速涨起来,波涛冲击,将城墙冲开一个大口子。范蠡、文种驱兵入城。

夫差叹息,说自己再没面目去见伍子胥,命人在自己死后用纱蒙面三层,拔剑自刎。

越国战胜,君臣聚集在吴国的高台上很高兴,只有越王勾践脸上没有笑容。范蠡知道越王不想给臣下功劳,已经开始疑忌。第二天范蠡就要辞官。越王说他是大功臣,不允许辞官。当夜,范蠡就乘扁舟出门,涉三江,入五湖。越王知道范蠡已经离开,脸色很难看,就让文种去追,文种说范蠡有鬼神不测之机,追不上的。

文种出了宫门,就有人拿一封信扔给他,打开一看,是范蠡亲笔所写,说:"狡兔死,走狗烹;敌国破,谋臣亡。越王人长得长颈鸟喙,只能共患难不可共安乐。你不走一定会有事的。"文种看了,心里很忐忑不安。

没多久,勾践赐一把剑给文种,文种一看,这剑就是夫差逼死伍子胥所用的剑,明白了勾践的意思,感叹当初应该听范蠡的话,无奈只好也自杀了。

过了几天,越军回越,带着西施回来。越王的夫人怕越王喜欢上西施这个红颜祸水,偷偷派人将西施找出来,在西施身上绑上大石头,沉到江中,一代美人没有留下任何消息就香销玉殒了。

以上是美女故事的反面版本,西施成了红颜祸水,不再是与范蠡泛舟五湖,而是被沉入了湖水之中,所以我们称之为"湖水之下——祸水美女故事的反面版本"。

6. 两面之间的差异

以上所讲的不同版本故事,正面的是明代梁辰鱼《浣纱记》戏曲中的情节,故事中西施与范蠡是一对情人,最后泛舟五湖,在湖水之上完成了自己的罗曼蒂克。反面的是明代冯梦龙的小说《东周列国志》的情节,故事中的西施只是一个从民间选上来的美女,功成之后却被人沉入江中,在湖水之下结束了自己不幸的一生。同是美女西施的故事,差别却如此之大。哪个更接近历史真实呢?

这要从西施形象在历史上的演变说起。

据学者金宁芬的研究,最早在战国诸子的著作中,就曾提到西施。《孟子》:"西子蒙不洁,则人皆掩鼻而过之";《韩非子》:"善毛嫱、西施之美,无益吾面";《墨子》中说:"西施之沉,其美也。"《尸子》说:"人之欲见毛墙、西施,美其面也。"《庄子》说:"故西施病心而颦其里,其里之丑人见而美之,归亦捧心而颦其里。"只说到西施的美貌、西施被沉水、西施被冤枉不洁、东施效颦等。

将西施与吴越争战联系在一起,派西施去离间惑乱吴王,这样的故事情节最早见于东汉袁康《越绝书》和赵晔《吴越春秋》。《越绝书》说:"越乃饰美女西施、郑旦,使大夫种献之于吴王,曰:昔者,越王勾践有天人之遗西施、郑旦……吴王大悦。"《吴越春秋》说:"乃使相者国中得苎萝山鬻薪之女,曰西施、郑旦。饰以罗縠,教以容步,习于土城,临于都巷。三年学服而献于吴。"即是说,西施是一个卖柴家的女儿,被训练了三年之后送往吴国,吴王很高兴,但之后事情怎么样了,则没有交代。

关于吴国亡后西施的下落,则有两种不同的说法。

《墨子》里最早说到西施被沉于水,现存的《越绝书》和《吴越春秋》都没说。

宋代人引用《吴越春秋》时说,吴国灭亡后西施被杀,宋人看到的不知道是什么版本。明代的杨慎提到别人引用的《吴越春秋》也说吴王败后越人"浮西施于江,随鸱夷以终"。

明代的陈耀文却引了《越绝书》说西施在吴国灭亡后,"复归范蠡,因泛五湖而去"。

可见西施的结局早就有不同的说法。

到了唐诗宋词中,承袭了这样有分歧的说法。李白说:"一破夫差国,千秋竟不还",是说西施死了。杜牧说:"西子下姑苏,一舸逐鸱夷",鸱夷是范蠡,说是跟范蠡泛舟五湖了;苏轼说:"五湖闻道,扁舟归去,仍携西子",也暗示西施随范蠡泛舟五湖去了。

一般来说,墨子的说法比较可信,因为墨子大约生于公元前468年,卒于前376年,吴国灭亡在公元前473年,吴国刚灭亡不久,墨子就出生了,故墨子说西施被沉入江中比较可靠。

西施为绝色美女,一般的诗文都是赞美她的美貌,如苏轼说"欲把西湖比西子,淡妆浓抹总相宜"。

不过唐代的李绅却斥西施为妖,说:"西施醉舞花艳倾,妒月娇娥恣妖惑。"南宋初董颖的《西子词》把西施归为妖类,虽然西施立下了大功,却被说成"从公论,合去妖类"。元代赵明道《灭吴王范蠡归湖》贬斥西施是一个只会进谗言而不知羞耻的不贤不贞的女人。在宋元的戏曲中,西施基本都是负面形象。

到了明代,情况才改善。汪道昆的《五湖游》最后越王将西施赐给范蠡,逍遥游于烟波之上,修正了宋元时期西施妖妇的形象。而前边提到的梁辰鱼《浣纱记》作为完整地叙述吴越争战流传至今的成就最高的传奇,把西施说成一个美丽又有美德为国牺牲自我的美女英雄。因为《浣纱记》成就极高,流传广泛,产生了极大的影响,西施正面的形象被完全树立起来。

7. 正面、反面都逃不了"祸水"

学者李娜指出,总体来说,《浣纱记》将西施塑造成一位美丽多情、深明大义的女子。范蠡向西施提出要送她去吴国惑乱夫差,西施当即拒绝。范蠡又以国破人就不能存亡两人之情也会成空相劝时,西施又犹豫又挣扎,但是考虑到事关一国百姓,不能"有负百姓之望",只好"勉强应承"。越王派她去吴国,西施说"我裙钗女志颇坚",已经决定为国家和民族牺牲自己的婚姻,把国家利益放在儿女私情之上,这样的牺牲对一个美丽女子确实很难做到。正是这一点,让西施的形象远远超过了只是外表艳丽,而是整个精神境界的美丽。西施还是很多情的,在吴宫,采莲的时候,她不断想起国家、家乡,想起自己一往情深眷恋着的范蠡。西施为自己的国家做出了巨大牺牲,对于一个柔弱的女子来说,这是一种不幸。被迫加入了政治因素的爱情使得西施很痛苦。这也正是西施成为英雄还是祸水的潜在矛盾因素。一方面西施为自己的越国复国做出很大贡献,另一方面她却成为吴国灭亡的"祸根"。

在《浣纱记》的最后,西施回到越国,越王很感谢范蠡借给他佳人帮了这么大忙,对范蠡说:"现在西施有幸回来了,还是归还于你。"范蠡却说:"我们当初是在荒山定下的还没成的姻眷,她现在是吴国已经许配给人的夫人了,我岂敢受领。"越王说:"当年武王灭纣,把妲己赐给周公,妲己也是商纣的正妃,周公是古今的大圣,周公都要了。何况西施说起来还算你的原配呢。"范蠡这才接受了西施。

我猜,西施听到这话肯定很伤心,之前溪边定下的盟约、离开越国时候的山盟海誓全部不提了,还说自己已经是吴王的人,范蠡不想要她。这对西施来说是个多大的委屈啊。当初是范蠡求她去的,因为是情人的要求才勉强答应的,现在范蠡却露出这样的嘴脸!

范蠡为什么会这样呢？我们从越王两次把西施比作妲己可以看出来。

越王劝西施去吴国的时候说，以前周文王被殷纣囚禁在羑里，他的大臣找到有苏氏的美女献之于纣，纣王就释放了文王，送去的美女一心报国，迷惑纣王，让他身亡国灭，最后回到周朝。因此也要求西施去引诱夫差花天酒地，任用奸佞。西施回到越国时，越王劝范蠡接受西施，也是说妲己就有周公接受。

把西施比作妲己，而妲己已经被看作是个惑乱朝纲的红颜祸水，这里无疑也暗示了西施就是红颜祸水。范蠡应该是基于此才对接受西施有些推脱。虽然最后他们一起泛舟五湖，但这里表现出的一点不和谐的东西正是问题所在：西施忍辱负重完成了使命，却在某种程度上仍被看成红颜祸水。

而这个红颜祸水完全是几个自以为是的男人造成的，首当其冲的就是范蠡。范蠡把自己的未婚妻当礼物主动推荐给越王，又当礼物亲自送给了吴王，西施只是他手中的一个玩物而已。西施作为一个纯洁少女被当作政治工具所利用，为范蠡饱受屈辱，最后自己却被他们视为祸水红颜，这就是一个个堂堂七尺男人所做的事情！

看似正面的故事都有这样红颜祸水的观念，反面的故事就更是如此。

反面故事中，并没有范蠡与西施的感情纠葛。越王勾践野蛮地派人搜罗到了西施，她被迫接受了封闭式集训。这种训练长达三年，要训练什么呢？她的任务是迷惑夫差，除了礼仪之外，最重要的当然是令男人意乱情迷、神魂颠倒的媚术。这媚术肯定是以性吸引为第一。一个乡野纯朴的少女，被强迫来学习伺候男人的媚术，其间要经历什么羞耻、羞辱，小说里没有提到，我们也很难想象。但可以肯定的是，三年啊，三年这样的训练是一个多么漫长痛苦的过程！西施从一个溪边浣纱的纯情女孩被迫随着政治的漩涡翻卷沉浮,操作她的是一群男人,而这一群男人想让她怎样她就得怎样,她没有任何选择的权利。最后,当她完成这些男人交给她的任务后,仍有人怕她是红颜祸水,会贻害到越国,就毫不犹豫地将她沉入湖中杀死。西施没留下任何东西,没有任何发言的机会,就这样被贴上祸水的标签惩罚了,想想西施有多么冤枉啊!

总之,不管正反两面的故事如何有细节的不同,有一点却是相同的:这些书是男人写出来的,男人运用书写的权利随意描画出他们认为的西施。湖水之上或是湖水之下,西施一样蒙着面纱,我们仍看不清那个美丽的面容。

Ⅱ 真 假 貂 蝉

貂蝉是位绝色美女。貂蝉的故事随着《三国演义》的流传家喻户晓。可以说,貂蝉也是我们要说的一半是英雄、一半是祸水的典型。对于国家来说,她帮助铲除了奸臣,她是英雄;对于董卓来说,她绝对是祸水,导致了董卓的杀身之祸。

人们自然而然地认为,貂蝉在汉末那个动荡的年代,绝对是一个起着关键作用的人物。但是,历史上根本没有貂蝉这个人物。作为中国"四大美女"之一的貂蝉竟然是《三国演义》虚构出来的人物?事情的真相到底如何?

1. 连环计实施

汉代末年,社会十分动荡,有兵有权的人都可以称霸一方。

董卓控制了长安就开始专权,根本不把皇帝看在眼里,自封为"尚父",出入都用天子的仪仗。董卓把自己的兄弟亲戚都封官加爵,并且在离长安城二百五十里的地方征用二十五万人建造了郿坞,跟皇城规模一样,金玉、彩帛、珍珠堆积如山,从各地选来美女八百人在里边使唤。董卓经常往来于长安和郿坞,公卿每次都要在门口接送,不听话的就砍手、挖眼、割舌,百官都惊恐,而董卓吃着饭谈笑自若。

司徒王允回到自己府中,想着奸人这样胡作非为就坐立不安。夜深了,天上的月亮很明朗,王允走进后园站在荼蘼架边仰天流泪。忽然听到有人在牡丹亭边长吁短叹,王允走过去一看是自己府中的歌伎貂蝉。

这个貂蝉自小就被选入自己府中,教她歌舞,现在年方二八,姿色与才艺都是一流的,王允待她就像亲女儿一样。王允上去就问貂蝉:"你是不是有私情?"貂蝉看到王允很吃惊,跪下来回答:"我哪敢有私情啊?"王允问她为什么叹息,貂蝉说:"我从小就让大人恩养,教我歌舞还以礼相待,我就算粉身碎骨也不能报答。近来看到大人每天愁眉不展,想必是有什么大事,我又不敢问。今晚又见你坐立不安,因此才长叹。如果大人有能用到我的地方万死不辞。"王允看着貂蝉说:"谁能想到汉的天下现在你的手中啊!"

王允带貂蝉走入屋中,让貂蝉坐下,王允跪在貂蝉面前叩头。貂蝉大惊也赶紧跪下,王允泪如泉涌说:"董卓想篡位,朝中文武都无计可施。董卓有一个义儿叫吕布,有勇无谋。我看两个人都是好色之徒,现在想用连环计,先将你许嫁给吕布,然后献给董卓。你在中间挑拨离间,让他们父子反目,让吕布杀了董卓。这样重扶社稷再立江山,全靠你了。"貂蝉说:"孩儿万死不辞,你把我献出去了,我自会做好。"

貂蝉愿意做这个美女连环计的实施者,因为她坚毅,她知恩图报。这样的一个小女子,真的会影响到政局,影响到历史吗?

第二天,王允派人造了一顶金冠秘密送给吕布。吕布就来王允家道谢。王允就拍吕布马屁说:"如今天下没有别的英雄,只有将军一人而已。"吕布很高兴,开怀畅饮。

喝酒喝到半酣,王允让貂蝉出来敬酒,吕布一看见貂蝉,眼都直了,连问这是谁。王允说:"这是小女,还未曾婚配。"貂蝉给吕布敬酒,故意勾引吕布,两人眉来眼去。王允假装喝醉了,说:"我们一家以后还要全靠将军哩。"就要下去歇息,让貂蝉陪吕布多喝几杯。吕布目不转睛盯着貂蝉看。王允说:"既然将军这么有意,我把自己这个女儿送给将军做妾,将军肯不肯纳她?"吕布当然毫不犹豫答应了。

过了几天,王允在朝堂拜见董卓,趁吕布不在,就请董卓去自己家赴宴,董卓就去了。王允又拍董卓马屁说董卓的盛德就算伊尹、周公都比不上。董卓听了,很高兴,开怀大饮。

喝到天晚酒酣,王允说:"太师功德这样振于天下,如果继承帝位,是正合天意人心的。"董卓说:"我哪敢啊。不过如果我真当了天子,那司徒你就是元勋啦。"王允趁机让貂蝉出来敬酒,只见貂蝉是"好花风袅一枝新,画堂香暖不胜春"。董卓问这是谁,王允说:"这只是府上一个小小的歌伎而已。"董卓说:"那就给大爷唱一曲吧。"貂蝉一开口,"一点樱桃启绛唇,两行碎玉喷阳春"。董卓赞叹说:"真是神仙中人啊!"王允趁机说:"把这个歌妓送给太师,太师嫌弃吗?"董卓当然笑纳了。

男人都是好色的,董卓与吕布就这样轻易入了王允设下的套。

王允派人先将貂蝉送到董卓相府,然后自己亲自送董卓回去。王允从董卓家回来,走到半路,吕布骑马执戟跑来,一把揪住王允衣襟,厉声质问王允:"司徒既然把貂蝉许给我了,为什么又送给太师?你这不是存心戏弄我?"王允赶紧说:"这里不是说话的地方,跟我回去再说。"

回到家中,王允说:"将军你是有所不知啊,太师在朝堂中说要到我家做客,喝酒的时候又说,听说你有一个漂亮的女儿已经许给我干儿子吕布了,我怕你说得不可靠,今天特意过来看看。我哪敢违背啊,就让貂蝉出来拜见公公。太师说今天日子不错,我把貂蝉先接过去,然后许配给吕布。太师这样说了,我哪敢不听啊。"吕布说:"原来错怪司徒你了。"

这吕布果然是鲁莽武夫,王允几句话就把他说服了。

2. 连环计生效

第二天,吕布到相府中打听,没听到貂蝉的消息,就进入堂中,问义父董卓在哪。侍妾说:"昨夜太师跟新人睡觉,现在还没起床呢。"可怜吕布,满怀欢喜、兴冲冲赶往相府时,却听到这样的消息:董卓在尽情享受自己的貂蝉!

年轻美貌、未经云雨的貂蝉清楚地知道自己的使命,面对身体肥胖的董卓,羞涩的动作、迷人的媚态、软侬娇嗔,给董卓带来前所未有新鲜的刺激。董卓如进入人间仙境。

吕布知道了这些,已经气得说不出话来。自己的女人被别人霸占,这是怎样的羞辱!吕布偷偷跑到董卓的卧室附近窥探,这时貂蝉已经起来了,正在窗边梳头,忽然看见窗外池中吕布的倒影,故意紧蹙双眉,装作很忧愁不乐的样子,又不断擦眼泪。吕布偷看了很久才出来。

董卓看到吕布,就问吕布有没有事情。吕布说没事,但站着不走,在堂中偷偷往屋子里边看,看见绣帘里一个女子微露半面,正以目送情。吕布一看是貂蝉,魂都飞起来了。董卓看到吕布这样,心里不高兴,就说吕布:"没事你出去吧。"吕布很失望地出去了。

自己女人被霸占,霸占的人却是自己威严、凶残的义父,吕布虽很不甘心,但也无可奈何。

董卓自从有了貂蝉，沉迷于她，一个多月都没出来办公事。董卓偶尔染上了小病，貂蝉衣不解带地伺候，董卓很高兴。吕布来看望，正碰上董卓睡觉。貂蝉在床后探出身子望着吕布，用手指着自己的心，又用手指指董卓，流泪不止。吕布一看心都碎了。董卓醒了，看见吕布正看着床后目不转睛，回头一看，是貂蝉在那里站着。董卓大怒，骂吕布："你敢调戏我的爱姬！"让左右把吕布轰出去了，以后不能进内堂。吕布回去十分生气。

一天董卓入朝议事，吕布执戟跟着，看到董卓和献帝在说事情，自己偷偷拿着戟出来，骑马跑到相府，寻找貂蝉。貂蝉说："你去后园的凤仪亭边等着我。"吕布提戟就去了。过了好长一段时间，吕布看见貂蝉分花拂柳地走过来，像月宫中的仙子一样。貂蝉说："我虽然不是王司徒的亲生女儿，然而司徒把我当作自己的女儿。自从见了将军，我也想能伺奉你，平生无憾。谁能想到太师起了歪心，将我淫污，我之所以没有立即死而忍辱偷生，就是想跟将军道别。今天见到了，我的愿望也实现了。我的身子已经不干净了，不能伺奉英雄了，只希望死在你面前，以明我志！"说完就攀着曲栏，想往荷花池里跳。吕布慌忙抱住她，哭了，说："我早就知道你是这样的心思！只是没有机会跟你说罢了！"貂蝉推开吕布的手说："我今生不能作为你的妻子，只盼来世了。"吕布说："我今生不能娶你为妻，就不是英雄！"貂蝉说自己现在度日如年，希望吕布赶紧解救她。吕布说："今天是偷空来的，怕老贼见疑，需要赶紧走。"貂蝉拽住吕布的衣服哭着说："你这样惧怕老贼，我就永远没有见天之日了！"吕布说让他回去好好想个办法，说完就提戟想走。貂蝉说："我在深闺中就听说了将军勇武的名声，觉得你是当世第一人，没想到现在还受他人制约。"说完泪下如雨。吕布觉得很羞惭，就把戟靠在一边，转身搂抱住貂蝉，好言好语安慰她。两个人偎依着不忍分开。

却说董卓在殿上看不到吕布,心里有点怀疑,就连忙回府,看见吕布的马绑在府前,径直走入后堂,看不到吕布,叫貂蝉,也见不到貂蝉。侍妾说去后花园了。董卓进去一看,两人正在凤仪亭中抱着说话呢,吕布的画戟靠在一边。董卓气得鼻子冒烟,大叫一声。吕布看见董卓,吓得转身就跑。董卓拿起画戟就追。吕布跑得快,董卓肥胖追不上,就掷起画戟向吕布扔过来。吕布打落画戟,董卓拾起来继续追赶,吕布已经跑远了。

董卓追出园门,跟一个人撞了个满怀,一看是李儒。李儒说:"刚碰到吕布,急急忙忙跑,嘴里说太师要杀他,到底是怎么回事儿?"董卓说了情况,李儒说:"吕布是您的至亲之人,也是心腹猛将,太师不如趁此机会把貂蝉赐给他,他必然知恩图报,能为你舍身而死。"董卓说让他想想。

董卓回去问貂蝉:"你是不是和吕布私通?"貂蝉哭着说:"我正在后花园看花,吕布突然来了。我正惊慌回避,吕布说自己是太师的义子,不用我回避,就提着画戟把我赶到凤仪亭。我看他存心不良,怕受侮辱,想投荷花池自尽,却被这厮抱住。正在生死之间太师回来了,救了我的命啊。"董卓说:"我想把你赐给吕布,你觉得怎么样?"貂蝉大惊,哭得更厉害:"我身子已经给你了,你现在不想要我,我就死了算了,何必想把我赐给家奴,我宁死也不受辱!"说完就拔下墙壁上的宝剑想自杀。董卓慌忙夺下剑,抱着貂蝉说:"我是开玩笑的,别当真!别当真!"貂蝉倒在董卓的怀里大哭,说:"这肯定是李儒给你出的馊主意,李儒跟吕布关系好,出这样的主意,这是不顾惜太师的面子和贱妾的性命啊。"貂蝉说:"看来这个地方不宜久居,估计我会被吕布害的。"董卓就准备带貂蝉到郿坞。

此时,董卓和吕布已经产生了间隙,连环计生效了。这全靠貂蝉的聪慧,她知道怎么挑起二人的争端,怎么燃起二人的怒火,也知道怎么保护自己。

3. 计杀董卓

第二天,李儒来催董卓将貂蝉送给吕布。董卓说:"吕布是我的干儿子,我们有父子名分,这样赐不合适,我不追究吕布的罪就是了。"

董卓带貂蝉去郿坞,百官送行,貂蝉在车上远远看见吕布在人群之中,眼睛直直盯着车中。貂蝉掩着脸面,做出痛哭的样子。

车走远了,吕布郁闷地骑马在土冈上徘徊,忽然有人问他:"将军为什么不跟着太师一起去,而在这里叹气?"吕布一看是王允,就说:"是为了你的女儿啊。"王允装作吃惊的样子问:"太师还没有把貂蝉许配给你吗?"吕布叹气说:"老贼已经自己宠幸她了!"王允装作更加吃惊:"我不相信有这样的事情!"吕布把前前后后都说了,王允半天没说话,过了很久才说:"没想到太师竟然是这样禽兽不如!"

王允请吕布到自己家中商议,王允说:"太师奸淫了我的女儿,夺了将军的妻子,这肯定被天下人耻笑。不是耻笑太师,而是耻笑我王允和将军你啊!不过我已经老迈无能,不在乎了。可惜了将军盖世英雄,也受这样的污辱啊!"吕布怒气冲天,说:"我誓杀这个老贼雪耻!"王允说:"将军你不要乱说啊。"吕布被越激越生气,说:"大丈夫生在天地间,哪能郁郁不得志,永远在人之下!"王允说:"以将军的武功才能,确实不是太师能限制的。"吕布说:"我想杀这个老贼,不过我们是父子之伦,杀他恐怕别人议论。"王允说:"将军你姓吕,太师姓董。他掷戟想杀你的时候,考虑过你们的父子之情吗?"吕布一听,很振奋,大叫:"如果不是司徒提醒,我还真没明白过来!"王允见吕布已经坚定了杀董卓的心,就说:"如果将军你杀了董卓,那是匡扶汉室的忠臣,是要青史传名流芳百世的啊。如果将军你助董卓,那就是反臣,是要遗臭万年的。"吕布说:"我下定决心了。"说完就拔出刀刺臂为誓。王允跪下感谢吕布说:"汉室不灭,是将军所赐啊。我们好好商议定下计策。"

吕布是个有勇无谋、没有脑子的人,一介武夫决意要杀董卓,就没有人再能改变他的主意了。一切都像王允希望的那样进行着,只有吕布才能杀得了董卓。

王允找孙瑞商议,孙瑞出主意,一面派人往郿坞请董卓回来议事,一面让天子密诏吕布,让他带伏兵在朝门内,等董卓来了就杀了董卓。王允就让能言善辩且对董卓很不满的李肃去请董卓。

李肃去见董卓,说:"天子病好了,要商议将帝位禅让给太师,请你回去。"董卓大喜,说:"我梦见一个龙罩住自己身体,今天果然有这样的喜信。"就安排即日回京,董卓兴奋地对貂蝉说:"我当了天子就立你为贵妃。"貂蝉其实已经知道是什么情况了,却也假装很高兴。

董卓出门不到三十里,乘的车忽然断了一个轮,董卓就下车改骑马,又走了不到十里,马咆哮着把辔头搞断了。董卓问李肃这"车折轮,马断辔"是什么兆头,李肃说:"这是弃旧换新,暗示您将使用玉辇和金鞍。"董卓很高兴,就相信了。

这时,又忽然狂风骤起,昏雾蔽天。董卓问是什么征兆,李肃说:"这是主公将登龙位,必有红光紫雾以壮天威。"董卓很高兴,就一点不怀疑了。这董卓野心太大,一心想做皇帝。按说,古人那样迷信自然现象的征兆,他早该怀疑了。但他人心不足,早被幻想冲昏了头脑。

董卓回到相府,对吕布说:"我要是当皇帝了,你就总督天下兵马。"吕布恭喜了董卓。晚上,董卓听见外边有小孩在唱歌:"千里草,何青青!十日卜,不得生!"歌声很悲凉。董卓问李肃,李肃说:"这是说刘氏会灭,董氏将兴。"其实"董"字就是由"千""里""草"三个字组成,"卓"就是"十""日""卜",暗示董卓"不得生"将被杀死。

第二天,董卓去上朝,自己的亲兵被拦在门外。董卓刚进入殿门,王允突然大喊道:"反贼到了,武士在哪儿?"两旁涌出一百多士兵,上来就刺杀董卓。董卓急忙喊:"我儿在哪儿?"吕布从车后闪身出来,厉声大喝说:"有诏讨贼!"一戟直刺董卓咽喉,董卓一命呜呼。

董卓尸身肥胖,看守尸首的军士用灯芯插入肚脐中,点成灯,结果膏流得满地。吕布马上到了郿坞,带走了貂蝉。貂蝉完成了她的历史使命,后来就很少出现了。

以上故事是《三国演义》中的情节,貂蝉被塑造为一个美丽、勇敢、丰满、有血有肉的红颜形象。

4.《连环计》中的不同故事

元代的杂剧《连环计》也写王允通过貂蝉在董卓与吕布之间施行美人计,最终除掉权臣董卓的故事。剧中塑造的貂蝉追求的是夫妻团聚,而不是铲除权臣,重整汉室。

貂蝉为什么接受实施美人连环计呢?学者王庆芳指出,作者借貂蝉之口作了两点交代:一是她与吕布本来就是夫妻,但由于黄巾之乱分离,后为王允收为义女;二是三年后貂蝉忽又发现吕布正在京师,她在后花园中烧一炷香对天祷告,希望夫妻早早团聚。貂蝉向王允表示了自己的愿望,王允趁机将连环计设在貂蝉身上。为了能实现自己的愿望,貂蝉接受了王允的计划,也是因为王允答应了貂蝉"我着你夫妻美满永远团圆"。而王允施行连环计的目的是"为这汉家宇宙"。两人之间终于达成了这种带功利目的的交换关系。

连环计的成功还有重要的一点,就是吕布也想夫妻团聚,王允正是利用吕布的这种追求,才使吕布自觉地钻进了连环计的圈套,吕布最终要杀董卓,是"要杀了那老贼,夺回貂蝉"。貂蝉追求的是一种夫妻美满团圆的情感价值。

明代传奇《连环记》中的貂蝉被塑造成一位智慧而深明大义的女豪杰。剧中吕布与貂蝉并没有原来的夫妻关系,而是司徒王允的义女。貂蝉变成了连环计的主动策划者。

在宴请吕布时,貂蝉灵活机敏地配合王允,采取欲擒先纵之法,诱使吕布步入美人连环计之彀,两人定下了姻亲之约。

在宴请董卓时,貂蝉尽展舞姿与歌喉,使董卓神魂飘荡,在貂蝉"花前勾引,灵犀一点暗通情"的情色暗示诱惑之下,董卓也走进了美人连环计的圈套。

当吕布知道董卓霸占了貂蝉,冲到董府想用戟刺董卓,貂蝉摇手制止,貂蝉认为吕布孤身一人在董府刺杀董卓,很难成功。吕布如果被董卓所擒,连环计刺杀董卓的最终目标就成了泡影。这可见貂蝉的机智。

貂蝉在凤仪亭对吕布与对董卓所讲的不同的话,都合情合理,吕布与董卓都相信貂蝉钟情于自己,二人的矛盾就更加尖锐。

最后,貂蝉得知董卓已被诛,装扮成军士逃出了郿坞,回到王允府中。王允夫人赞叹"祛除大恶,不是貂蝉,焉有今日"。为回报貂蝉除恶之功,剧作让吕布与貂蝉成婚。

5. 历史中没有貂蝉

大家知道,《三国演义》是元末明初罗贯中综合民间传说和戏曲、话本,结合陈寿的《三国志》和裴松之注的史料,根据他个人对社会人生的体悟,创作出来的,原名叫做《三国志通俗演义》,意思即是把史书《三国志》通俗化,可见是很有历史根据的。《三国演义》塑造了鲜明丰富的貂蝉形象,让人觉得貂蝉就是一个确确实实在汉末起了重大作用的历史人物。但实际情况如何呢?

据学者王丽娟的研究,其实,在《三国志》里并没有貂蝉这个人物,其中只提到董卓向吕布掷戟的事。《三国志》中说,吕布武艺高强,号为"飞将"。董卓知道自己对人残暴,怕有人报复他,就让吕布跟着保护。董卓暴躁且心眼小,曾经有一次心情不好,用手戟掷吕布,吕布身手敏捷避开了,吕布赶紧向董卓道歉,问是不是自己做错什么了。董卓心情一下子倒好起来了。自己没错还要道歉,吕布私下就对董卓有怨气。董卓让吕布近身保卫自己,吕布与董卓的一个侍婢私通,但怕事情被董卓发现,所以心里不安。司徒王允和吕布是同乡,就待吕布很厚道。当时王允与孙瑞密谋杀董卓,告诉吕布让他作为内应,吕布说:"可是我们是父子关系啊!"王允说:"你姓吕,也不是他的骨肉。现在整天怕他怕得要死,还提什么父子?"吕布就答应了,手刃董卓。从头到尾,就没有貂蝉这个人物出现过,更没有什么美人连环计。

《后汉书》的记载跟《三国志》几乎完全一样,只在王允劝说吕布时增加了一句"掷戟之时,岂有父子情也?"总之,《后汉书》中也并没有貂蝉这个人物。

不过,这样的记载却蕴含了许多潜在的可能性可供发挥。吕布与董卓的一个侍婢私通,就演绎成了《三国演义》中的吕布戏貂蝉。如清代的俞樾就认为貂蝉是从这个侍婢附会而成。

但是也有人认为,确实有貂蝉这个人物存在。清代的梁章钜说,虽然正史中没有貂蝉的名字,不过有人引用到《汉书通志》中说"曹操未得志,先诱董卓,进刁蝉以惑其君",即曹操为诱惑董卓,进献了"刁蝉"。这个"刁蝉"就是貂蝉,应该是有这个人存在的。不过因为《汉书通志》这部书后来没有被传下来,所以也没法验证。鲁迅的《小说旧闻钞》也讨论过这个记载,但不能肯定这个记载是不是确切。

有一点可以确定，即：在关于貂蝉的戏曲、小说出现之前，没有历史资料中出现过"貂蝉"这个人物。貂蝉是在小说、戏曲中出现，且有了清晰的面目。

《三国志评话》中说："贱妾本姓任，小字貂蝉，家长是吕布，自临洮府相失，至今不曾见面。"元杂剧《连环计》中貂蝉自报家门："您孩儿不是这里人，是忻州木耳村人氏，任昂之女，小字红昌。因汉灵帝刷选宫女，将您孩儿取入宫中，掌貂蝉冠，来因此唤做貂蝉。"

到罗贯中《三国演义》，综合了史书以及评话、杂剧中这些细微的资料，构思出"貂蝉"这一形象，其出身、容貌、年龄等都细致地交代。王允听到牡丹亭后有人叹息，一看"乃府中歌伎貂蝉也。其女自幼选入府中，教以歌舞，年方二八，色伎俱佳，允以亲女待之。"这里貂蝉的出身，从历史中董卓的侍婢，变作司徒王允家中自幼长成的歌伎。更重要的是，小说中讲王允把貂蝉看作亲生女儿，这对貂蝉主动帮助王允展开连环计起了重要作用。可以设想，如果貂蝉只是普通买来的歌伎，又怎么能心甘情愿地帮助王允？又怎么能在董卓、吕布之间巧妙地周旋使二人关系迅速恶化？《三国演义》中这种创造性的改造，使得貂蝉的美丽、聪明和机警深入人心，成为一个与政治、历史密切相关的风云人物。

不过，再怎么说，明清人的笔记、曲话等中关于貂蝉的探讨和小说中这样形象鲜明的人物，都是没有历史根据的，是不可靠的。

所以，可以肯定地说，貂蝉是一个附会杜撰出来的美人，绝非历史中记载的确有其人，也不是董卓的侍婢。一个女人很难被历史所记载。明代的徐文长就说，吕布的妻子历史中都没有记载姓名，又哪有可能记载貂蝉的名字？

这下问题大了，堂堂的中国"四大美人"之一的貂蝉竟然是个虚构的人物！这在"四大美人"中是最独特的。

6. 民间传说中的貂蝉下落

如此美丽、聪明的貂蝉，民间不相信她是虚构的，人们深信貂蝉是真实存在的，因此，很关心貂蝉的命运。

既然史书里没有关于她的记载，当然更不会有貂蝉后果如何的记载。就算是《三国演义》中也没有交代貂蝉的结局。《三国演义》中，貂蝉在董卓死后被吕布带走，到白门楼吕布殒命的时候，貂蝉出场，劝诫吕布不要轻易出城，但是吕布放弃了陈宫的妙计，最终被人所擒身亡。之后貂蝉到哪里去了呢？是不是和吕布一样被处死了呢？貂蝉在后边小说中再也没出现过。

一些文人虚构了故事，大致给貂蝉讲出了两个不同的结局：惨死和善终。

惨死的结局包括几个不同的说法：

其一是，吕布在白门楼被曹操斩首之后，貂蝉被张飞抓到，张飞把貂蝉送给了关羽，但是关羽拒绝受纳这个不干净的美女，指责貂蝉水性杨花，朝三暮四，难免为他人所玷污，只有一死才能保全自己的名节。关羽乘夜间传唤貂蝉入帐，拔剑将貂蝉斩于灯下。

其二是，曹操想用美色迷惑关羽，让关羽为自己效力，就派貂蝉去引诱关羽。貂蝉使出浑身解数，上下挑逗，关羽夜读《春秋》，看到书中都是妖女误国，为了不重蹈董卓、吕布的覆辙，闭目将貂蝉斩于月下。为突显关公的忠义形象，貂蝉被说成一个如妲己一般的祸国妖女，关公斩妖降魔。

其三是，貂蝉见到关羽，诉说心中的冤屈，讲出美人连环计除董卓的事情，赢得关羽的爱慕，但关羽决定戎马一生，以复兴汉室为重，于是貂蝉怀着满腔柔情而自刎。

其四是，貂蝉在怜香惜玉的关羽庇护下逃走，削发为尼，但是曹操不放过她,派人四处追捕,为使桃园结义的三兄弟不再重蹈自相残杀的覆辙,貂蝉毅然撞剑身亡。

善终的结局也有几个不同说法:

其一是,貂蝉出家为尼,以佚名方式写下杂剧《锦云堂暗定连环计》,向世人说出自己的贡献,最后在尼姑庵里寿终正寝。

其二是,关羽不恋女色,护送貂蝉回到其故乡木耳村,貂蝉成为贞烈妇女,被乡人建庙祭奠。

其三是,貂蝉被关羽纳为小妾,并送往成都定居,本想在功成名就后与貂蝉在一起,不料自己兵败身死,貂蝉从此流落蜀中而死。

7. 祸水与英雄:怎么做都是错

不管是真有貂蝉还是假有貂蝉,从民间传说中为貂蝉设计的两个不同结局,可以看出人们对貂蝉的态度。

说貂蝉是善终的,无疑都是很同情貂蝉的,她是个聪明勇敢值得人爱恋的人,她挽救了汉朝王室,她是个名副其实的女英雄。说貂蝉是惨死的,则无疑对貂蝉持否定态度,认为她是个红颜祸水,或者害怕她将引来祸水,董卓的悲剧不能发生在自己身上。

是祸水还是英雄?人们对貂蝉的态度也正照应了我们开头所说的,对于国家来说,因为她而除了奸臣,她是英雄;对董卓来说,她绝对是祸水,导致了董卓的杀身之祸。

那么,貂蝉的意义何在呢?

在《三国演义》清一色男人争霸的世界里,一个美丽的女子铲除了人人愤恨的奸臣,使得风雨飘摇的汉室江山得以暂时继续维持,这是何等的胆量与智慧!貂蝉在男人的包围中突围而出,在历史的刀光剑影、鼓角争鸣中展现出一个女子骄人的姿态。

然而不幸的是,貂蝉始终没有走出男人的控制。

在历史书籍中,根本没有她的影子,她完全被作为史官的男人忽视了。

在《三国演义》中,她仍被男人粗暴对待。貂蝉是一个懂得感恩的人,她要报答王允以亲女待之的养育之恩,她也是一个可怜天下生灵心怀悲悯的人,所以她主动配合连环计的执行并最终取得效果。然而,忍辱负重的她的结果却是"吕布至郿坞,先取了貂蝉"。貂蝉是因为连环计才几次对吕布表示好感,但她并不一定会爱上吕布。这里的一个"取"字却道出了吕布这个有勇无谋、贪财好色之徒对女性的无比轻贱。当美人计一旦成功,笼罩在貂蝉身上的光环和美丽的躯壳,都跌落于尘埃之中。说到底,貂蝉仍没有摆脱成为男人玩物的命运:被王允玩,被董卓玩,被吕布玩。

在其他的小说、戏曲中,男人们肆意虚构她的结局,不管是关羽主动用刀斩了她,还是她自己赴关羽的剑而死,都是一个道貌岸然的男人指责她为红颜祸水、对她人品的轻视所导致。貂蝉在男人对红颜祸水的惧怕中消失于历史的天空。一半是英雄,一半是祸水,任人评说。

结语　一个虚构的"红颜祸水"

1

"红颜祸水"一词不知从什么时候产生。"红颜"专门指美貌的女子。丑女配不上"红颜"二字，所以我们书中所讲的女子都是天姿国色的美女。"祸水"单独为另外一个词。旧题汉代伶玄《赵飞燕外传》："（汉成帝）使樊嬺进合德（赵飞燕的妹妹）……披香博士淖方成白发教授宫中，号淖夫人，在帝后唾曰：'此祸水也，灭火必矣！'"据五行家说，汉代是以"火"德而兴，这里说赵合德得宠将使汉亡，如"水"之灭"火"。所以叫"祸水"。后因以"祸水"称惑人败事的女子。这样，"红颜"就和"祸水"产生了必然的关系。

人们通常认为，那些具有闭月羞花、沉鱼落雁容貌的女人，都会带来灾祸，对历史的兴衰、王朝的更迭起了重要作用。有人认为她们是王朝灭亡的主要原因，有人认为她们是王朝灭亡的催化剂。

人们一方面赞叹美女的花容月貌，另一方面又对这种美丽的红颜心存恐惧。一个男人身边有红颜，这个男人会做错事，并且做错事的原因一定是他身边的这个女人造成的。这种想法的根源大约来自孔子《论语》中的"唯小人与女子难养也"。

《国语》说："夫乐不过以听耳，而美不过以观目。若听乐而震，观美而玄,患莫甚焉。"对美有一种警惕的态度。《左传》中说"夫有尤物,足以移人,苟非道德,则必有祸",则进一步认为"尤物"足以致祸。后来的《东周列国志》中讲"女色从来是祸根",《南北史演义》中讲"乃知尤物之贻祸国家,无古今中外一也"。不管怎么,"红颜"就是"祸水",这几乎成为人们的定论。

2

然而,当我们仔细去看这些女子,去阅读她们的故事时,惊人地发现——这些女子都是被人冤枉的!

所有的"红颜祸水"都是因为某种人为的原因,让那些漂亮的女人们无辜背上了某种骂名。女人在历史中是随人摆弄的花瓶,根本没有自主的权利。所以,可以说:历史上根本没有所谓的红颜祸水。

中国最有名的"红颜祸水"要数妲己了。司马迁《史记》说,妲己在祸乱了商纣之后被周武王所杀,将头挂在小白旗上示众。《封神演义》沿用史书中的说法,说姜子牙令刽子手斩妲己,但妲己美玉无瑕,娇花欲语,几个军士目瞪口呆,软痴痴瘫作一堆,手软不能举刀,换了军士还是如痴如醉不能动手。姜子牙亲自到场,取出陆压所赐的葫芦作法,妲己头落尘埃,血溅满地。

后世的人劝谏位高的人警惕女色时,都要历数妲己的教训。高颎在杀张丽华的时候就说:"昔太公灭纣,尝蒙面斩妲己,此等妖妃,岂可留得?"于是就将张丽华斩首。

这样看来,妲己确实是红颜祸水,后代也该以此为鉴。

然而,《世说新语》中孔融却说,周师进入朝歌以后,武王将妲己送给了周公,让妲己成为周公的侍姬,好好服侍周公,周公就能更好地治理天下。

在《浣纱记》中,越王勾践在打败武王夫差后,很感谢范蠡,就把西施叫来,对范蠡说:"现在把西施送给范蠡你了。"范蠡有些推托,勾践就讲,以前武王灭纣之后,把妲己赐给周公,也算是一桩美事。

同样是妲己的事情,却有两种完全不同的说法,后世的人又恰恰受了两种不同的影响。

最典型的红颜祸水妲己的事情,现在看起来都不可靠了。

可见,"红颜祸水"到底是怎么来的,我们有必要细细追究。

3

红颜祸水的产生,很大程度上是男人造成的。

花蕊夫人,是五代十国时期后蜀后主孟昶最宠爱的妃嫔,歌妓出身,还擅长诗词。相传她最爱芙蓉花和牡丹花,孟昶就命官民在后蜀都城成都大量种植芙蓉、牡丹。成都"芙蓉城"的别称,就是由此而来。孟昶沉迷于酒色,不理朝政,以至于国事混乱。此时赵匡胤黄袍加身,做了皇帝,北宋王朝建立。赵匡胤东征西战,平定了这些苟延残喘的小国,后蜀孟昶投降了赵宋。花蕊夫人在亡国之后写下了悲愤的诗句:"君王城上竖降旗,妾在深宫哪得知。十四万人齐解甲,更无一个是男儿。"人们都说花蕊夫人是红颜祸水,她让君王迷恋,以至于不理国事。然而,花蕊夫人却道出了问题的根本所在:更无一个是男儿。男人的错,为何要埋怨女人呢?

晋代的绿珠,对石崇一心一意,非常专情,非常痴情,然而另一个男人想抢走绿珠,就陷害了石崇,石崇因而被杀于街市之上。绿珠是红颜祸水吗?我们透过绿珠的痴情看到了红颜祸水的真正根源。石崇骄奢淫逸、飞扬跋扈,因为自己的种种劣行而招致了祸害,这罪责不应该算在绿珠身上。绿珠无法掌握自己的命运,她没有任何同意或不同意的权利。虽然她一时得宠,但终究只是有钱人的玩物而已。当她被作为有钱权贵们互相争夺的一件物品时,她只有一死保持自己的尊严。历代文人小说家对她赞叹不已,充其量也只是男人的意淫而已。男人们意淫着一个绝色的美女对自己一往情深,甚至为自己去死。撩开绿珠故事的表面轻纱,看到的仍是男人的骄傲和狂妄。

在男人手中辗转的桃花夫人息妫,也是这样的悲剧角色。如果说真是息妫导致了春秋时期几个诸侯国之间战争不断,那也只是男人们强权争霸的结果,怎么能责怪到一个小女子的头上呢?息妫不断地被人调戏、被人掳掠、被人意淫,在那个战火纷争的年代,她又有什么资格掌握自己的命运呢?《东周列国志》中,楚庄王灭了陈国,看到夏姬姿色妍丽,语言文雅,当即心志就迷惑了,跟诸将说,他的楚国后宫佳丽虽多,但是能比得上夏姬的几乎没有,就想纳了夏姬为妃嫔。手下大臣力劝他不可如此,楚庄王忍住了,但他说:"你说得很对,寡人不敢纳她了。只是此妇世间尤物,若再经寡人之眼,必然不能自制。"楚庄王也一不小心说出了男人的心理:尤物从面前经过,最怕的是自己不能自制。所以,把祸水归结为女人的话应该少说,根源都是男人好色的问题啊。夏姬被十个男人贪恋,却被男人剥夺了发言权,在他们手中来回穿梭。所谓的祸水都是这些男人之间的利益冲突、欲望冲突、欺骗与背叛、侮辱与反抗而带来的,跟夏姬没有直接的关系。跟夏姬唯一有关的,是夏姬将这些欲望男人串联在了一起,一一展示男人有多卑鄙,有多轻贱。

通过细读《莺莺传》的故事,我们清楚地看到了一个典型的负心男人所做的最恶劣的事情,为了自己的一己情欲,不惜花了心思去勾引红颜美女,在遇到现实的利益面前,又抛弃她。自己做了始乱终弃的事情,但反过来义正词严地指责女人为"尤物"、为祸水。比较特殊的是,这种人,凭着自己是男人,凭着自己掌握了写作权,通过制造一个类似于"八卦新闻"的小说,抖出自己的隐私,伤害了红颜不说,还洋洋得意地让自己的故事在圈子之内传播,努力让抛弃成为一种男性文人圈子中认同的普遍的社会规则。

4

除了男人制造的红颜祸水之外,历史叙述在其中也扮演了重要的角色。

文姜在历史叙述中,与哥哥乱伦私通,背着自己的丈夫胡作非为,结果导致了自己的丈夫被杀,自己的国家蒙受耻辱,是个典型的红颜祸水。然而,历史会误解女人,历史学家也会犯错误。历史学家因为一时的疏忽,而给文姜扣上了祸水的帽子,让文姜顶着冤屈。后世的历史学家没有去辨明真相,也使得文姜的冤案看似铁证如山。文姜成了一个被历史学家强暴了的弱女子,有苦难言。很多人不明白春秋时期的特殊政治、文化、风俗习惯,想当然地凭借自己的道德立场去评价文姜,结果文姜就是乱伦、无耻的女人,是千古罪人,罪不可赦。当我们明白了齐国保留了古代的同姓婚姻、内部婚姻的话,当我们明白了齐人性观念开放、并不认为跟自己的亲人有性关系就是耻辱的话,我们就不会去谴责文姜为什么要这样放荡了。

对于赵飞燕、赵合德也是如此。在历史的某个时间内存在的赵飞燕真正发生过什么事情,现在已经没人知道了。赵飞燕、赵合德从古至今、从头到尾都被说成是祸水。但是,就连正史《汉书》也不能尽信。《汉书》的作者班固详细记载了赵飞燕由贫贱而变富贵之后专宠后宫的历史,虽然班固觉得自己是实录,但被郑樵讥讽为"浮华之士也",因为他从出身、血统、社会等级等方面详细描述赵飞燕的事迹,如自己亲历一般。可以肯定的是,很多事情都是经过他加工的了。

此后的《赵飞燕别传》、《昭阳趣史》与前边的故事虽然重点有些不同的侧重,但思路却是一脉相承,赵飞燕、赵合德就是祸水。读完赵氏姐妹的故事,只能让人有一个感慨:美女,被认为是红颜祸水,历史对她们的随意涂写、随意强暴是最重要的原因。历史中提供的漏洞与空隙,又让后世小说家有很大的发挥空间,进一步强暴美女,使她们成为背上千古骂名的红颜祸水。

张丽华也是典型地被历史害了。历史通过自己的叙述,加上了转述魏徵的话,将她定位成一个红颜祸水的形象,后来的史书自然沿着这个角度对待张丽华。事实上,魏徵也承认陈朝的灭亡主要在于陈后主,但魏徵顺便拉上了张丽华,作为"史臣侍中郑国公",他有权力不管三七二十一就把张丽华涂抹成一个祸国殃民的女人。这一涂抹就把张丽华盖棺定论了。张丽华最后被斩杀,红颜变为白骨,这是"罪孽难逃"。这正是唐代历史编写的目的:把陈叔宝、张丽华写成这样的误国君王与红颜祸水,给堂堂大唐帝王提供一个触目惊心的反面形象。只是可怜了张丽华,被这样的史家强奸为一个祸国殃民的薄命红颜。

《汉书·李夫人传》关于李夫人的故事与上边的稍有不同。班固只写了李夫人短暂一生的故事,并且补充了几件小事。同一个事情,相同的文字,由一个人所写,然而却可以被解读得千差万别。什么原因呢?因为古代的正史记载都非常简略,在大量的情节描述时留下了很多漏洞,这些漏洞同时也给后人留下了很多的阐释空间。所以,即便是正史,也不能百分之百相信。如果按其中一种看法,李夫人绝对是红颜祸水。如果按照另一种看法,史书中只是记载了李夫人一个浪漫的爱情故事而已。红颜是否是祸水,还要留心解读对历史的歪曲。

5

说了这么多,可以总结为两条:

红颜祸水是由男人造成的。

红颜祸水也是由历史造成的。

女性主义者会说,国家灭亡的事情,男人更应该负责!懦弱的男人,永远不知道自己负责任。女性主义者的说法很有道理,不过,我们要强调的是,除了男人的霸权之外,书写的背后也有一种霸权。以上众说纷纭的历史与小说,不管对女人有多少看法,不管是污蔑或是同情,根本上却都一样:这是男人书写的历史,这是男人书写的小说。污蔑,是男人对女人惧怕的软弱心理的体现;同情,是男人对美女的渴求的欲望的展现。他们依据自己书写的权利对一个女人随意描述。

妺喜、妲己、褒姒就是这样被描述为红颜祸水的。因为历史久远,她们就更容易被随便叙述。所以,当你看到:"昔夏桀伐有施,有施人以妺喜女焉,妺喜有宠,于是乎与伊尹比而亡夏。殷辛伐有苏,有苏氏以妲己女焉,妲己有宠,于是乎与胶鬲比而亡殷。周幽王伐有褒,褒人以褒姒女焉,褒姒有宠,生伯服,于是乎与虢石甫比,逐太子宜臼而立伯服。太子出奔申,申人、鄫人召西戎以伐周,周于是乎亡",不用完全相信。看到"赫赫宗周,褒姒灭之",也不必诧异。历史就是这样任人打扮的小姑娘。不管是夏桀、商纣王、周幽王,还是写作《国语》《左传》《史记》的史官,就是这些人潜在背后,让这些红颜一个一个变成了祸水。

6

历来被认为最典型的红颜祸水要数杨玉环与陈圆圆了。然而,她俩只能称得上是"被动的"红颜祸水。

杨玉环被动地被推到风口浪尖之上。她本人没有任何的权力欲望,对政治丝毫不感兴趣。入宫之后,她的作为都在歌舞玩乐、极尽奢华的享乐上,还与梅妃争风吃醋。唐玄宗因她而疏于朝政,是年老的皇帝内心懈怠;杨国忠因她而青云直上是玄宗试图讨好她,她也不能决定玄宗重不重用杨国忠;杨国忠乱国废纲也不是她一个出了门的女人所能管到的。所以在《隋唐演义》中马嵬兵变之时,高力士劝说唐玄宗杀杨贵妃时就说,贵妃虽然无罪,但杨国忠被杀,杨贵妃仍处君侧,军士们心中不安啊。杨玉环还是要被逼自裁。

像杨玉环一样被安排成"安史之乱"的罪人,陈圆圆也被安排成了一个甲申之变的"红颜祸水"角色。陈圆圆只不过是一名才色出众的歌妓,被推为"红颜祸水"她有太多的委屈。她什么时候想过玩弄伎俩?她与田畹周旋,不过是为了想让自己一生的幸福不埋没在一个又老又丑的男人手中,想让自己的红颜能配得上真正的英雄。她什么时候想过干涉政治风云?她与李自成周旋,不过是为了想让自己的后世不牵在一个粗鲁没见识的农民起义军首领手上,想让自己不被别人有更多诋毁她的理由。可是,在历史的风云中,人们,特别是男人们,因为政治偏偏要把她卷入其中,这才是陈圆圆悲剧之所在。

《长生殿》中,杨玉环在马嵬被将士逼着自杀,杨玉环很委屈,自己没有做过什么伤天害理的事情啊,为什么这些将士不去杀敌,反过来却逼迫她?《吴三桂演义》中,陈圆圆在临死前,喟然长叹:"古人称美人为倾国倾城,实则人主自倾之,于美人何与?褒姒足以危周幽,而后妃反足以助文王。妾承大王之宠久矣,今幸早十年,若是不然,恐大王设有不韪,后世将以妾为口实矣。"陈圆圆早就知道自己要被作为红颜祸水了。

7

除了上边所说的红颜之外,还有另一类被称为祸水的红颜。她们一面是祸水,一面是英雄。

西施就是这样的一个红颜。西施是一个溪边浣纱的纯情女孩儿,被迫随着政治的漩涡翻卷沉浮,操作她的是一群男人,而这一群男人想让她怎样她就得怎样,她没有任何选择的权力。最后,当她忍辱负重完成这些男人交给她的任务后,她本应该成为国家的英雄,但有人心中忌讳她是红颜祸水,甚至有人就认为她是祸水,会贻害越国,就毫不犹豫地将她沉入湖中杀死。西施没留下任何东西,没有任何发言的机会,就这样被贴上祸水的标签惩罚了。想想西施有多么冤枉啊。

同样的还有貂蝉。在历史书籍中,根本没有貂蝉的影子,她完全被作为史官的男人忽视了。在《三国演义》中,她被男人粗暴对待。她是一个懂得感恩的人,她要报答王允以亲女待之的养育之恩。她也是一个可怜天下苍生、心怀悲悯的人,她看不得天下百姓活在水火之中,所以她主动配合连环计的执行除掉乱臣贼子董卓。然而,忍辱负重的她的结果却是"吕布至郿坞,先取了貂蝉"。这里的一个"取"字却道出了吕布这个有勇无谋贪财好色之徒对女性的无比轻贱。美人计一旦成功,貂蝉身上的光环和美丽的躯壳,都掉落于尘埃之中。说到底,貂蝉仍没有摆脱成为别人玩物的命运:被王允玩、被董卓玩、被吕布玩。在小说与戏曲中,人们肆意虚构她的结局,不管是关羽主动用刀斩了她,还是她自己赴剑而死,都是道貌岸然的人们指责她为红颜祸水、对她人品的轻视而导致。貂蝉在男人对红颜祸水的惧怕中消失于历史的天空。

不管是祸水或是英雄,西施、貂蝉们怎么做都是错。

8

红颜薄命,正是人们对她们宿命的概括。

但人们从没耐心地理解过她们。

当这些红颜用她们的身体闪烁于历史天空的时候,我们应该仔细聆听她们的心声,不要再去添油加醋地诋毁她们,恶意地虚构她们的故事。

擦掉我们的淡漠和茫然,用我们的心来照亮历史深处那些若隐若现的美丽红颜。

图书在版编目(CIP)数据

红颜祸水——倾国倾城的美丽谎言/陈建华,李思涯著. —上海:复旦大学出版社,2010.1
ISBN 978-7-309-07016-3

Ⅰ.红… Ⅱ.①陈…②李… Ⅲ.女性-历史人物-人物研究-中国 Ⅳ.K828.5

中国版本图书馆 CIP 数据核字(2009)第 235949 号

红颜祸水——倾国倾城的美丽谎言
陈建华　李思涯　著

出版发行	復旦大學出版社　上海市国权路 579 号　邮编 200433
	86-21-65642857(门市零售)
	86-21-65100562(团体订购)　86-21-65109143(外埠邮购)
	fupnet@fudanpress.com　http://www.fudanpress.com
责任编辑	邵　丹
出 品 人	贺圣遂
印　刷	上海崇明南海印刷厂
开　本	787×1092　1/16
印　张	18
字　数	206 千
版　次	2010 年 1 月第一版第二次印刷
印　数	10 101—21 100
书　号	ISBN 978-7-309-07016-3/K·268
定　价	28.00 元

如有印装质量问题,请向复旦大学出版社发行部调换。
版权所有　侵权必究